Peter Waltner

Kollegen und Mitarbeiter professionell beraten

Ein Leitfaden für Arbeitnehmervertreter und Führungskräfte

Peter Waltner

Kollegen und Mitarbeiter professionell beraten

Ein Leitfaden für Arbeitnehmervertreter und Führungskräfte

5. überarbeitete und erweiterte Auflage 2022

rieder

Dieses Papier ist umweltschonend chlorfrei gebleicht hergestellt.

Bei der Erstellung des Buches wurde mit großer Sorgfalt vorgegangen; trotzdem können Fehler nicht vollständig ausgeschlossen werden. Der Rieder Verlag und die Autoren können für fehlerhafte Angaben und deren Folgen weder eine juristische Verantwortung noch irgendeine Haftung übernehmen. Für Verbesserungsvorschläge und Hinweise auf Fehler sind wir dankbar.

Geschäftsführerin:
Dipl. Psych. Heidrun Rieder

Erphostr. 40, 48145 Münster
Tel.: 0251/30133, Fax: 0251/30135
www.riederverlag.de

Umschlag Entwurf: Klaus Birk, Münster
Satz: Rieder Verlag, Münster
Druck: Books on Demand, Norderstedt

ISBN 978-3-949340-12-3

Inhalt

Vorwort

Viel Zeit und Geld werden investiert in die Schulung von Verhandlungsführung, Kundengesprächen, Konfliktgesprächen, Führung und Motivierung der Mitarbeiter, effizienten Teamgesprächen usw. Vergleichsweise wenig beachtet wird in der Schulung betrieblicher Kommunikation das Beratungsgespräch. Spielt die Beratung in unserer Arbeitswelt eine so geringe Rolle? Ist Beratung im Sinne einer qualifizierten Hilfe in individuellen Krisen und Problemlagen allenfalls etwas für Großunternehmen, die eine Fachfrau, einen Fachmann eingestellt haben, meist aus der Psychologie, vielleicht sogar eine Suchtberaterin, einen Suchtberater? Wie sieht es aus mit dem Bedarf an Beratung unterhalb der Schwelle offensichtlicher Störungen des Betriebs, wenn Ermahnungen und Abmahnungen nichts fruchten? Für Führungskräfte gibt es Coaching, für Teams da und dort Supervision, meist von externen Spezialisten angeboten. Und die Führungskraft, heute unter dem Vorzeichen des partnerschaftlichen Führungsstils, als persönlicher Coach ihrer Mitarbeiterinnen und Mitarbeiter? Betriebliche Beratung, die auch Persönliches und Privates von Ratsuchenden mit einbezieht – kann, ja darf man das überhaupt wollen? In vielen Betrieben gibt es allerdings nichts von alledem. Dort bleibt, wie im menschlichen und allzu menschlichen Miteinander üblich, Beratung dem Zufall des kollegialen Umgangs überlassen, dessen Bandbreite von echter Unterstützung und menschlicher Zuwendung bis zum destruktiven Gegenteil, zum Mobbing und Bossing, reichen kann.

Natürlich gab es in Betrieben schon immer Beratung: Betriebsrätinnen und -räte, Schwerbehindertenvertrauenspersonen, Mitglieder der JAV, Frauenbeauftragte ..., Vorgesetzte, Chefinnen und Chefs, die ein offenes Ohr für die Sorgen und Nöte ihrer Kolleginnen und Kollegen, Mitarbeiterinnen und Mitarbeiter haben. Sprechstunden werden zwar vielerorts angeboten, aber wenig genutzt. Wo wenig Nachfrage, da auch wenig Bedarf? Oder erinnert die offizielle Sprechstunde zu sehr an lästige Behördengänge? Die Erfahrung zeigt, dass die klassische Sprechstunde zu regelmäßigen Fixzeiten nicht den „niederschwelligen“ Zugang zum Gespräch über den scheinbar zufälligen Kontakt „vor Ort“ – am Arbeitsplatz, in der Kantine, in der Zigarettenpause, zwischen Tür und Angel – ersetzt. Wem fällt es schon leicht, im Betrieb, also dort, wo das Leistungsprinzip gewissermaßen „Hausrecht“ hat, anzuklopfen und sich als Hilfesuchende/Hilfesuchenden zu „outen“?

In Milieus, wo Effizienz, Leistung und Konkurrenz herrschen, Menschen beraten zu wollen und dabei den ganzen Menschen und nicht nur seine berufliche Seite in den Blick zu nehmen, ist kein geringer Anspruch. Man möchte ihn gerne dem psychologisch geschulten Profi überlassen. Wenn es aber in einem Betrieb den ausgewiesenen Beratungsprofi nicht gibt? Oder wenn Sie als Betriebsrätin, Betriebsrat oder als Vorgesetzte, Vorgesetzter persönlich angesprochen werden? Nicht nur professionelle Beraterinnen und Berater, auch Sie als Betriebsrätinnen und Betriebsräte, Schwerbehindertenvertrauenspersonen, Jugend- und Auszubildendenvertreterinnen und -vertreter, Betriebsärztinnen und -ärzte oder als Vorgesetzte sind aufgrund Ihrer Funktionen und Ihrer Nähe zu den Menschen am Arbeitsplatz ideale Ansprechpartnerinnen und -partner für Mitarbeiterinnen und Mitarbeiter, Kolleginnen und Kollegen ...

Mit diesem Buch möchte ich Ihnen eine Hilfestellung geben. Als vorrangige Zielgruppe standen mir dabei Betriebsratsmitglieder und verwandte Interessenvertreterinnen und -vertreter auf Arbeitnehmerseite vor Augen. Die hier entwickelte Konzeption von Beratung lässt sich in angepasster Form auch für partnerschaftlich führende Vorgesetzte nutzbar machen, zumal der Text immer wieder den Bezug dazu herstellt. Allen, die sich in ihrer Arbeit mit dem Bedarf an Hilfe und Beratung konfrontiert sehen, will ich mit diesem „Ratgeber“ Mut machen, sich auf Menschen in schwierigen Situationen einzulassen und ihnen Unterstützung anzubieten. Zugleich soll es Ihre soziale Kompetenz erweitern helfen, auf die gerade bei der Wahrnehmung Ihrer Funktionen, ob als Interessenvertreterinnen und -vertreter oder als Vorgesetzte, immer mehr Wert gelegt wird. Ich beschränke mich dabei auf die Einzelfallberatung im Rahmen Ihrer Funktionen. Coaching, Supervision, Suchtberatung sowie die Beratung und Betreuung von Mobbing-Opfern sollen professionellen Beraterinnen und Beratern vorbehalten bleiben.

Für die 5. Auflage habe ich den Text überarbeitet und erweitert.

Liebe Leserinnen,

schließlich noch an Sie meine Bitte um Nachsicht: Der besseren Lesbarkeit des Textes wegen werde ich im Folgenden, wenn die Geschlechterdifferenzierung inhaltlich keine Rolle spielt, auf die weibliche Form „Beraterin“, „Klientin“ usw. verzichten, ebenso auf die Kunstformen des großen „I“, des „Gender-Sternchens“ oder -Doppelpunkts im Wort sowie auf alle davon abgeleiteten Formen im Satzbau. Dabei bin ich mir sehr wohl bewusst, dass Beratung im alltäglichen Miteinander gewiss keine spezifisch männliche Domäne ist.

Peter Waltner

Hechingen, im August 2022

Beratung im Betrieb – Welche Fragen stellen sich mir?

a) *„Ich bekomme, wenn ich einige Zeit am Bildschirm arbeite, immer Kopfschmerzen. Was kann ich dagegen tun?“*

b) *„Ich bekomme, wenn ich einige Zeit am Bildschirm arbeite, immer Kopfschmerzen. Ich habe meinen Teamleiter schon zweimal darauf angesprochen. Er hat sich aber nie darum gekümmert. Was soll ich nun tun?“*

Zwei Grundmotive der Beratung

Worin unterscheiden sich die beiden Fragen? Das zugrunde liegende Problem ist das gleiche. Dennoch haben wir es mit ganz verschiedenen Fragestellungen zu tun. Die beiden Fragen, ausgelöst durch Beschwerden am Bildschirmarbeitsplatz, repräsentieren zwei Grundmotive, sich beraten zu lassen:

a) Ich habe ein Problem und will mein ***Wissen erweitern***, um es zu lösen. Dazu hole ich mir die nötige Sach***information***.

b) Ich habe ein Problem und ***suche einen Lösungsweg***, um den damit verbundenen ***Konflikt zu lösen***. Dazu hole ich mir kompetente ***Unterstützung***.

Nun ein drittes Beispiel:

c) *„Kennst du eigentlich die Bildschirmarbeitsplatzverordnung? Was steht denn da genau drin?“*

Hinter einer einfachen Sachfrage steckt oft mehr.

Wir ahnen, dass in dieser Sachfrage, die so harmlos daherkommt, mehr steckt als pure juristische Neugier. Formulieren wir dieses Motiv so:

c) Ich habe ein Problem und suche eine ***Konfliktlösung auf der Basis meines Rechts***. Dazu brauche ich vor allem Sach- und Rechtskenntnisse.

   Und an der Antwort kann ich bereits erkennen, ob ich mich an den Richtigen gewandt habe.

Hinter einer harmlosen Sachfrage *kann* sich ein handfester Konflikt verbergen und der Klient zieht bereits den Rechtsstreit ins Kalkül. Sie *kann* außerdem ein Test sein, wie kompetent und vertrauenswürdig das angesprochene Betriebsratsmitglied ist. Kann, muss nicht. In der Praxis sind die Übergänge fließend und die Motive auch dem Klienten nicht immer klar bewusst. Wer mit der ersten Frage zum Betriebsarzt oder zur Arbeitssicherheitsfachkraft geht, wird wahrscheinlich zufrieden sein, wenn er Tipps bekommt, wie er seine Arbeitsplatzergonomie verbessern kann. Geht er damit allerdings zum Betriebsrat oder zum Abteilungsleiter, wird man sicher nicht lange warten müssen, bis die zweite Frage, wie man sich gegenüber dem ignoranten Teamleiter verhalten solle, oder die dritte, wie die Rechtslage ist, auf den Tisch kommt. Schon die Wahl des Adressaten gibt einen Hinweis darauf, ob es sich um das Motiv a: „Information", oder um das Motiv b: „Konfliktlösung", handelt. In Motiv c deutet sich bereits die frühe Bereitschaft an, die Konfliktlösung auf dem Rechtswege zu suchen. Und das Gefühl, vorab getestet zu werden, ist auch nicht ganz abwegig.

Wer sein Recht fordert, erwartet keine Beratung.

Was aber, wenn eine Beratung gar nicht erwartet wird?

d) *„Ich komme zu dir als Betriebsrat, um mich über meinen Abteilungsleiter zu beschweren. Er hat mich als Ausländer diskriminiert. Ich weiß, dass es ein neues Gesetz gibt, das mir das Recht gibt, mir so etwas nicht mehr gefallen lassen zu müssen. Und ich erwarte vom Betriebsrat, dass er sofort dafür kämpft, dass ich mein Recht bekomme."*

Das Motiv ist klar:

d) Ich habe ein Problem, weil mir Unrecht widerfahren ist. ***Ich fordere mein Recht***, das mir bekannt ist, und erwarte, dass meine Forderung ***voll umgesetzt*** wird.

Auch bei klarer Rechtslage kann Beratung hilfreich sein.

Der Betriebsrat hat die Pflicht, die Beschwerde anzunehmen. Der Vorgang, der zu ihr geführt hat, wird dokumentiert und der Rechtsweg nach dem Allgemeinen Gleichbehandlungsgesetz (AGG) kann beschritten werden. Der ausländische Mitarbeiter fühlt sich im Recht und erwartet vom BR tatkräftige Unterstützung, keine Beratung. Also Beratung nur auf ausdrücklichen Wunsch?

Selbst wenn Beratung nicht erwartet wird, wird sie in den meisten Fällen hilfreich sein. Nicht immer führt der Rechtsweg zum Ziel: zu einer nachhaltigen Lösung des Konflikts. Im Gegenteil, er kann den Konflikt sogar eskalieren. In der **Beschwerdeberatung** geht es einerseits darum, den Konflikt zu entschärfen, zu „deeskalieren“, und andererseits um eine Folgenabschätzung der Intervention, z. B. mit welchen Vor- und Nachteilen der Rechtsweg verbunden ist.

Auch bei Beschwerden ist Beratung hilfreich.

In diesem Buch, das sich an Arbeitnehmervertreter und Führungskräfte wendet, werden wir uns daher hauptsächlich mit den Beratungsmotiven b bis d näher befassen, mit der Beratung in Beziehungs- und Entscheidungskonflikten sowie mit der Beschwerdeberatung (Kap. 1–9). Die Fragen, die uns dabei leiten sollen, sind:

Fragestellungen dieses Buches

- Mit welchen Erwartungen kommen Kolleginnen und Kollegen bzw. Mitarbeiterinnen und Mitarbeiter zu mir, wenn sie ein Problem mit mir besprechen oder eine Beschwerde vorbringen wollen? (Kap. 1)
- Was verstehe ich unter Beratung? Oder: Wie entgehe ich der Delegationsfalle? (Kap. 2)
- Mit welchen Einstellungen begegne ich dem Ratsuchenden und bearbeite mit ihm sein Problem? (Kap. 3)
- Welches methodische Handwerkszeug benötige ich dazu? (Kap. 4)
- Worauf ist beim Erstkontakt mit dem Ratsuchenden zu achten und wie bereite ich (mich auf) die Beratung vor? (Kap. 5)
- Wie kann ich den Beratungsprozess Schritt für Schritt personen- und lösungsorientiert strukturieren? (Kap. 6)
- Wie bearbeite ich Beschwerden als Beitrag zur Konfliktlösung? (Kap. 7)
- Der Konflikt hinter der Beschwerde. Wie kann ich solche Konflikte freilegen und bearbeiten? (Kap. 8)

- Und schließlich: Wie kann man Probleme lösen, wenn man zur Verschwiegenheit verpflichtet ist? (Kap. 9)

Zunehmend an Bedeutung gewinnt die Beratung gesundheitlich belasteter Menschen in den Betrieben dank des Betrieblichen Eingliederungsmanagements (BEM), das in den letzten Jahren mehr und mehr in den Unternehmen an Boden gewonnen hat.

Diesem Thema – auch mit Fokus auf Beratung – habe ich eine gesonderte Publikation gewidmet. Sie baut auf den in diesem Buch hier vorgestellten methodischen Ansätzen auf. Ich beschränke mich deshalb hier auf einige Streiflichter übers Thema BEM (Kap. 10).

1. Zur Rolle des Ratsuchenden und des Beraters

Wann befinden wir uns in einer Beratungssituation?

Öfter, als uns bewusst wird, sind wir in Gesprächen, in denen uns jemand um Rat bittet oder auch nur das Bedürfnis hat, sich auszusprechen. Diese alltäglichen Gespräche mit Bekannten, Freunden, dem Ehepartner, den Kindern, mit dem Vereinskameraden beim Bier sind Beratungsgespräche, auch wenn wir sie nicht als solche bezeichnen. Wir brauchen sie und es wäre eine folgenschwere Verarmung des Miteinanders, würden wir uns die Zeit und die Aufmerksamkeit füreinander nicht mehr nehmen. Und dennoch unterscheiden sich solche Gespräche von denen, die wir „professionelle Beratung" nennen. „Professionell" hier nicht als Werturteil, als Qualitätsmerkmal fachmännischer Beratung verstanden, sondern als Bezeichnung einer spezifischen Gesprächssituation, die sich von den eben genannten Gesprächsanlässen unterscheidet.

„Professionelle" Beratung

„Professionelle Beratung" ist charakterisiert durch eine bestimmte Rollenkonstellation: ***Klient[1] – Berater.***

Fallbeispiel: Überstundendruck

> *Ein schwerbehinderter Mitarbeiter geht in die offizielle Sprechstunde der Schwerbehindertenvertrauensperson, um sich angesichts des zunehmenden Überstundendrucks in seiner Abteilung Rat zu holen, wie er sich als schwerbehinderter Mitarbeiter davor schützen könne, ohne in seinem Team zum Außenseiter zu werden.*

Die begrenzte Rollenbeziehung Klient — Berater

Da das Problem des schwerbehinderten Kollegen zweifelsohne in den Aufgabenbereich der Schwerbehindertenvertrauensperson fällt, entsteht zwischen den beiden eine ***„funktional abgegrenzte Rollenbeziehung" Klient–Berater/Interessenvertreter*** (s. *Abb. 1*).

---

[1] „Klient" führt sich sprachgeschichtlich über griechisch *klinein* auf eine indogermanische Wurzel mit der Bedeutung „(an) lehnen, sich neigen, sich stützen" zurück. Wir werden im Folgenden die Begriffe Ratsuchender und Klient synonym gebrauchen.

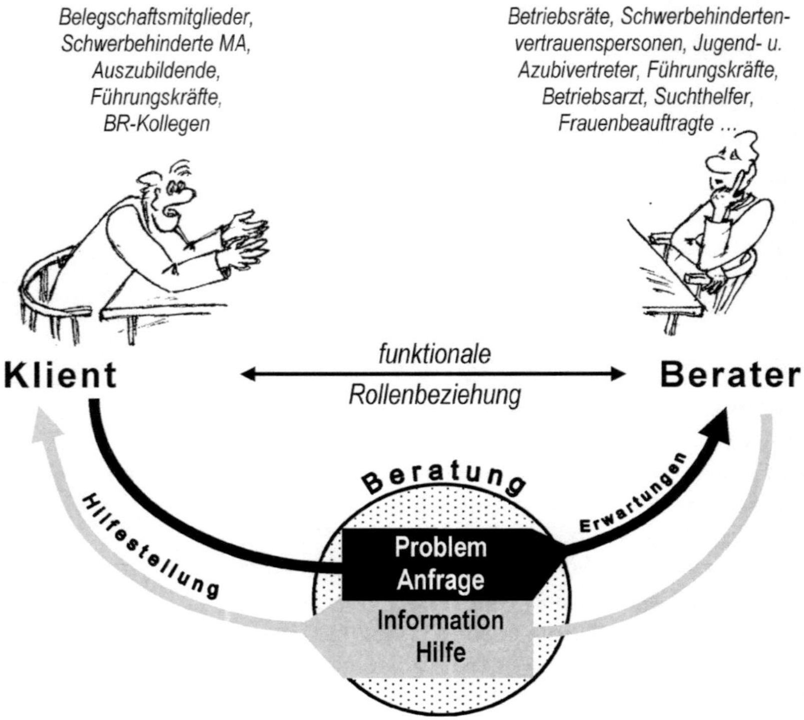

Abb. 1: Funktionale Rollenbeziehung zwischen Klient und Berater

Die besondere Rollenbeziehung schafft Raum auch für persönliche Aspekte des Problems.

Die *Funktion* der Rollenbeziehung ergibt sich aus dem Problem des Klienten, dem Beratungsgegenstand oder Beratungsthema, ihre *Begrenzung* aus der professionellen Zuständigkeit und Kompetenz des Beraters. Gerade diese Kompetenz (zu der auch die Garantie der Verschwiegenheit gehört) eröffnet beiden den geschützten Raum, über ganz persönliche Aspekte des Problems, über Gefühle, Ängste, Unsicherheit, Auswirkungen aufs Privatleben usw. so offen zu sprechen wie sonst nur unter sehr vertrauten Freunden und Angehörigen. Die Beschränkung auf eben diese Klient-Berater-Beziehung lässt ein hohes Maß an Nähe und Offenheit zu, ohne dass die persönlichen Sphären beider sich vermischen müssen. Ein offenes und ehrliches Beratungsverhältnis setzt weder eine Freundschaft zwischen beiden voraus, noch muss eine Freundschaft daraus werden.

In einer über diesen begrenzten Raum hinausgehenden Vertrautheit würde dem Berater sogar etwas Entscheidendes fehlen, nämlich die Distanz, die zur Erarbeitung von Lösungsansätzen nötig ist. Wenn Vertrauen gewiss die unerlässliche Voraussetzung für erfolgreiche Beratung ist, so nicht Vertrautheit und persönliche Sympathie. Die Beraterrolle befähigt also die Schwerbehindertenvertrauensperson unseres Beispiels, den Kollegen einfühlsam zu beraten, ohne dass sie ihn persönlich gut kennen oder besonders sympathisch finden muss. Mit dem Zusammenspiel von Nähe und Distanz werden wir uns im dritten und neunten Kapitel eingehender befassen.

Vertrauen setzt nicht Vertrautheit voraus.

Nähe und Distanz

In der Sprechstunde der Schwerbehindertenvertrauensperson begegnen die beiden einander also in den genannten Rollen des Ratsuchenden (Klient) und des Beraters und sie sind sich auch beide der besonderen Funktion dieses Gesprächs bewusst. Doch so klar wie in diesem Fall ist sie den Beteiligten nicht immer, wie folgendes Beispiel zeigt.

Interessenvertretung und Beratung – alles aus einer Hand

Beispiel: Abmahnung

> *Betriebsrat Gerhard P. wird auf dem Weg zur Kantine von einem Kollegen angesprochen. Er habe von seinem Meister eine Abmahnung bekommen, völlig ungerechtfertigt, wie er hinzufügt. Er wolle wissen, wie man dagegen vorgehen könne, und erwarte vom Betriebsrat, dass er die Angelegenheit in seinem Sinne regle.*

Beide sind langjährige Mitarbeiter und kennen sich gut. Gerhard P. ist vorsichtig genug, sich nicht gleich vor den Karren des Kollegen spannen zu lassen, und verkneift es sich auch, mit einer Zwischen-Tür-und-Angel-Rechtsberatung seine Kompetenz zu demonstrieren. Er vereinbart mit dem abgemahnten Kollegen erst einmal einen Termin am nächsten Tag, um dann in Ruhe über den Vorgang sprechen zu können. Er wolle sich zuerst ein klares Bild von der Sachlage verschaffen und dann mit ihm zusammen überlegen, was zu tun sei.

Wird vom Betriebsrat nicht nur rasches Handeln erwartet?

Definiert der Kollege sich als Klienten? Sieht er Gerhard in der Rolle des Beraters? Wohl kaum. Gewiss, er hat ein Problem, die Abmahnung. Und er will es loswerden mit Hilfe des Betriebsrats. Er erwartet von ihm aber weniger Beratung als rasches Handeln. Schließlich ist der Betriebsrat da, sich für die Kollegen tatkräftig einzusetzen. In dieser Situation wendet sich der Kollege also an Gerhard P. in seiner Funktion als *Interessenvertreter*. Seine andere Funktion, die des *Beraters*, bleibt für ihn unwesentlich. Wir können in solchen Fällen – und sie sind im betrieblichen Alltag eher die Regel denn die Ausnahme – von einer ***„verdeckten** (oder **einseitigen) Klient-Berater-Beziehung"*** (s. *Abb. 2*) sprechen.[2]

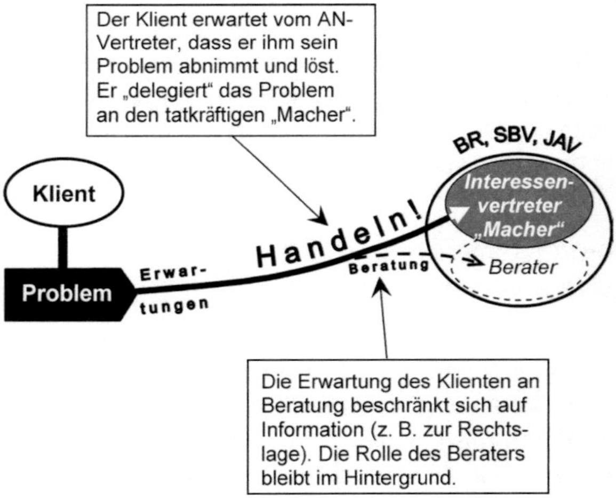

Abb. 2: Die Erwartungen des Klienten richten sich zunächst an den Betriebsrat in seiner Funktion als Interessenvertreter.

Beratung anbieten, auch wenn der Klient Beratung nicht erwartet.

Betriebsrat Gerhard P. weiß aus Erfahrung, dass das Thema Abmahnung nicht mit einer Rechtsauskunft abgetan ist. Abmahnungen haben ihre Vorgeschichte. Da gibt es Frust, Ärger, Auseinandersetzungen,

[2] Besonders schwierig ist es für Vorgesetzte, die Beraterrolle einzunehmen und sie dem betroffenen Mitarbeiter zu vermitteln, umso mehr, wenn die Beratung als Konsequenz einer Kritik an Verhalten oder Leistung erfahren wird.

Fehlverhalten, Auswirkungen auf das Klima im Team. Hier rührt sich der Berater in Gerhard P. Er bietet dem Kollegen ein Gespräch an. Erst danach könne er dazu Stellung nehmen und, falls nötig, aktiv werden.

Erwartungen korrigieren

Unser Betriebsrat hat der Versuchung widerstanden, sich das Problem des Kollegen „delegieren" zu lassen. Er enthält sich auch aller Wertungen *(„Das ist wirklich ein starkes Stück!")* und – besonders wichtig! – jeglicher Versprechungen *(„Keine Sorge! Das kriegen wir schon hin.")*. Stattdessen holt er die beraterische Funktion der BR-Rolle aus ihrem Schattendasein und schaltet sie der Funktion des Interessenvertreters vor. Mit dem Angebot eines Gesprächstermins verweist er den Kollegen zuerst an seine andere „Adresse", an die des Beraters. Der Weg zum Interessenvertreter führt also über den Berater. Die Rollenerwartung des Kollegen wird vom Betriebsrat zugunsten einer vorgeschalteten Beratung korrigiert (s. *Abb. 3*):

Erst beraten, dann handeln!

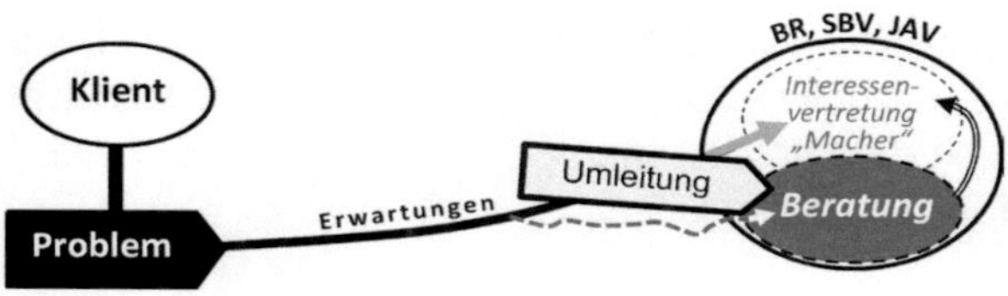

Abb. 3: Der Berater (BR) korrigiert die Rollenerwartung: Die Beratung wird der Konfliktintervention (Interessenvertretung) vorgeschaltet.

Diese Doppelkompetenz: beratend *und* handelnd an Problemlösungen mitzuwirken, teilen Arbeitnehmervertreter und Vorgesetzte mit anderen Berufen, z. B. mit dem des Anwalts, Arztes, Lehrers, Versicherungsvertreters, ja, mit allen Verkäufern hochwertiger Produkte und Dienstleistungen. Der Unterschied liegt in der Wahrnehmung und den Erwartungen der Klienten sowie in den Rahmenbedingungen. Für Mandanten

Doppelkompetenz der Arbeitnehmervertreter und der Vorgesetzten

und Patienten gibt es Sprechstunden. Den guten Verkäufer erkennt der Kunde an der Fachkompetenz, die seine Beratung qualifiziert. Bei all diesen Berufen spielt die Erwartung einer kundenorientierten Beratung *vor* dem Kauf bzw. *vor* dem Auftrag eine wichtige Rolle.

Der Berater-Service des BR im Schatten seiner „Macher"-Rolle

Die Rolle des Betriebsrats als Berater stärken

Mit der Rolle des Betriebsrats assoziieren dagegen die wenigsten Mitarbeiter den „Service" der Beratung. Betriebsräte sind Macher: Sie machen „Politik", streiten sich mit dem Arbeitgeber, halten Betriebsversammlungen ab… Und sie sollen dem einzelnen Kollegen tatkräftig zur Seite stehen, wenn es Schwierigkeiten gibt. Umso wichtiger ist es, dass die Betriebsräte sich selber dieser Doppelfunktion in der Betriebsratsrolle bewusst werden und, wenn sie von Kollegen angesprochen werden, von vornherein die Weichen richtig stellen (s. *Abb. 4*). Denn meist kristallisiert sich erst im Beratungsprozess heraus, wie der Fall wirklich gelagert ist, ob es – nach der Beratung – Handlungsbedarf gibt[3] und, wenn ja, wie eine Problemlösung erreicht werden kann und wie sich die erforderlichen Schritte auf Betriebsrat und Klient verteilen lassen.

[3] Es kommt vor, dass ein Kollege das Gespräch sucht, nur um sich auszusprechen (Betriebsräte klagen bisweilen, sich als „Mülleimer" missbraucht zu fühlen). Nicht immer muss eine solche Aussprache in eine Problembearbeitung münden. Auch Beratungen ohne konkreten Problemlösungsanspruch sind vollwertige Beratungen und keine Zeitverschwendung. Sie sollten nicht aus dem Rollenverständnis des „Machers"/Interessenvertreters abgewertet werden. Wenn wir es Menschen durch Gespräche erleichtern können, ihre Belastungen auszuhalten, hat Beratung ebenfalls eine wichtige Funktion erfüllt.

Von der Beratung zur Interessenvertretung

Phase I: Beratung
Klärungs- und Entscheidungshilfe

Der Klient präsentiert sein Problem.

Der Berater hilft beim Sortieren ...

... zeigt dem Klienten Lösungsmöglichkeiten auf
und hilft ihm bei der Entscheidung.

Phase II: Interessenvertretung
Hilfe und Beteiligung bei der Umsetzung der Entscheidung

Abb. 4: Vom Beraten zum Handeln

Beratung bei Beschwerden?

Fallbeispiel: Beschwerde nach AGG

Yüksel Ü., türkischer Mitarbeiter und Mitglied des Betriebsrats, setzt sich engagiert für seine Landsleute im Betrieb ein. Schon immer ärgerten ihn die alltäglichen abfälligen Bemerkungen gegenüber Ausländern und besonders gegenüber Türken, ihren Sitten und Gebräuchen und ihrer Religion. Er kennt das Antidiskriminierungsgesetz und nahm sich vor, mit dem AGG in der Hand hart durchzugreifen. Gleich nach Inkrafttreten des AGG informierte er die ausländischen Kollegen darüber und ermunterte sie, sich solche verletzenden Sprüche nicht mehr gefallen zu lassen. Der Betriebsrat, verbreitete er, insbesondere er persönlich, nehme jederzeit diesbezügliche Beschwerden auf.

Überraschenderweise dauerte es mehrere Wochen, bis ein türkischer Kollege, Orhan F., mit einer ersten Beschwerde zu ihm kam. Er fühle sich, so Orhan F., durch eine diskriminierende Bemerkung seines Gruppenleiters verletzt und wolle ihm einen Denkzettel verpassen. Auf eine solche Gelegenheit hatte Yüksel Ü. gewartet. Er dokumentierte den Vorgang und leitete die Beschwerde mit ausdrücklichem Verweis auf § 13 Abs. 1 AGG schriftlich an den Arbeitgeber weiter. Eine Woche später bekam Orhan F. ein Schreiben der Betriebsleitung, dass der Vorgang, der zur Beschwerde geführt habe, geprüft worden sei und dass man das Vorkommnis bedauere. Man habe seitens der Betriebsleitung darauf hingewirkt, dass ein solches Fehlverhalten des Gruppenleiters nicht wieder vorkomme. Nach weiteren zwei Wochen wurde Orhan F. in eine andere Abteilung versetzt. Dies sei aus betrieblichen Gründen erforderlich, wie man ihm auf seinen Protest hin versicherte. Dort war das Betriebsklima wesentlich schlechter als in der alten Abteilung. Für Orhan F. war klar: Man habe ihn „strafversetzt“. „Vielleicht“, dachte er, „hätte ich doch besser nichts gesagt. Doch Yüksel wollte ja unbedingt …“

Unerwartete Folgen der Beschwerde ...

Durch die unerwartete Folge der Beschwerde kommt sich Orhan von Yüksel überrumpelt vor. Obwohl alles völlig korrekt ablief. Obwohl Orhan wusste, dass Yüksel wie ein Luchs auf Diskriminierungen achtete. Aber hätte er ihn nicht vor möglichen Folgen warnen müssen? Gewiss, die Betriebsleitung hat das Fehlverhalten des Vorarbeiters bedauert und damit die Beschwerde akzeptiert. Das hat er sogar schriftlich. Aber warum die Versetzung? Was will die Betriebsleitung damit sagen? Er findet mehrere mögliche Erklärungen. Fakt ist, dass sich seine Situation verschlechtert hat. Der Schwarze Peter ist schließlich wie ein Bumerang wieder bei ihm gelandet. Und die Schuld gibt er Yüksel, der *„mit mir sein Ding machte"*.

... auch für den Betriebsrat

Variieren wir dieses Fallbeispiel etwas: Nehmen wir an, Orhan ist so wütend über die Beleidigung durch den Vorarbeiter, dass er von sich aus vom Betriebsrat ein massives Vorgehen fordert. Er wolle dem ganzen Betrieb die Rote Karte zeigen und damit alle seine Kollegen, die ähnliche Erfahrungen machen, ermutigen, sich ebenfalls zu wehren. Er geht mit seiner Beschwerde gar nicht erst zu Yüksel, sondern gleich zum BR-Vorsitzenden. Paul S. würde gerne diesen Konflikt niedriger hängen, um nicht unnötige Spannungen im Verhältnis zwischen den deutschen und den türkischen Kollegen aufkommen zu lassen, aber angesichts Orhans Entrüstung verzichtet er lieber darauf, mäßigend auf ihn einzuwirken. Er tut seine betriebsrätliche Pflicht. Alles Weitere siehe oben – mit dem einzigen Unterschied, dass sich die Schuldzuweisung für die unerwartete Folge der Beschwerde auf Paul S. oder den kompletten Betriebsrat richtet.

Der Schaden ist in beiden Fallvarianten beträchtlich: für den mutmaßlich strafversetzten Orhan F; für den Betriebsrat, dessen „Hilfe" man offensichtlich besser meidet; für die türkischen Kollegen, die sich künftig hüten werden, das AGG in Anspruch zu nehmen; für das Gesetz, dessen unsensible Anwendung im Einzelfall mehr von seiner Zielvorstellung weg- als zu ihr hinführen kann.

Bei Beschwerden Folgenabschätzung in der Beratung

Beschwerden annehmen – nicht ohne Beratung!

Beschwerden bedürfen sorgfältiger Beratung. Natürlich darf nicht der Eindruck entstehen, man wolle die Beschwerde verhindern. Sie bleibt als Option bis zum Ende des Beratungsgesprächs auf dem Tisch. Auf den Tisch müssen aber auch die Auswirkungen der Beschwerde, die „Risiken und Nebenwirkungen", die jedes wirksame Medikament mit sich bringt.

Das AGG ist dafür ein besonders drastisches Beispiel. Wird der Blick zu sehr auf die bloße Sanktionierung eines diskriminierenden Vorgangs verengt, können die unerwünschten Nebenwirkungen nicht in die persönliche Entscheidung des Beschwerdeführers für oder gegen die Anwendung des Gesetzes einfließen. Und es ist nicht auszuschließen, dass am Ende für ihn die Nachteile die Vorteile überwiegen. Auch kommen alternative Optionen nicht in den Blick. Die Beschwerde nach dem AGG ist ja nur *eine* Möglichkeit, den Konflikt zu bearbeiten. Nach Abwägung der Folgen aller Optionen könnte das Ergebnis der Beratung sein, zuerst das direkte Gespräch mit dem Vorarbeiter zu suchen (eventuell unter Beteiligung des Betriebsrats), vielleicht auch zu viert, zusammen mit dem Meister, dem nächsten Vorgesetzten des Angeschuldigten. Wenn diese Wege nicht zum Ziel führen, bleibt ja immer noch die Option der formellen Beschwerde.

Die Emotionen hinter der Beschwerde nicht ignorieren.

Es ist nicht immer leicht, durch die Wand der Gefühle, die einen Kollegen zur Waffe der Beschwerde greifen lassen, zur Vernunft durchzudringen. Verletztheit, Wut, Rachegefühle, aber auch Rechthaberei können ernste Hindernisse sein. Wer sich scheut oder nicht die Zeit nimmt, sich mit diesen Gefühlen auseinanderzusetzen, wird letztlich nicht über die emotional gesteuerte „Bauchentscheidung" hinauskommen und damit seinen Beratungsauftrag verfehlen. In Kap. 8 werden wir uns erneut und ausführlicher mit der Frage befassen, worauf im Umgang mit Beschwerden zu achten ist.

2. Beratungsziel: Hilfe zur Selbsthilfe – oder: Der Rucksack bleibt beim Klienten!

Die Delegationsfalle

Wir haben gesehen: Die Erwartungen der Klienten halten sich nicht unbedingt an unser Prinzip „Zuerst beraten, dann handeln". Kommt der Beratungsprozess zu kurz, ist die vorschnelle ***Delegation des Problems*** an den „Macher" oder „Helfer" kaum zu vermeiden. Erst wenn solche Erwartungen korrigiert sind (s. *Abb. 3, S.* 19) und der Klient das Prinzip versteht, ist die erste Gefahr gebannt. Und damit auch die Nachteile und Risiken, die das Delegieren und die Übernahme des Problems durch den Helfer bergen. Nachfolgend einige davon:

Risiken der Delegation für den Berater/ Helfer

Risiken für den Helfer:

- Das Problem des Klienten wird so verkürzt, dass es der Helfer stellvertretend für ihn lösen kann. Spezielle Versuchung für Betriebsräte: komplexe Konflikte auf ihre rechtlichen Aspekte zu verkürzen und zu glauben, mit einer rechtlichen Intervention das Problem insgesamt gelöst zu haben. Nicht selten schafft diese Intervention ihrerseits Folgekonflikte („Nebenwirkungen"), die der Kollege, der damit nicht rechnet, dem Betriebsrat danach zum Vorwurf macht (siehe auch oben S. 22 f Yüksels Beschwerde nach dem AGG).

- Es stellt sich im Laufe der Intervention heraus, dass das Problem sich doch nicht ohne den Betroffenen lösen lässt. Dieser, nun selbst gefordert, „knickt ein" und lässt den Helfer allein im Regen stehen.

- Das Ergebnis der Intervention entspricht nicht den Erwartungen des Klienten. Über die Nachteile ("Nebenwirkungen") oder Schwächen der angesteuerten Lösung wurde zu wenig gesprochen. Die Verantwortung für die unbefriedigende Situation wird wiederum dem Helfer zugeschoben. Statt Dank und Anerkennung erntet er Unzufriedenheit und Kritik.

- Der Helfer fördert in der Belegschaft eine „Dienstleistungsmentalität“: Soll mal der BR machen, dafür gibt's ihn doch! Daher sollte man vermeiden, Beratungen mit der Frage zu starten: „Was kann ich für Sie tun?“ Fragen dieser Art laden geradezu zur Delegation des Problems ein.

Risiken für den Ratsuchenden:

Risiken für den Klienten

- Er gibt Eigenverantwortung ab und fällt in eine Haltung der Unmündigkeit zurück oder bleibt darin stecken.
- Das Ergebnis der Intervention des Helfers löst sein Problem nicht. Vielleicht wurde das „eigentliche“ Problem nie wirklich angesprochen oder nicht genug ernst genommen.
- Sein Problem wird auf den rechtlichen Aspekt verkürzt (weil dieser der Kompetenz des Betriebsrats am besten entspricht) und die Illusion erzeugt, dass mit einer rechtlichen Intervention das Problem als Ganzes aus der Welt zu schaffen wäre.
- Er wird nach der Intervention des Helfers mit Auswirkungen („Nebenwirkungen“) konfrontiert, von denen er nichts ahnte oder denen in der Beratung zu wenig Beachtung geschenkt wurde.
- Er findet sich nach der Intervention des Helfers in einer veränderten Lage wieder, mit der er sich nicht identifizieren kann.
- Er bekommt nicht die Chance, sich in dem aktuellen Konflikt positiv und eigenständig zu erleben und daraus Erfahrungen und Kraft für künftige Konflikte zu gewinnen.

Das Problem darf nicht den Besitzer wechseln!

Die Aufgabe des Helfers ist es, den „Problembesitzer“ zu befähigen, sein Problem (so weit wie möglich) selbst zu lösen.

Das Prinzip, das all diese Risiken vermeiden hilft, lautet: ***Hilfe zur Selbsthilfe***. Oder bildhaft ausgedrückt: den (schweren) Problemrucksack auf dem Rücken des Klienten belassen, ihn nicht abnehmen wollen oder sich aufdrängen lassen. Der Rucksack bleibt also bei dem, dem er gehört. Aber man kann ihm das Tragen erleichtern (s. *Abb. 5*).

Hilfe zur Selbsthilfe

Und vor allem: den Rucksack öffnen lassen und gemeinsam mit seinem Träger die meist sehr chaotischen Klamotten darin sichten, sortieren, ordnen. Noch muss nicht entschieden werden, ob es „nur" um Beratung geht oder ob danach auch gehandelt werden muss. So oder so, immer zahlen sich Sorgfalt in der Sache und Geduld mit der Person des Klienten bei der Suche nach einer für ihn passenden Problemlösung aus. Und noch einmal: ***Der Rucksack bleibt beim Klienten!***

Abb. 5: Tragen helfen? Ja! – Abnehmen? Nein!

Beratung ist Klärungs- und Entscheidungshilfe

Unterscheidung von Aktions- und Funktionsebene

Zwei grundlegende Unterscheidungen haben wir bereits vorgenommen:

- die Unterscheidung von Beraten und Handeln (Aktionsebene) und analog dazu
- die Aufspaltung der Betriebsrats- und verwandter Rollen in die beiden eigenständigen und rechtlich zuerkannten Funktionen der Beratung und der Interessenvertretung (Funktionsebene).

Unterscheidung von Klärungs- und Entscheidungshilfe

Eine weitere Unterscheidung betrifft die Beratung selbst. Sie lässt sich in zwei Arbeitsschritte gliedern: ***Klärungshilfe und Entscheidungshilfe***.

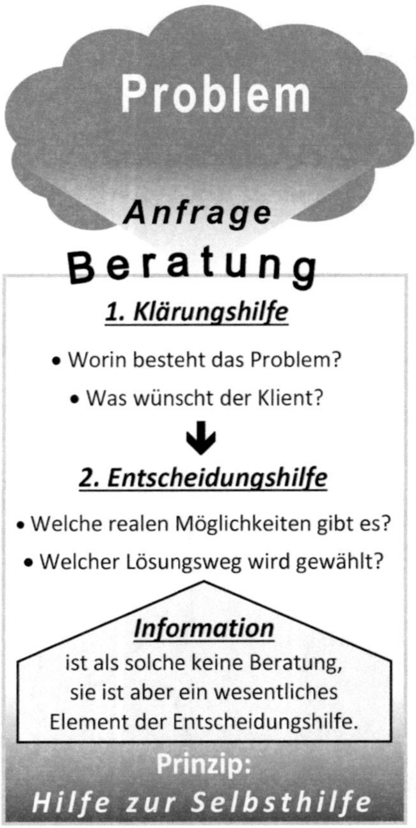

Abb. 6: Klientengemäße Beratung nach dem Prinzip „Hilfe zur Selbsthilfe"

In *Abb. 6* wird der Aspekt ***„Information“*** hervorgehoben. Der Transfer von Sachkenntnissen, ob rechtlicher oder betriebsorganisatorischer Art, spielt eine wichtige Rolle – aber erst im zweiten Schritt: in der Phase der Entscheidungshilfe. Beratung, verstanden als „Hilfe zur Selbsthilfe“, setzt einen Lernprozess voraus, einen Zuwachs an Wissen, das den Klienten in die Lage versetzt, an der Lösungsfindung konstruktiv mitzuarbeiten und selbstverantwortlich Entscheidungen zu treffen.

Klärungshilfe

Entscheidungshilfe durch Information

Und wiederum lauert die Versuchung, den ersten Schritt zugunsten des zweiten zu verkürzen oder gar wegzulassen. War es vorher die Beratung, die dem Wunsch des Klienten nach raschem Handeln geopfert wurde, so redet man allzu oft in der Beratung schon über die Problemlösung, bevor man überhaupt die Lage gänzlich überblickt und das Problem erfasst hat. Es ist, als wenn der Arzt eine Therapie verordnete, ohne sich ein klares Bild von der Krankheit und vom Patienten gemacht zu haben, sich ganz auf eine vage Diagnose verlassend (die ihm vielleicht sogar vom Patienten selbst nahegelegt wurde). Würden wir ihm nicht zu Recht Fahrlässigkeit vorwerfen? Also auch hier: Dem Anspruch „Hilfe zur Selbsthilfe“ wird der Berater nur gerecht, wenn er

Den Klärungsprozess nicht verkürzen

Beratung erfüllt ihre Funktion, wenn der Klient ...

1. seine Situation, wie er sie subjektiv erlebt (hat), offen darstellen kann, 2. sein Problem mithilfe des Beraters herausarbeitet und klar definiert,	**1. Schritt: Klärungshilfe**
3. alle Informationen über Lösungsmöglichkeiten erhält, auch über deren Nachteile, 4. die ihm gemäße Problemlösung herausfindet und sich frei für sie entscheiden kann.	**2. Schritt: Entscheidungshilfe**

dieser Versuchung widersteht, die in der drängenden Erwartung des Klienten nach rascher Lösung liegt. Ein verkürzter Klärungsprozess (Schritt 1) führt im zweiten Schritt, in der Entscheidungsphase, leicht dazu, dass der Berater den Klienten manipuliert oder, umgekehrt, dass er den Rucksack dem Klienten doch noch abnimmt und selber schultert.

Betriebsräte: Bei Konflikten prüfen, welchen Stellenwert der rechtliche Aspekt hat.

Viele Probleme von Mitarbeitern haben eine arbeits- oder betriebsverfassungsrechtliche Seite. **Betriebsräte** sehen mit Recht ihre Aufgabe darin, über die Einhaltung des Rechts zu wachen und Mitarbeiter wie den Arbeitgeber und Führungskräfte gegebenenfalls auf ihre Rechte und Pflichten hinzuweisen. Dennoch: Um der Gefahr der Verkürzung individueller Problemlagen auf ihre rechtliche Dimension zu entgehen, ist zu klären, welchen Stellenwert und welche Funktion der rechtliche Aspekt im konkreten Konfliktfall *für den Betroffenen* (nicht für den Betriebsrat!) besitzt. Vorschneller Aktivismus kann mehr Schaden anrichten als nützen. Und der Vorwurf, der Betriebsrat habe nur wieder „seine“ Politik gemacht, ist dann schnell bei der Hand.

Führungskräfte: In der Beratung der Person den Vorrang geben.

Für **Führungskräfte** stellt sich die Frage nach der Priorität ebenfalls. Ist es für Arbeitnehmervertreter der Griff nach dem Gesetzbuch, dann sind es für Führungskräfte Management-Richtlinien, Plan- und Zielvorgaben, Betriebsordnung sowie disziplinarische Führungsinstrumente, die den Blick auf die individuelle Situation eines Mitarbeiters und seine subjektive Wahrnehmung des Konflikts verstellen können. Der Mitarbeiter wird das Gefühl haben, dass es gar nicht um ihn gehe, sondern nur um das betriebliche Interesse oder den Führungsanspruch des Vorgesetzten. Er sieht sein persönliches Problem zur „Betriebsstörung“ degradiert, die es so rasch wie möglich zu beseitigen gelte. Auch hier wird individuelle Beratung auf ein Ziel hin funktionalisiert, das außerhalb der persönlichen Problemerfahrung und Problemsicht des Betroffenen liegt.[4]

Die „Beratungstreppe"

Beratung ist geduldiges Begleiten auf einem anstrengenden Weg.

Beratung ist nicht nur für den Berater ein anstrengendes Geschäft. Auch für den Klienten und das in besonderer Weise. Gewiss wird er es als Erleichterung empfinden, wenn er im Berater einen Menschen gefunden hat, der einfühlend zuhört, keinen Druck ausübt, ihn nicht bewertet, auch dann nicht, wenn er Fehler gemacht hat (dazu mehr im nächsten Kapitel). Es entspannt und entlastet, sich das Problem von der Seele reden zu können und Verständnis für seine Gefühle: Angst, Wut, Enttäuschung, Hoffnungslosigkeit, zu finden. Doch dieses Abladen und Sich-Leeren soll Raum schaffen für Neues: die Aneignung von Informationen über die Möglichkeiten (vielleicht auch die Unmöglichkeit), zu einer befriedigenden Lösung des Problems zu gelangen, über noch nicht bedachte Chancen und Risiken, über Erfordernisse des Entscheidens und Handelns. Dieses Aneignen von neuen und ungewohnten Aspekten des Problems und seiner Lösung geht nicht selten einher mit dem Abschiednehmen-Müssen von unrealistischen Wünschen und Illusionen. Aneignen von Neuem und Loslassen von Gewohntem erfordern viel Kraft und Mut. Will der Berater den Ratsuchenden nicht überfordern, muss er um diese besondere Anstrengung wissen, die er dem Klienten zumutet (daher auch der Drang vieler Klienten, ihr Problem zu delegieren). Geduldiges Begleiten („Arm in Arm") ist besser als kräftezehrendes Hinter-sich-her-Ziehen eines immer passiver werdenden Klienten. *Abb. 7* (s. nächste Seite) veranschaulicht diese Anstrengung im Bild der Treppe.

Aneignen von Neuem und Loslassen von Gewohntem und von Illusionen

[4] Das Betriebliche Eingliederungsmanagement (BEM) ist ein positives Beispiel für das Bemühen, „Kurzschlüsse" im betrieblichen Problemlösungsverfahren von individuellen Gesundheitsproblemen möglichst auszuschließen. So offen das Verfahren in der praktischen Anwendung angelegt ist, so entschieden sind eine sorgfältige Problemanalyse und Entwicklung von Lösungsoptionen unter aktiver Beteiligung des Klienten und Einbeziehung von Experten sowie der betrieblichen Interessenvertretung gefordert.

Die „Beratungstreppe“

Abb. 7: Weg von Schein- und Not-„Lösungen“ – hin zu rationalen Problemlösungen

Treppensteigen ist anstrengend. Und der Klient muss die Treppe selber gehen. Der Berater soll ihn dabei stützen und führen. Besonders anstrengend gestaltet sich der Aufstieg zu einer ***rationalen Lösun**g* des Problems, wenn der Klient sich von so genannten ***Not-„Lösungen“*** trennen muss. Der Berater sollte sich im Klaren sein, dass in vielen Fällen zuerst *Scheinlösungen* versucht wurden, bevor der Weg in die Beratung genommen wird. Das beste Beispiel ist der Mitarbeiter, der, überlastet und zunehmend mit körperlichen und seelischen Beschwerden kämpfend, aus Angst, nicht mithalten zu können, sich lange mit Medikamenten und freiwilliger Mehrarbeit über Wasser hält, dabei sich langsam, aber sicher ruiniert. Alkohol- und Drogenabhängigkeit sind verbreitete Symptome für „Not“-Lösungen chronischer Problembelastung. Not-Lösungen sind immer Problemlösungen auf Kosten der eigenen Person. Sie führen früher oder später in eine Sackgasse.

Gute Beratung führt zu rationalen Lösungen.

Kern- und Angelpunkt der Bereitschaft, sich auf den beschwerlichen Weg zu einer rationalen Lösung zu machen, ist die doppelte ***Vertrauensfrage***:

Vertrauen ist unabdingbare Voraussetzung.

- zum einen als Anfrage an die *Vertrauenswürdigkeit des Beraters*: Habe ich in meinem Berater eine wirklich integre Persönlichkeit[5] vor mir? Und wie steht's mit seiner Erfahrung und Kompetenz in der Sache?
- zum anderen als Frage nach dem *Selbstvertrauen des Klienten* und der Stärke seines Selbstwertgefühls.

Von beiden Vertrauensfragen hängt ab, ob die weiteren Treppenstufen genommen werden können: Not-Lösungen und illusionäre Ziele loslassen, neue, unbekannte Wege beschreiten, dabei deren Risiken und Nachteile („Kein wirksames Medikament ohne Nebenwirkungen!“) in Kauf nehmen und sich darauf einstellen.

5 In Kap. 9 werden wir die Verschwiegenheit als Prüfstein einer vertrauenswürdigen Beraterpersönlichkeit thematisieren.

Vertrauen braucht Zeit.

Der Beratungsprozess stellt Klient und Berater also immer vor die Vertrauensfrage. Und Vertrauen lässt sich nicht verordnen, braucht Zeit zum Wachsen und soll nicht in die („kindliche") Abhängigkeit des Klienten vom („elterlichen") Berater führen. Vertrauen ist damit der Test für die ***Haltung des Beraters***, mit der er dem Klienten begegnet und ihn durch die beiden Beratungsschritte Klärung und Entscheidung führt.[6]

Was heißt „Haltung des Beraters"? Welche Haltungen zeichnen einen guten Berater aus? Oder anders gefragt: Welche Haltungen muss ich aktivieren oder entwickeln, um ein guter Berater zu werden?

---

6 Wie diese beiden Schritte im Beratungsprozess methodisch voneinander zu trennen sind, wird uns in Kap. 6 beschäftigen.

3. Vier Grundhaltungen des Beraters

Berater und Klient – eine Beziehung auf Augenhöhe?

Beziehungs-ungleichgewicht Berater-Klient abbauen

Das Rollenverhältnis in der Beratungssituation weist zunächst ein Beziehungsungleichgewicht auf. Der Berater befindet sich in einer Position der Überlegenheit, zu ihm kommt der Ratsuchende in einer Position der Schwäche. Wenn wir uns über das Ziel von Beratung: Hilfe zur Selbsthilfe, einig sind, müssen wir den Beratungsprozess so anlegen, dass dieses Ungleichgewicht abnimmt. Nur so können wir das Selbstvertrauen des Klienten stärken. Er soll nicht nur seine Möglichkeiten und Ressourcen erkennen, sondern auch Mut bekommen, sie zu nutzen. Die Beziehungsbasis zwischen beiden ist, wie wir wissen, Vertrauen. Doch Vertrauen ist nicht gleich Vertrauen. Wie es den Klienten passiv machen und in die (delegierende) Abhängigkeit vom Berater führen kann, so kann es im Gegenteil das Selbstvertrauen, das in der Krise oder durch einen Konflikt gelitten hat, wieder aufbauen und den Klienten motivieren, aktiv und selbstbestimmt an der Problemlösung (mit)zuarbeiten.

Vertrauen durch Nähe und Distanz

Balance zwischen Nähe und Distanz

Vertrauen, das den Klienten „erwachsen" sein oder werden lässt, setzt bestimmte Eigenschaften des Beraters voraus, die sich in seinem Verhalten auswirken. Diese Eigenschaften, in einer ausgewogenen Dosierung, helfen dem Berater, das Bedürfnis des Klienten nach Verständnis, nach Angenommensein und Ernstgenommenwerden sowie nach Stärkung seines Selbstvertrauens zu befriedigen. Wir werden sie im Folgenden unter dem Begriffspaar ***Nähe*** und ***Distanz*** näher kennen lernen.

Nähe und Distanz helfen aber auch dem Berater, sich sowohl auf die Person des Klienten einzulassen und sie zu verstehen als auch den Überblick zu behalten, in der Sache neutral und realistisch zu bleiben und sich vor dem emotionalen Druck oder Zugriff des Klienten zu schützen.

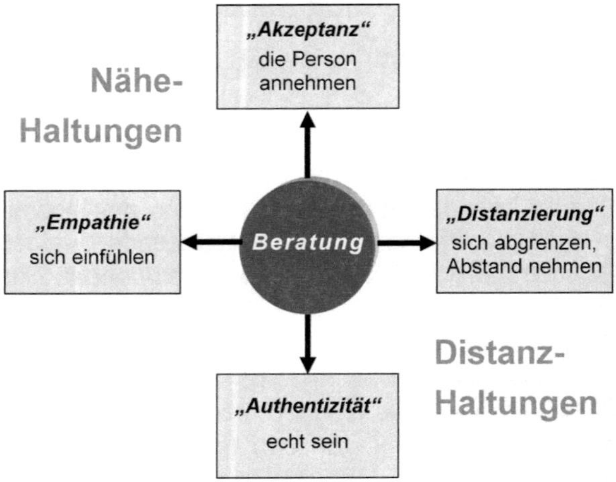

Abb. 8: Nähe- und Distanz-Haltungen in der Balance

„Akzeptanz“: die Person vorbehaltlos annehmen

Wenn-dann-Vorbehalt vermeiden

Im Allgemeinen fällt es uns leicht, unsere Mitmenschen so anzunehmen, wie sie sind, wenn sie bestimmten Erwartungen genügen. Die Mutter kann zu ihrem Kind sagen: Wenn du mir folgst, dann bist du ein liebes Kind. Ein Lehrer wird einen fleißigen Schüler leichter akzeptieren als einen faulen. Und ein tüchtiger Mitarbeiter wird von seinem Vorgesetzten mehr Anerkennung erfahren als einer, der nur Dienst nach Vorschrift macht. Die Akzeptanz des Anderen erfolgt in all diesen Fällen unter dem ***Wenn-dann-Vorbehalt***. So auch, wenn der Berater dem Klienten signalisiert: Wenn du mir ehrlich und offen deine Probleme schilderst, dann akzeptiere ich dich und bin bereit, dir zu helfen. Oder: Wenn du meine Ratschläge annimmst, dann werde ich mich für dich einsetzen.

Solche bedingte Akzeptanz besagt, dass ich weiß, was für den anderen gut ist; dass ich weiß, wie er sein soll; dass er mir (als Berater und Helfer) mehr vertrauen soll als sich selbst.

Den anderen vorbehaltlos annehmen ...

Dagegen meint ***„vorbehaltloses Annehmen“***: Ich nehme dich so an, wie du bist. Du musst nicht so sein, wie ich dich haben will. Ich akzeptiere dich, auch wenn du eine andere Lösung bevorzugst als ich. Ich lasse dich frei. Es ist mir nicht egal, was du tust; aber ich respektiere, dass du ein eigenständiger, entscheidungsfreier Mensch bist mit eigenen Gefühlen, Erfahrungen und Beweggründen, etwas zu tun oder nicht zu tun, die ich nicht kenne und die du mir vielleicht auch gar nicht sagen kannst oder willst.

... ist nicht immer leicht

Es fällt uns nicht immer leicht, dem Klienten mit der Haltung vorbehaltloser Akzeptanz zu begegnen. Die Beratungskompetenz, die Bereitschaft zu helfen und der Wunsch vieler Ratsuchender, dass ihnen schwierige Entscheidungen abgenommen werden, begünstigen eine Beziehung zwischen Berater und Klient, die man als Eltern-Kind-Verhältnis[7] beschreiben kann. Für den Moment kann sie zwar hilfreich sein, um ein Problem zu lösen, aber die Kräfte, sich selbst zu helfen und Verantwortung für sich zu übernehmen, fördert sie nicht, behindert sie sogar eher. Wir kommen auf diese Problematik der Beratung unter dem Stichwort „Abgrenzung/Distanzierung" zurück.

Und wenn der Klient „selber schuld" ist?

Vorwürfe wegen Fehlverhaltens des Klienten gefährden die Vertrauensbasis.

Die Nagelprobe für diese Haltung ist, wenn sich herausstellt, dass Fehlverhalten des Klienten ihn in die missliche Lage gebracht hat, aus der man ihm nun heraushelfen soll. Wie leicht verfällt man als Berater in den Fehler, in die Vorwurfskerbe zu schlagen! Nicht weniger kontraproduktiv ist es, eine offensichtlich überzogene Kritik an einem Vorgesetzten korrigieren zu wollen.

Fallbeispiel: Kritik am Abteilungsleiter

Walter K. hält seinen Abteilungsleiter für launisch und ungerecht. Und ihn, Walter K., habe er

[7] Im frühkindlichen Eltern-Kind-Verhältnis wie auch im Verhältnis unter Geschwistern bilden sich Beziehungs- und Verhaltensmuster heraus, die so prägend sind, dass sie später unbewusst auf andere Beziehungen im privaten und beruflichen Leben übertragen werden. Die Erkenntnis dieses Übertragungsmechanismus' führte in der Transaktionsanalyse (TA) zu einem generellen Erklärungsmodell für Interaktion und Kommunikation. Zur TA weise ich auf die Neuerscheinung von Jecht, G., Pelz, G. et al., hin, außerdem auf den TA-Klassiker von Eric Berne, Spiele der Erwachsenen. (Siehe Literaturhinweise auf S. 208).).

schon seit langem auf dem Kieker. Er sei der unfähigste Vorgesetzte, den er je erlebt habe usw. Betriebsrat Heinz T. kennt diese Führungskraft seit langem und hat einen völlig gegenteiligen Eindruck von ihr. Der Kollege kann gar nicht recht haben! Das Problem, nimmt er an, liege sicherlich sehr viel mehr bei dem verärgerten Kollegen als bei der Führungskraft. Und hält dagegen: „Nun mach mal halblang! Der Typ ist voll in Ordnung. Das Problem, weshalb du Schwierigkeiten mit ihm hast, liegt, glaub' ich, mehr bei dir als bei ihm."

Was kommt bei Walter K. an? Er „hört": "*DU siehst die Dinge falsch! Deine Gefühle sind falsch! Du bist nicht in der Lage, deinen Vorgesetzten richtig einzuschätzen. Du willst ihn nur schlechtmachen. DU selber bist das Problem!* Walter folgert daraus: "*Der Betriebsrat, auch Heinz, steht nicht auf meiner Seite.*"

Vertrauensstörungen sind schwer zu überwinden.

Es wird sehr schwer werden, die Vertrauensstörung zwischen Walter und Heinz zu überwinden. Walter wird, falls er nicht gleich in die Aggression geht, kaum noch offen und ehrlich über seine Probleme mit dem Vorgesetzten sprechen. Es wird ihm nur noch darum gehen, seine Sicht der Dinge mit weiteren Beispielen, Vermutungen, Verdächtigungen zu rechtfertigen, auch solchen, die ihn persönlich gar nicht betreffen.

Den Klienten dort „abholen", wo er sich befindet.

Eine klientorientierte Beratung beginnt immer an dem Ort, wo sich der Ratsuchende als Person und Gruppenmitglied befindet. Nicht dort, wo sich der Berater befindet. Ein Beratungsprozess lässt sich also umso offener und leichter in Gang setzen, je näher der Berater dem Klienten ist. Und umso leichter es dem Berater gelingt, den Klienten vorbehaltlos so anzunehmen, wie er ist, denkt, fühlt, handelt.

„Empathie“: sich in den anderen einfühlen

Erster Schritt im Beratungsprozess: begleiten, nicht führen!

Eng verwandt mit der vorbehaltlosen Akzeptanz ist das einfühlende Verstehen. Empathie[8] ist Verstehen, das nicht nur auf die Sache zielt, sondern die damit verbundenen Gefühle wahrnimmt und ins Verstehen mit einbezieht. Empathisch denke und handle ich demnach, wenn ich mich in den anderen hineindenke und hineinfühle, mich auf seine Person ganz einlasse und auch meine Person mit Verstand und Gefühl beteiligt ist: Ein indianisches Sprichwort drückt diese Haltung auf treffende Weise aus:

Gefühle mit einbeziehen

> ***„Wenn du mich verstehen willst, dann gehe zuerst vierzehn Tage lang in meinen Mokassins.“***

Wenn mir als Ratsuchendem mein Gesprächspartner in dieser Haltung begegnet, fühle ich mich ganz ernst genommen. Die empathische Nähe des Beraters schafft die Voraussetzung, dass ich meine Haltungen, Verhaltensweisen, Wünsche, Erwartungen, Ängste usw. überprüfen und, wenn ich möchte, verändern kann. Nur wenn ich mich im Gespräch frei und ernst genommen fühle, mich nicht schützen und verteidigen muss, kann ich selber meine Fehleinschätzungen und unrealistischen Ziele loslassen.

Nur in empathischer Nähe des Beraters kann der Klient ein realistisches Verhältnis zu sich entwickeln.

Beratung versteht sich, insbesondere in der ersten Phase des Beratungsprozesses, als Begleitung. Die beraterische Kompetenz soll den Klienten bei der Lösungssuche unterstützen, ihm Mut machen, auch unbequeme Lösungswege zu bedenken. Sie darf ihn nicht in eine Abhängigkeit vom Berater bringen.

Abhängigkeit vom Berater vermeiden

> **Wer dem Klienten die Verantwortung für sich abnimmt, übt Macht über ihn aus und bringt ihn in Abhängigkeit.**

---

8 Der Fachbegriff „Empathie“ kommt aus dem Griechischen: *empathein* bedeutet wörtlich „(sich in jemanden) hinein-leiden“.

Führung des Beraters führt meist in die Delegationsfalle

In einer schlecht geführten Beratung findet solche Bevormundung meist schon in der ersten Phase statt. Der Berater kann den frühen Hilfe-Appellen des Klienten nicht widerstehen und übernimmt die „Führung". Bevor er sich über die Motive des Klienten, die durchaus widersprüchlich und verborgen sein können, im Klaren ist, gibt er die Richtung an, suggeriert ihm zu wissen, was für ihn das Richtige sei, und verkürzt damit den Klärungs- und Entscheidungsprozess. (Bei genauerem Hinsehen müssen wir freilich erkennen, dass in Wirklichkeit der Klient führt. Er führt den Berater, ohne dass dieser es merkt, unweigerlich in die Delegationsfalle!)

„Distanzierung": Selbstschutz und freier Blick

Den beiden Haltungen, in denen sich die ***Nähe*** des Beraters zum Klienten ausdrückt, Akzeptanz und Empathie, sind zwei Haltungen der ***Distanz*** entgegengesetzt: Distanzierung und Authentizität.

Distanzierung

Das Gegenstück zu „Empathie" ist ***„Distanzierung"***. Ein Widerspruch, wie es scheint. Wie kann ich mich in den anderen hineinversetzen und gleichzeitig von ihm absetzen?

Distanzierung erfordert meine Rolle als Berater und zwar aus zwei Gründen:

a) aus Selbstschutz und
b) um den freien Blick auf das Problem und dessen mögliche Lösungen zu bewahren.

Rollendistanz: Sich abgrenzen zum Selbstschutz

Nur mit Rollendistanz lässt sich auf lange Sicht das Engagement durchhalten.

Ich darf in die Haut des Ratsuchenden schlüpfen, aber ich darf nicht in seiner Haut stecken bleiben. Ein guter Arzt, eine gute Krankenschwester sollen sich in den Patienten einfühlen, aber sie dürfen sein Leiden nicht zu ihrem eigenen machen, wollen sie als Arzt und Krankenschwester handlungsfähig bleiben. Der Distanzierung bedarf es auch, um sich nicht auszupowern. Denn weder der Arzt noch der Berater sind nur für *einen* Hilfe- und Ratsuchenden da. Nur wer sich abgrenzen kann, schont seine Kräfte und beugt dem Ausgebranntsein (Burn-out) vor.

Daher:
Ich nehme Anzeichen der Frustration, der Enttäuschung und des Ärgers über das, was die Kollegen „alles" von mir wollen, was sie mir „alles" zumuten, ernst und stelle mir die Frage, ob ich mich nicht mit meinem Anspruch an Engagement und Identifikation auf lange Sicht überfordere. Vielleicht muss ich mich auch fragen, wie ich mich durch eine größere Rollendistanz besser vor der Burn-out-Gefahr schützen kann.

Wer anderen auf Dauer helfen will, ohne sie zu verachten, muss lernen, sich von ihren Problemen abzugrenzen.

Abstand nehmen: Weitblick und Überblick behalten

Abstand schafft Überblick

(Neue) Lösungen können erst ins Blickfeld kommen, wenn sich der Abstand vom Problem weitet. Da ich als Berater nicht Gefangener des Problems, also nicht selbst in das Problem verstrickt bin, fällt es mir leichter, einen anderen Betrachtungsstandpunkt einzunehmen. Die größere Distanz des Beraters zum Problem (nicht zur Person!) soll dem Ratsuchenden helfen, sich aus der (Angst erzeugenden) Verstrickung in sein Problem zu befreien und für Lösungen zu öffnen.

Hauptfunktion der Beratung ist:
dem Klienten zu helfen, sein Problem selber aus größerer Distanz zu sehen und sich neuen Lösungswegen zu öffnen.

Um ein Gespräch zu einem befriedigenden Ergebnis zu bringen, ist also die Fähigkeit, sich abgrenzen zu können und Abstand zu nehmen, ebenso nötig wie

Erwartungen des Klienten offenlegen und klären

Akzeptanz und Einfühlungsvermögen. Sie ermöglicht mir als Berater, die Erwartungen des Klienten an mich zu klären. Die Erwartungen werden selten offen ausgesprochen, und es ist wichtig, sie offenzulegen, in der Regel mit der Frage: *Was erwartest du von mir in dieser Angelegenheit?*

Damit schaffe ich Abgrenzung, Rollenklärung. Schaffe Raum für die Frage, was ***ich*** für den Ratsuchenden tun ***kann*** und tun ***will*** und was ***er*** selber tun kann. Soll das Ziel realisiert werden, müssen konkrete Aufgaben verteilt, einzelne Aktionsschritte geplant werden.

Flexibler Wechsel zwischen Nähe und Distanz

Nähe und Distanz sind einerseits zwei Haltungen des Beraters, andererseits kennzeichnen sie auch zwei aufeinander folgende Schritte im Beratungsprozess. Ob die beiden Schritte bereits im ersten Gespräch erfolgen oder sich im Laufe mehrerer Gespräche wiederholen, hängt von der Dauer der Beratung ab. Fallsituationen, die sehr komplex sind oder die es dem Klienten sehr schwer machen, sich zu einer Lösung durchzuringen, können ein mehrmaliges Pendeln zwischen Nähe- und Distanzphasen erforderlich machen. Emotional sehr verletzte Klienten werden eine längere Nähephase benötigen, bis sie in der Lage sind, sich rational mit den Fakten auseinanderzusetzen. Der Ratsuchende gibt in der Regel selbst das Signal, wenn er bereit ist, auf eine Lösung hinzuarbeiten. Diese Bereitschaft hängt nicht unerheblich davon ab, wie sehr es dem Berater in der Phase der empathischen Verbundenheit gelungen ist, eine Atmosphäre des Vertrauens und der Akzeptanz zu schaffen.

Professionelle Beratung erfordert:
Balance zwischen Nähe zur Person und Distanz zum Problem.

„Authentizität“: Außen und Innen stimmen überein

Echt sein: Meine „Äußerungen“ und mein „Inneres“ stimmen überein.

Distanz ermöglicht es mir auch, echt zu sein. Echt sein bedeutet: Meine Worte und mein Verhalten zeigen mich, wie ich bin. Meine „Äußerungen“ und mein „Inneres“ stimmen überein. Ich versuche auch nicht aus falscher Rücksichtnahme, dem anderen etwas vorzumachen. Wenn ich mich von der Länge und Unübersichtlichkeit der Problemschilderung des Klienten überfordert („zugetextet“) fühle, stoppe ich seinen Redeschwall: *„Nun mal langsam! Das war jetzt zu viel für mich. Ich habe einiges nicht mitgekriegt!“* Ich erlaube mir zum Beispiel auch, so ehrlich zu sein zuzugeben, dass ich eben gerade beim Zuhören abgeschweift bin und leider nicht alles mitbekommen habe, was mein Gesprächspartner gesagt hat.

Ehrlich und echt sein erleichtert auch dem Klienten, ehrlich zu sein.

Der Berater muss also nicht Aufmerksamkeit vorspielen. Wenn ich als Klient die Täuschung bemerke – sei es auch unbewusst –, verunsichert dies mein Vertrauen in ihn: *Wie soll ich ihm trauen können, wenn schon das Zuhören nicht echt ist?* Ist er dagegen dem Klienten gegenüber echt, fällt es auch ihm leichter, seine Fassaden und Schutzhaltungen abzulegen. Es zeugt von Souveränität, wenn er nicht den Anspruch hat, alles auf Anhieb zu wissen und seine (Problemlösungs-) Kompetenz beweisen zu müssen. Er begegnet seinem Gesprächspartner „auf Augenhöhe“. Das verschafft ihm ein Gefühl der Sicherheit, das ihm hilft, sich ihm weiter zu öffnen und auf seine Beratung einzulassen.

Dem Klienten „auf Augenhöhe“ begegnen

Fragen begründen

Echt sein heißt auch, dass ich als Berater in der Ich-Form spreche und, wenn ich eine Frage stelle, sage, warum ich sie stelle.[9] Ich mache mein Verhalten für den Klienten *transparent*, nachvollziehbar, ebenso meine Rollenbeziehung zu ihm, und ich gebe ihm zu verstehen, dass es nicht nur wichtig ist, dass ich ihn verstehe, sondern dass er auch *mich* verstehen muss, soll die Beratung zu einem befriedigenden Ergebnis führen. Mit dieser Offenlegung meiner Beweggrün-

[9] Dazu ausführlicher im folgenden Kapitel 4, Abschnitt 2, besonders S. 85 f.

de, Fragen zu stellen, dies zu raten und von jenem abzuraten, seine Erwartungen an mich zu erfüllen oder zurückzuweisen, gebe ich mir auch selbst Rechenschaft über meinen Umgang mit dem Klienten.

Das Zusammenwirken der vier Berater-Qualitäten

Die Balance zwischen Nähe und Distanz vermittelt dem Klienten Vertrauen in die Kompetenz des Beraters.

Einfühlendes Verstehen (***Empathie***) muss gepaart sein mit der Fähigkeit, mich abzugrenzen und Abstand zu nehmen (***Distanzierung***). Vorbehaltloses Annehmen (***Akzeptanz***) findet seine Grenze in der Echtheit (***Authentizität***), mit der ich als Person (und nicht nur in der Rolle des Beraters) dem Gesprächspartner begegne.

Der Beratungsprozess verläuft im Wechsel von ***Nähe*** und ***Distanz***. Gerade in der Erfahrung des Wechsels von Nähe- und Distanz-Haltungen des Beraters gewinnt der Klient Sicherheit und Vertrauen in die Beraterkompetenz. Weder fühlt er sich allein gelassen oder auf das Sachproblem reduziert, noch wird er bevormundet, indem man ihm die Verantwortung für sich und für die Lösung seines Problems abnimmt.

Ist für den Berater, der sich in der geschilderten Weise auf den Klienten einlässt, die Bilanz des Beratungsprozesses ebenso positiv wie für den Klienten?

Der Wechsel von Nähe und Distanz dient auch dem Selbstschutz des Beraters.

Ich bin oft der Frage begegnet, wie man sich als Berater vor zu viel Nähe schützen könne, insbesondere wenn der Klient von seinen Emotionen sehr stark bestimmt ist. *„Mir geht die Not des Klienten noch lange nach ..., ich nehme sie mit nach Hause ..., kann mich ganz schwer von den Emotionen des Klienten schützen ..., ich fühle mich bedrängt, unter Druck gesetzt, verunsichert“* usw. Das Bedürfnis nach Selbstschutz, das in Äußerungen wie diesen zum Ausdruck kommt, ist sehr ernst zu nehmen und umso dringlicher, je mehr dem Berater das Problem des Klienten zu Herzen geht, weil er sich ganz persönlich davon angesprochen fühlt.

Wir werden sehen, dass das methodische Wechselspiel von Nähe und Distanz im Laufe des strukturierten Beratungsprozesses dem Berater einen Weg eröffnet, wie er sich vor den Belastungen, die aus der seelischen Berührung durch die Problem- und Notlagen der Klienten resultieren, schützen kann, ohne die emotionale Nähe zum Klienten fürchten zu müssen. Am Ende des Kapitels 6 (S. 140) und in Kap. 7 werden wir auf diese Frage der persönlichen Bilanz für den Berater eine Antwort suchen. Wie wir sehen werden, lässt sie sich in der Struktur des Beratungsprozesses selbst finden.

4. Instrumente professioneller Gesprächsführung in der Beratung

Was verstehen wir unter professioneller Gesprächsführung?

Gespräche bedürfen der Führung, insbesondere solche, die ein Ziel haben, an deren Ende ein konkretes Ergebnis stehen soll. Im Berufsleben ist dies die Regel. Ob Verhandlungs-, Konflikt-, Bewerbungs- oder Beratungsgespräche, die Gesprächspartner gehen mit Zielvorstellungen und konkreten Erwartungen in das Gespräch. Der Erfolg wird daran gemessen, wie sehr es gelungen ist, die eigenen Interessen im Gesprächsergebnis berücksichtigt zu finden. Je professioneller die Gesprächsführung, desto wahrscheinlicher der Erfolg.

Professionelle Gesprächsführung in der Beratung:

Was verstehen wir in der Beratung unter professioneller Gesprächsführung[10]?

Haltung

1. Eine reflektierte, personorientierte Haltung des Beraters gegenüber dem Klienten *(Personorientierung),*

Instrumente

2. den effizienten Einsatz von Instrumenten professioneller Gesprächsführung *(Methodenkompetenz),*

Prozesssteuerung

3. die ergebnisorientierte Steuerung des Beratungsprozesses *(Prozessorientierung).*

---

[10] Wir unterscheiden die beiden Begriffe Gesprächs*führung* und Gesprächs*leitung*. **Gesprächsleitung** meint eine formelle Funktion, die in aller Regel mit einer offiziellen Rolle verbunden ist oder die von den Gesprächsteilnehmern meist durch Wahl einer Person übertragen wird. Der BR-Vorsitzende ist kraft seines Amtes Leiter der BR-Sitzungen und damit auch Gesprächsleiter. Eine neu gegründete Bürgerinitiative wählt ad hoc einen aus ihren Reihen, der die Diskussion moderieren, also leiten soll. Gesprächsleitung beinhaltet Verantwortung für den geregelten Verlauf des Gesprächs. **Gesprächsführung** dagegen bezeichnet das Gesprächs*verhalten* des einzelnen Gesprächsteilnehmers, seine Sprachkompetenz, sein Konfliktverhalten, seine Regeldisziplin, seine Einflussnahme auf den Gesprächsverlauf u. Ä. An der Rolle des Beraters interessieren uns beide Aspekte: wie er seine Leitungsfunktion wahrnimmt und wie er sich seinem Gesprächspartner gegenüber verhält. Von den Haltungen des Beraters war ja im vorigen Kapitel ausführlich die Rede. Wenn ich im Folgenden von der Gesprächsführung des Beraters spreche, schließe ich also den Leitungsaspekt mit ein.

Über die idealen Eigenschaften des Beraters und seine Fähigkeit, im ausgewogenen Wechsel von Nähe und Distanz den Klienten durch den Beratungsprozess zu begleiten, haben wir im vorigen Kapitel gesprochen. In diesem Kapitel werden wir uns eingehend mit der Strukturierung und Steuerung des Gesprächsprozesses befassen, mit dem also, was wir im engeren Sinne unter Gesprächs*leitung* verstehen. Zuvor wollen wir einige Werkzeuge der Gesprächs***führung*** kennen lernen und uns fragen, wie wir sie sinnvoll im Beratungsgespräch einsetzen.

Direktiv oder nicht-direktiv?

Direktiv führen heißt, der Berater bestimmt, worüber gesprochen wird.

Bevor wir unseren Werkzeugkoffer öffnen, müssen wir noch eine grundsätzliche Unterscheidung kennen lernen: ***direktive*** und ***nicht-direktive*** Gesprächsführung. ***Direktiv führen*** heißt, ich bestimme, worüber gesprochen wird, ich nötige den Gesprächspartner, sich auf mich und meine Gesprächsziele einzustellen. Mit direktiven „Techniken" der Gesprächsführung übernimmt der Berater die Führung, um dem Gespräch Struktur und Zielorientierung zu geben.

Nicht-direktiv führen heißt, der Klient bestimmt das Gespräch.

Nicht-direktiv führen heißt folgerichtig, ich lasse dem Gesprächspartner weiten Freiraum, sich ins Gespräch einzubringen und seine Richtung zu bestimmen. Nicht-direktive Techniken fordern vom Berater, sich auf den Gesprächspartner einzustellen und seinen Gedankengängen zu folgen, so verschlungen sie auch sein mögen. Wie gegensätzlich die beiden Ansätze auch scheinen, so wenig schließen sie sich gegenseitig aus. Wer es versteht, ihre Vorteile geschickt zu kombinieren, muss ihre Nachteile nicht fürchten.

Vor- und Nachteil der direktiven Gesprächsführung

Vorteil der direktiven Gesprächsführung

Der ***Vorteil*** direktiven Verhaltens in der Beratung liegt auf der Hand. Der Berater lässt sich von seiner Sachkompetenz leiten und führt den Ratsuchenden kraft Autorität seiner Rolle (Vorgesetzter, Betriebsrat, Vertrauensperson ...). Er definiert das Sachziel des Gesprächs und steuert gezielt und ohne Umschweife darauf zu. Es wird nur darüber gesprochen, was er für zielrelevant hält. Er zwingt den Gesprächspartner, dieser Linie zu folgen. Ein Beispiel:

Fallbeispiel: MA-Gespräch nach Fehlleistung

> *Ein Mitarbeiter hat durch eine Fehlleistung einen größeren Schaden verursacht. Der Vorgesetzte sieht einen klaren Zusammenhang zwischen der Fehlleistung des Mitarbeiters und seiner mangelhaften Selbstkontrolle. Er führt mit ihm ein Beratungsgespräch mit dem Ziel, die mangelnde Selbstkontrolle durch häufigere Fremdkontrollen eines erfahrenen Kollegen auszugleichen. Der Mitarbeiter soll diese Maßnahme verstehen und akzeptieren können.*

Die direktive Gesprächsführung ist betont sachzielorientiert. Der Ratsuchende nimmt den Berater als kompetenten Problemlöser wahr und vertraut sich (mehr oder weniger) freiwillig seiner Führung an. Das Problem des Ratsuchenden wird auf seine sachlichen („objektiven") Aspekte reduziert und daraus ergibt sich die Lösungsstrategie. Die Aufgabe des Beraters ist, die unter den gegebenen Voraussetzungen (Rahmenbedingungen und Ressourcen) bestmögliche Problemlösung dem Klienten vorzustellen und ihre Umsetzung zu betreiben. Von ihm wird ein entschiedenes Ja erwartet samt Bereitschaft, der "vereinbarten" Problemlösung zum Erfolg zu verhelfen. Seine Person ist nachrangig. Sie erscheint als ein Faktor, der dem Bereich „Rahmenbedingungen und Ressourcen" zugerechnet wird, und findet insofern Berücksichtigung. Wenn das Problem in dem obigen Beispiel mit nachhaltigerem Erfolg durch eine zusätzliche Schulung des Mitarbeiters zu vermeiden wäre, würde der Vorgesetzte das Gespräch mit dem Mitarbeiter darauf ausrichten.

Nachteil der direktiven Gesprächsführung

In der direktiven Beratung steht also nicht der Mensch im Mittelpunkt, sondern das Problem. Darin liegt auch ihr ***Nachteil***. In all den Fällen, in denen die Problemlösung das aktive Mittun des Betroffenen erfordert, mehr noch, wenn Verhaltens- und Einstellungsänderungen die Voraussetzung für den Erfolg des Konzepts sind, greift die direktive Gesprächsführung zu kurz. Der Mensch und *sein* Problem, das heißt die subjektive oder personale

Seite des Problems, werden unterschätzt. Der Erfolg der eingeleiteten Maßnahmen ist von kurzer Dauer, wenn nicht gar die Problemlösung schon im Ansatz scheitert. Auch dazu ein Beispiel:

Fallbeispiel: Versetzung

> *Ein älterer Mitarbeiter bekommt zunehmend Probleme an seinem Arbeitsplatz und in seinem Team. Er scheint den nervlichen Belastungen nicht mehr gewachsen zu sein. Um ihn nicht entlassen zu müssen, bietet der Arbeitgeber ihm einen ruhigeren, weniger anspruchsvollen Arbeitsplatz in einer anderen Abteilung an. Allerdings ist damit auch eine Rückstufung seines Lohnes verbunden. Der Betriebsrat, dem diese Lösung unter den gegebenen Umständen als das kleinere Übel erscheint, versucht, den Kollegen von dieser Lösung zu überzeugen. Der Kollege gibt unter diesem Druck nach und lässt sich versetzen. Nach einiger Zeit klagt der Vorgesetzte in der neuen Abteilung über erhöhte Fehlzeiten durch Krankmeldungen dieses Mitarbeiters ...*

Der Mitarbeiter hat sich zwar dem Druck der Argumente gebeugt. Sie haben ihm durchaus eingeleuchtet, aber im Innersten hat er sich mit der damit verbundenen sozialen Abwertung nicht abfinden können.

Ratschläge sind auch Schläge.

Auf das Ergebnis lässt sich der drastische Spruch „Operation gelungen, Patient tot“ übertragen: „Problem gelöst, Mitarbeiter krank“. Der Mitarbeiter bekam nicht die Chance, *selber* zu der Einsicht zu gelangen, dass die Versetzung eine sinnvolle Option für ihn wäre. Und er konnte auch nicht in einem *ergebnisoffenen* Beratungsprozess diese Option mit anderen Optionen vergleichen (z. B. auf Teilzeit zu gehen). Hinter dem Entscheidungs-Ja steht nicht die ganze Person, derer es doch bedurft hätte, um sich motiviert auf die neue Stelle und die neuen Kollegen einzulassen und auch noch die Kröte der Lohneinbuße tapfer runterzuschlucken.

Direktive Beratung ist selten ergebnisoffen.

Hier zeigt sich die Schwäche des direktiven Ansatzes. Ihm fehlt der Blick für Krise und Entwicklung. Ihm fehlt die ***Person- und Prozessorientierung***, die wir der (reinen) ***Sach- und Ergebnisorientierung*** entgegensetzen.

Vor- und Nachteile des nicht-direktiven Ansatzes

Vorteil der nicht-direktiven Gesprächsführung

Damit haben wir im Umkehrschluss bereits den ***Vorteil*** der nicht-direktiven Gesprächsführung in der Beratung erkannt: Sie stellt nicht das Problem, sondern die Person in den Mittelpunkt der Beratung und hilft ihr, eine ihr angemessene Problemlösung zu entwickeln. Dabei wird der Optionsrahmen, also die Frage, was unter den gegebenen Rahmenbedingungen und Ressourcen denkbar ist, so weit wie möglich gesteckt.

Nachteile

Nachteile: Langfristig tragfähige Lösungen sind selten schnell zu haben. Psychische Prozesse brauchen ihre Zeit und kosten Kraft. Denken wir an das Bild der Beratungstreppe (siehe Kap. 2, S. 31 ff): Wie viele Stufen müssen genommen werden, um das Ziel, die *rationale* Problemlösung, zu erreichen!

Mit der Mühe des Treppensteigens hängt noch ein weiterer Nachteil zusammen: Auch die nicht-direktiv angelegte Beratung kann scheitern: wenn der Prozess nicht zu dem Ergebnis führt, das sich der Klient erhofft hat; wenn er zugunsten einer Scheinlösung abgebrochen wird; wenn es einer (weiteren) Erfahrung des Misslingens bedarf, um sich endgültig von Illusionen und einem falschen Selbstbild zu verabschieden. Vielleicht ist dann später – in einem neuen Beratungsprozess – der Weg zu rationalen Lösungen offener.

Der nicht-direktive Ansatz[11] stellt ungleich höhere Anforderungen an die beraterische Kompetenz als der direktive Ansatz. Menschen, die in ihrer Position gewohnt sind, rasch Entscheidungen zu treffen oder herbeizuführen, tun sich schwer, die Geduld aufzubringen, Schritt für Schritt den Ratsuchenden auf *seinem* Weg zu der *ihm* gemäßen Lösung zu begleiten, einem Weg, der selten geradlinig verläuft. Er setzt auch beim Vorgesetzten oder Betriebsrat, wenn er die Rolle des Beraters einnimmt, einen bewussten Akt des Umdenkens voraus, will er sich ganz auf die Person des Ratsuchenden einstellen und ihrer Sicht der Dinge Vorrang vor den eigenen Kenntnissen und Vorstellungen einräumen.

Nicht-direktive Beratung: Begleitung des Klienten auf seinem Weg zur Problemlösung

In der betrieblichen Laienberatung – auch dort, wo sich die Führungskraft als so genannter „Coach" ihrer Mitarbeiter versteht – kann es sich nicht um Beratung in einem therapeutischen Sinne handeln, auch nicht im Sinne von Supervision und Coaching (solche Beratungsangebote gehören am besten in die Hände externer Fachleute). Daher würde ein konsequent durchgeführter nicht-direktiver Ansatz, der selbst in der Arbeit professioneller Berater und Supervisoren selten in Reinform anzutreffen ist, die Funktion eines solchen Gesprächs verfehlen und erst recht den Laienberater überfordern.

Laienberatung

Als Mittelweg, der sowohl ergebnis- als auch prozessorientiert ist und den Laienberater nicht überfordert, stelle ich mir ein Konzept von Beratung vor, das beide Ansätze kombiniert. In Kapitel 6 werde ich ein Phasenmodell vorstellen, in dem sich nicht-direktive und direktive Arbeitsschritte abwechseln und ergänzen.

Direktive und nicht-direktive Ansätze kombinieren

Für **Führungskräfte** lässt sich folgende Faustregel aufstellen: Je mehr eine Führungskraft zur Behebung eines Problems, zur Erfüllung einer neuen Aufgabe oder zur Überwindung einer Konfliktsituation auf das

Faustregel für Führungskräfte

[11] Der nicht-direktive Ansatz ist eng mit dem Namen Carl R. Rogers verbunden. In seinem grundlegenden Werk *„Counseling and Psychotherapy"* (amerik. Originalausgabe 1942, deutsche Veröffentlichungen seit 1972 unter dem Titel „Die nicht-direktive Beratung") stellt er ihn dar und demonstriert in einer Fülle von Beispielen seine Wirkungsweise. Sein Ansatz hat nachhaltig die professionelle Beratung geprägt.

aktive Mitwirken („mit Kopf und Hand“) eines Mitarbeiters angewiesen ist, desto weniger direktiv sollte das Klärungsgespräch geführt werden. Das heißt, das Gewicht ist auf seine aktive und verantwortliche Beteiligung an der Lösungssuche zu legen.

Nicht-direktive Gesprächsführung ist – nicht nur in Betrieben – eher ungewohnt.

Zunächst jedoch werden wir einige wichtige Instrumente der Gesprächsführung kennen lernen, wobei der Schwerpunkt auf die nicht-direktiven gelegt ist. Sie machen uns mehr Mühe, ihre „Handhabung“ ist uns ungewohnt, ihr Einsatz erscheint uns „unnatürlich“ und viele haben anfangs die Befürchtung, sich beim Gesprächspartner lächerlich zu machen. Professionelle Gesprächsführung verläuft in der Tat nach etwas anderen Regeln als das Alltagsgespräch.

Vergleich mit dem Sport

Ein Vergleich aus dem Sport veranschaulicht den Unterschied: Wir alle haben gehen gelernt. Seit dem Ende unseres ersten Lebensjahres praktizieren wir diese Fortbewegungsart. Ein genetisches Programm „brachte uns auf die Beine“ und es dauerte nicht lange, bis uns die Bewegungsabläufe so selbstverständlich geworden waren, dass sie völlig „automatisch“ ablaufen. Wer nun, um einige Jahre älter, die Sportart des Walking betreiben will, muss das Gehen neu erlernen. Die Bewegungsabläufe werden studiert, um sie zu optimieren, und dann unter diesen neuen Erkenntnissen trainiert. Außerhalb der sportlichen Disziplin wird der „Walker“ sich wahrscheinlich in seiner gewohnten Gangart fortbewegen (wenn auch das sportbedingt veränderte Haltungsbewusstsein auf sein gewöhnliches Gehen ausstrahlen wird).

Ähnlich ist es mit der alltäglichen und der professionellen Gesprächsführung. Mit dem „sportlichen“ Ziel, unsere Gesprächsführung in unseren beruflichen Rollen zu optimieren, studieren wir die Regeln des Vortrags, der Argumentation und die Gesetze der Wahrnehmung. In Rollenspielen und rhetorischen Übungen trainieren wir professionelles Reden. Zu Hause werden wir uns dennoch weiterhin genauso verhalten wie zuvor. Oder doch nicht? Es ist wie beim geübten Walker, der morgens seine Brötchen beim Bäcker holt. Sein Gang wirkt irgendwie elastischer als früher…

Welche Instrumente der Gesprächsführung werden nun für die Beratung benötigt?

nicht-direktive und direktive Instrumente

nicht-direktiv:

- Gesprächseröffnung
- Passives und Aktives Zuhören
- Zusammenfassen (Paraphrasieren)
- Spiegeln
- Nachfragen, Brückenfragen

direktiv:

- Weiterführendes Fragen, Weichenfragen
- Struktur- und Regelvorgaben
- Aufforderungen zur Stellungnahme oder Wahlentscheidung nach Sachinput

1. Nicht-direktive Instrumente

Gesprächseröffnung

Gesprächseröffnung

Das Gespräch wird vom Berater eröffnet. Er nimmt Bezug auf den Kontakt, der zu diesem Termin geführt hat, ermuntert ihn, nun die fragliche Angelegenheit detailliert zu schildern:

Fallbeispiel: Abmahnung

> *„Sie haben mich vor drei Tagen wegen eines Problems an Ihrem Arbeitsplatz angesprochen und wir haben diesen Termin vereinbart, um uns in Ruhe darüber zu unterhalten. Worum geht es Ihnen da?“*

Erinnern Sie sich an unser Fallbeispiel aus Kap. 1, S. 17?

> *BR Gerhard P. wurde von einem Mitarbeiter auf dem Weg zur Kantine mit einer rechtlichen Frage zum Thema Abmahnung angesprochen. Er hat mit ihm einen Gesprächstermin vereinbart. Der Kollege kommt ins BR-Büro, wo er bereits auf ihn wartet. Nach der Begrüßung und einem kurzen Small Talk im Stehen bittet Gerhard P. den Kollegen in die Besprechungsecke des Büros. Er eröffnet das Gespräch mit der oben zitierten Einleitung.*

Diese Eröffnung ist so allgemein formuliert, dass sie zu jedem Fall passt. Warum nimmt BR Gerhard P., der sich ganz genau an die Abmahnungsfrage erinnert, nicht darauf Bezug? Etwa wie folgt:

„Sie haben mich vor drei Tagen wegen einer Abmahnung angesprochen, die Ihnen Ihr Abteilungsleiter ungerechtfertigt verpasst hat. Sie wollen mit mir darüber reden, was man dagegen tun kann. Stimmt's?“

Soll man an das Kontaktgespräch anknüpfen?

Diese Einleitung greift alle inhaltlichen Elemente des Kontaktgesprächs auf. Ein idealer Einstieg ins Thema, möchte man meinen. Zudem zeigt er dem Klienten, dass der Berater sich gut an das Problem erinnert und es ohne Umschweife anpacken will. Dennoch zieht Gerhard P. die unspezifische Eröffnung vor. Warum?

Ja, aber ohne dessen Inhalt zu rekapitulieren.

Zwischen dem Kontaktgespräch und dem Beratungsgespräch ist eine gewisse Zeit verstrichen. Der Berater weiß nicht, was sich in dieser Zeit ereignet hat, ob und wie sich die Einstellung des Klienten zum Problem verändert hat. Er weiß auch nicht, ob es etwas gibt, das ihn heute mehr belastet als die Abmahnung. Oder: Die Abmahnungsfrage im Kontaktgespräch war vielleicht nur der „Köder“ des Kollegen, um mit dem Betriebsrat ins Gespräch zu kommen. Der hinter der rechtlichen Abmahnungsfrage versteckte Abteilungskonflikt – das viel ernstere und für unseren Klienten vielleicht heiklere Thema – wäre für einen Erstkontakt zu persönlich.

Wenn der Berater nun genau da ansetzt, wo der Erstkontakt aufgehört hat, legt er ein Gleis in die Beratung, das den Klienten zunächst einmal darauf festlegt. Selbst wenn sich für den Klienten inzwischen das Problem auf einen anderen Aspekt verlagert oder die Abmahnungsfrage nur als Kontaktköder fungiert hätte, sähe er sich gezwungen, bei der Klärung *dieser* Frage zu bleiben, allein um in den Augen des Beraters nicht als inkonsequent zu erscheinen. Wenn wir außerdem unterstellen, dass sich der Berater in der Zwischenzeit bestens darauf vorbereitet hat und seine volle Sachkompetenz jetzt zur Geltung bringen möchte, könnte die Zeit verstrichen sein, bevor man zum eigentlichen Problem gekommen ist. Und dem Berater bliebe unverständlich, warum der Klient am Ende des Gesprächs irgendwie einen nicht ganz zufriedenen Eindruck hinterlässt.

Die nicht-direktive Gesprächseröffnung lässt also dem Klienten alle Optionen offen, wie er das Gespräch beginnen will. Was zählt, ist allein der gegenwärtige Kontakt. Dies gilt auch für etwaige Folgegespräche. Sie können natürlich nicht mit demselben Eröffnungstext begonnen werden wie die erste Sitzung, sollten aber ebenfalls offen eingeleitet werden. So kann man beispielsweise mit der Frage beginnen: *„Wie ging's Ihnen nach dem letzten Gespräch?"* Die Frage zielt auf die inneren Nachwirkungen. Oder mit Blick auf die äußeren Ereignisse: *„Wie war für Sie die Zeit seit unserem letzten Gespräch?"* Oder mit Bezug zur aktuellen Sitzung: *„Wie geht's Ihnen jetzt zu Beginn unseres heutigen Treffens?"* Oder, wenn auch etwas einengender: *„Was beschäftigt Sie besonders, was Sie gerne heute einbringen oder loswerden möchten?"*

Gesprächseröffnung auch inhaltlich offen gestalten

Gilt auch für Folgegespräche

In einer partnerschaftlich geführten Beratung beginnt die Selbstverantwortung des Klienten für den Beratungsprozess nicht erst, wenn es um Entscheidungen geht, sondern sie prägt den gesamten Gesprächsprozess von der Gesprächseröffnung an und die Beziehung der Gesprächspartner zueinander.

Sinnvollerweise wird beim Erstgespräch auch die ***Verschwiegenheitspflicht*** angesprochen. So vermittelt der Berater dem Klienten gerade in der Eröffnungsphase des Beratungsprozesses, in der die Beziehung zwischen ihnen noch ungewohnt ist, Sicherheit in einem besonders neuralgischen Punkt. Indem der Berater diesen Punkt anspricht, signalisiert er dem Klienten, dass er um seine Unsicherheit weiß und bereit ist, das Seine zur Stabilisierung des Vertrauensverhältnisses beizutragen. Wir werden auf die Verschwiegenheitspflicht in Kap. 9 zurückkommen.

Verschwiegenheitspflicht ansprechen

Was gutes Zuhören bringt

Zuhören können und Geduld haben sind Fähigkeiten, die für das Gelingen von Kommunikation nicht weniger wichtig sind als gut reden können. Dies gilt ins-

Geduldig zuhören können ist ebenso wichtig wie gut reden können.

besondere in der Beratung. Zuhören ist der Weg zum Verstehen des anderen. Ein guter Zuhörer wird mehr erfahren, mehr Informationen bekommen. Einem guten Zuhörer wird leichter Vertrauen geschenkt. Ein guter Zuhörer wird auch für diskret gehalten. Und ohne Vertrauen und Verschwiegenheit[12] kann Beratung nicht gelingen.

Wie werde ich ein guter Zuhörer?

Die Rahmenbedingungen des Gesprächs berücksichtigen

Es beginnt bei den Rahmenbedingungen. Wenn ich unter Druck stehe, den Kopf voll habe mit Dingen, die mich beanspruchen, brauche ich mich nicht wundern, wenn es mir Mühe macht, mich auf den Gesprächspartner einzustellen. Ich nehme also

erstens die Rahmenbedingungen ernst: Termin, Zeit, Raum, Arbeitsbelastung.[13]

Zweitens stelle ich mich mental auf das Gespräch ein.

Mentale Vorbereitung: Der Kopf muss frei sein.

Zuerst muss ich mich von allem lösen, was mich eben gerade beschäftigt und meinen Kopf „besetzt“. Dies erleichtere ich mir mithilfe einer Bildvorstellung. Zum Beispiel: Ich stelle mir einen leeren Parkplatz vor, auf den ich alle Wagen bringe, die mir eben im Weg stehen, einen nach dem anderen. Ich „parke“ meine eigenen Sorgen und Probleme (auch Glücksgefühle können sehr besetzend sein), um meinen inneren Zugang zum Ratsuchenden frei zu machen. Wichtig ist dabei, dass ich diese Belastungen einzeln genau ansehe und benenne („mein Kind kommt ins Krankenhaus“; „ich habe morgen ein schwieriges Kundengespräch“; „meine Umsätze sind rückläufig“; „der gestrige Abend mit ... war wunderschön“), bevor ich sie – nun als Wagen – auf den Parkplatz fahre.

> ***In eine volle Tasse kann man keinen frischen Tee gießen.***
> Laotse

[12] Zum Thema Verschwiegenheit und Vertrauen s. Kap. 9.

[13] Auf die Rahmenbedingungen und die Vorbereitung kommen wir in Kap. 5 zurück.

Dann verlasse ich den Parkplatz und kehre auf den frei gewordenen Weg zum Klienten zurück.[14]

Drittens: Bei Beginn des Gesprächs stelle ich meinen „inneren Recorder“ bewusst auf Aufnahme. Die anderen Funktionen: Kritik, Insider-Kenntnisse, Beurteilung, Realitätssinn usw., werden abgeschaltet. Ich will meinen Gesprächspartner, sein Denken, Fühlen, seine Motive, etwas zu tun oder nicht zu tun, verstehen. Ich will die Wirklichkeit sehen lernen, wie *er* sie sieht und erlebt. ***Ich will neugierig sein.*** Ich muss mit einer *„leeren* Tasse“ ins Gespräch gehen, damit ich aufnehmen kann, was mein Gesprächspartner mitbringt.

Passives Zuhören:
- *Sich mit freiem Kopf auf den Gesprächspartner einstellen*

Viertens: Im Gespräch werde ich mich ihm in Sitzposition und Körperhaltung ganz zuwenden. Ich werde immer wieder den Blickkontakt suchen, auch wenn ich mir Notizen mache. Das Aufnehmen seiner Mitteilungen signalisiere ich ihm durch Kopfnicken und durch andere Signale der Aufmerksamkeit (Mimik, paraverbale Reaktionen wie mhm, aha, oh und Ähnliches). Dem körpersprachlichen Zu-*wenden* und Zu-*neigen* (Kopfnicken) entsprechen nicht zufällig psychische Haltungen: Zuwendung, Zuneigung, Offenheit, Nähe.

- *Aufmerksamkeit körpersprachlichen Ausdruck geben*

Was ich eben beschrieben habe, wird als ***„Passives Zuhören“*** bezeichnet. Es schließt Einstellung, Haltung und Körpersprache ein. Wenn wir einen anderen Menschen *als Person* wahrnehmen und verstehen wollen und nicht nur die Sachinformationen, die er uns mitteilt, muss auch unser Zuhören ganzheitlich angelegt sein. Gleichzeitig ist das Passive Zuhören die Grundlage für das „Aktive Zuhören“.

Aktives Zuhören: das Gehörte rückmelden

Beim ***„Aktiven Zuhören“*** kommt das sprachliche Element dazu. Das Gehörte wird rückgemeldet. Wohl gemerkt: Nicht das *Gesagte* ist vom Zuhörer

---

[14] Analog kann man dieses Abstandnehmen von Eigenem auch mit anderen Bildern unterstützen, z. B. mit einem Käfig, in den ich alle die Tiere sperre, die mich umlagern, um mich herumspringen oder meinen Kopf umschwirren. *„Wenn ich wieder Zeit für euch habe, lasse ich euch wieder frei. Versprochen!“* Solche Autosuggestionen, die mit Bildern arbeiten, haben sich bewährt und werden auch im Autogenen Training verwandt.

wiederzugeben, sondern das *Gehörte*, also das, was bei ihm angekommen ist. Das Gehörte kann, ja, darf sich vom Gesagten unterscheiden. Nicht nur, dass unter Aktivem Zuhören nicht ein Wiederholen des Gehörten nach Papageienart zu verstehen ist, ganz im Gegenteil: Nur die Differenz zwischen Gesagtem und Gehörtem ruft beidseitig jenes Bedürfnis nach Klärung hervor, die sicheres Verstehen ermöglicht.

Bevor wir uns genauer mit dem Aktiven Zuhören befassen, werden wir uns im folgenden Exkurs die Frage stellen, was mit einer Mitteilung auf dem Weg vom Sender zum Empfänger geschieht.

Exkurs: Was gesendet wird und was ankommt. Das Sender-Empfänger-Modell.

Mitteilungen werden mittels Sprache und Körpersprache „codiert".

Aus der Wahrnehmungs- und Kommunikationspsychologie wissen wir, wie komplex der Informationstransfer zwischen Gesprächspartnern, vom „Sender" zum „Empfänger" ist. Denken, Erfahrungen, Gefühle, Sachverhalte, eben alles, was ein Sender mitteilen will, muss über Sprache und Körpersprache verschlüsselt (codiert) werden und kommt so ver-*mittel*-t beim Empfänger an. Dieser entschlüsselt (decodiert) die Mitteilung dann mithilfe seiner eigenen Sprach- und Deutungscodes, d. h. er interpretiert sie und wird sich auf seine Weise eine Vorstellung von dem Mitgeteilten machen (s. *Abb. 9*, obere Hälfte).

Gesagtes und Gehörtes müssen nur in den relevanten Details übereinstimmen.

Nicht jede Differenz zwischen den beiden Vorstellungen von dem übermittelten Inhalt ist für das Verstehen relevant. In *Abb. 9* stimmen die beiden Bilder des Chefs durchaus in vielen Details nicht überein. Ob er Haare auf dem Kopf hat oder eine Fliege trägt, ist für das Verstehen dessen, worauf es dem Sender ankommt, unerheblich. Der Empfänger kann sich also das Erscheinungsbild des Chefs nach eigenen Vorlagen fantasieren, ohne den Grund der Klage seines Gesprächspartners misszuverstehen. Wichtig ist, dass durch das Nachfragen oder Interpretieren des Empfängers und die Korrektur bzw. Bestätigung seitens des Senders die „Bilder" vom Verhalten des Chefs sich weitgehend einander angenähert haben. (s. *Abb. 9,* untere Hälfte: Schritte 1–3).

Wie Verständigung funktioniert: Das Sender-Empfänger-Modell

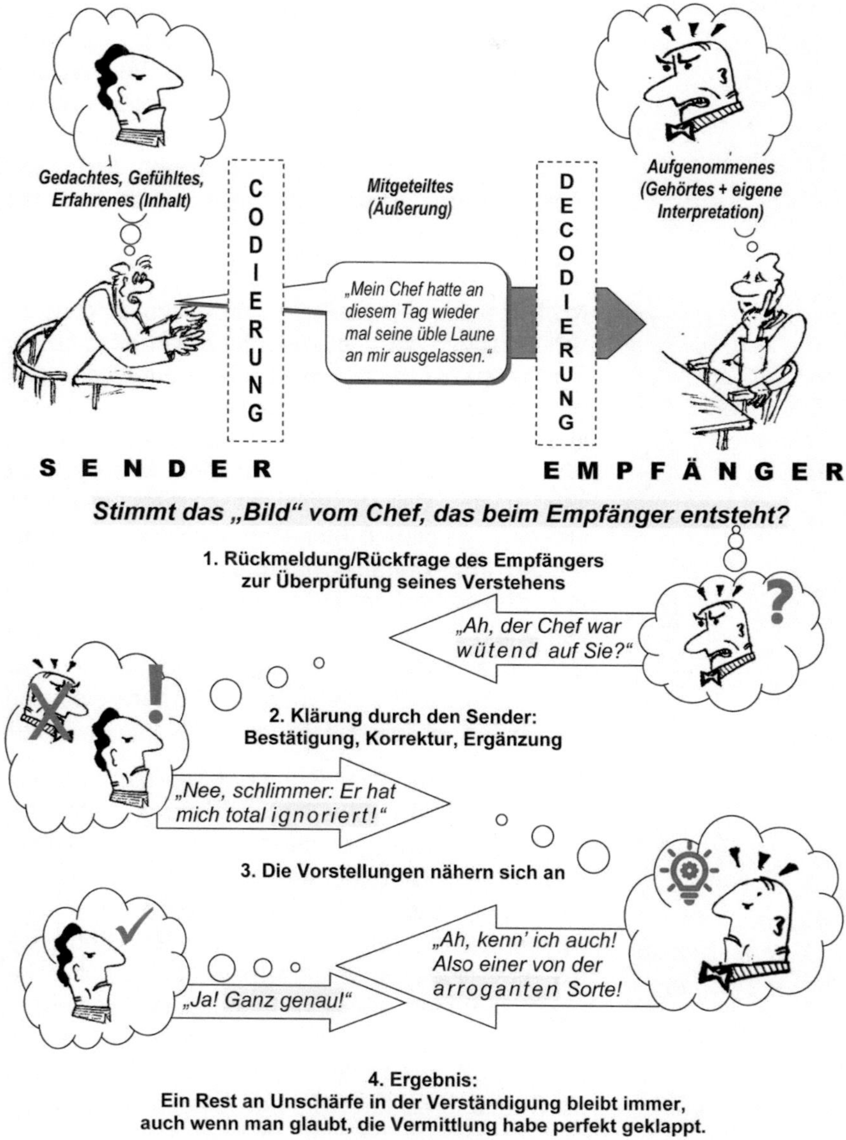

Abb. 9: Der Inhalt einer Mitteilung verändert sich auf dem Weg vom Sender zum Empfänger. Daher empfiehlt es sich, das Verstehen zu überprüfen.

Einflussfaktoren, die Missverständnisse begünstigen

Maßgeblich beeinflusst werden Codierungs- und Decodierungsleistung des Senders und Empfängers von ihrer Sprachkompetenz, ihrer Mimik, Gestik, Stimmführung, ihrem Interesse am Gesprächsinhalt, ihren Werthaltungen, den eigenen momentanen Befindlichkeiten sowie von ihrer Beziehung zueinander. Beim Empfänger spielen außerdem (Vor-)Wissen, persönliche Erfahrung und Interpretationsmuster eine Rolle, mittels derer er dem Gehörten in seinem Verständnis eine eigene Gestalt verleiht, die mit der Vorstellung des Senders selten identisch ist. Durch die unterschiedlichen Deutungsmuster sind somit dem Missverständnis Tür und Tor geöffnet.

Die Verschiedenheit der individuellen Deutungsmuster

Nach alldem ist es naheliegend anzunehmen, dass die Verständigung zwischen zwei Menschen umso besser funktioniert, je mehr sich ihre Codes (Deutungsmuster) decken. Bei den gemeinsamen Codes handelt es sich in erster Linie um die gemeinsame Sprache und um „Allgemeinwissen“, soweit es ungeprüft vorausgesetzt werden kann, vielleicht auch um so etwas Geläufiges wie den „gesunden Menschenverstand“ (worüber, sobald man genauer nachhakt, die Meinungen überraschend schnell auseinandergehen). Schon bei vertrauten Deutungsmustern ist es fraglich, ob die Gemeinsamkeiten wirklich so groß sind, wie wir oft voraussetzen. Das Problem beginnt also bereits auf den gewohnten, alltäglichen Feldern der Kommunikation.

Biografische Faktoren prägen unsere Kommunikation.

Das Risiko des Missverständnisses nimmt umso mehr zu, je individueller und unbekannter die Deutungsmuster sind, die aus ganz persönlichen Erfahrungen, Gefühlen und Wertungen gewonnen wurden und eng mit der eigenen Lebensgeschichte verknüpft sind. Geschlecht, Bildungs- und Berufsstatus, Alter, religiöse, weltanschauliche und politische Überzeugungen, ethnische Identität, soziales Milieu, Prägungen aus Kindheit und Jugend, Gesundheit und Krankheit, soziales Milieu usw., alle diese und noch weitere Faktoren prägen unseren Blick auf die Wirklichkeit und machen die Kommunikation miteinander nicht immer einfach.

Eine Sachinformation kann sehr unterschiedlich gedeutet werden.

In dem Satz „Frau Maier ist zum Betriebsrat gewählt worden“ steckt wesentlich mehr als die schlichte

Information über ein Wahlergebnis. Je nach Position im Unternehmen und persönlichen Erfahrungen mit Betriebsräten kann dieser Satz äußerst unterschiedliche Vorstellungen und Gefühlsreaktionen beim Empfänger dieser Nachricht hervorrufen. Und auch, was der Sender bei dieser Mitteilung gedacht und empfunden haben mag, kann allerhand Spekulationen auslösen.[15]

Wir sehen, der Nachrichtentransfer vom Sender zum Empfänger ist beträchtlichen Unsicherheiten unterworfen, die in den unterschiedlichen Codes der beiden begründet sind. Es gibt für mich keine Gewissheit, ja es ist sogar eher unwahrscheinlich, dass mein Gesprächspartner das, was ich ihm mitteile, auf genau dieselbe Weise, mit genau denselben Bedeutungsinhalten aufnimmt, die für mich gelten.

Selektive Informationsaufnahme

Und es gibt noch eine weitere Unsicherheit: Sie liegt in der Selektivität der Informationsaufnahme. Vor allem komplexere Nachrichten leiden unter einem beträchtlichen Informationsschwund auf dem Weg vom Sender zum Empfänger.[16] Der Akt der Informationsaufnahme ist ein höchst aktiver individueller Vorgang, in den wiederum subjektive Deutungen und Vorerfahrungen einfließen, aber auch Gewichtungen (was halte *ich* für wichtig?), Verknüpfungen (was fügt sich *für mich* logisch zu einem Bild zusammen?) und Verdrängungen (was *mir* selbst unangenehm ist). Schließlich kommt eine sehr verzerrte Vorstellung von dem heraus, was mir der Sender mitteilen wollte.

---

[15] Machen Sie selbst den Test: Welche Assoziationen stiegen in Ihnen unwillkürlich bei der Lektüre dieses Abschnittes und dem Stichwort Wahl des Betriebsrats (oder einer Betriebsrätin) auf? Sie können daran ganz leicht die subjektiv gefärbte Wirklichkeitsdeutung Ihres Hirns studieren.

[16] Dies ist der Grund, weshalb beim Militär wichtige Befehle oder Anweisungen vom Befehlsempfänger wiederholt werden müssen. Ein strammes „Jawoll!" reicht nicht. Der Befehlsgeber will sich vergewissern, dass die Anweisung korrekt aufgenommen wurde.

Überprüfung des Verstehens durch Aktives Zuhören

Das Aktive Zuhören sichert das Verstehen, …

All diese Risiken des Verstehensprozesses lassen sich durch das Instrument des Aktiven Zuhörens verringern. Durch die Rückmeldung dessen, was beim Zuhörer angekommen ist, wie er es aufgenommen und verstanden hat, bekommt der Sender die Möglichkeit, zu bestätigen bzw. zu korrigieren. Missverständnisse und Informationsschwund werden rechtzeitig entdeckt und behoben (s. *Abb. 9,* S. 59, untere Hälfte*)*. Und die weitere Kommunikation bewegt sich auf sichererem Gelände.

… sorgt für Rollenwechsel und trennt Wichtiges von Unwichtigem.

Aktives Zuhören hilft dem Gesprächspartner, seine Aussagen selbstkritisch zu überprüfen.

Gefühle können ausgedrückt werden.

Doch dies ist noch nicht alles. Da der Zuhörer das Gehörte mit eigenen Worten rückmeldet, tritt dem Sprecher seine ursprüngliche Mitteilung in etwas veränderter Gestalt wieder entgegen. Das heißt, er, der Sprecher – nun seinerseits in der Rolle des Zuhörers –, setzt sich mit seiner eigenen Message hörend, prüfend, bestätigend, korrigierend auseinander. Fehlt etwas, was ihm wichtig ist, wird er es gerne noch einmal vortragen. Fehlt Unwichtiges, wird er das Fehlen kaum bemerken. Wichtiges, rückgemeldet, regt an, erneut darüber zu sprechen und weitere Informationen nachzuliefern. Auch die emotionale Seite findet angemessene Berücksichtigung. Unterdrückte Gefühle können zugelassen, andererseits emotionale, spontane Überreaktionen und Übertreibungen zurückgenommen werden. So trennt sich die Spreu vom Weizen, Unwichtiges vom Wichtigen. Die Gefühle finden ihren Platz neben den Sachaspekten und, ganz entscheidend, der Klient hat die Chance, dies selbst zu tun – unaufgefordert.

Was leistet das Instrument des Aktiven Zuhörens im Beratungsgespräch? (Zusammenfassung)

Acht Funktionen des Aktiven Zuhörens bei der Klärung eines Problems

- Der Berater zwingt sich selbst, genauer hinzuhören.
- Der Klient erlebt den Berater als sehr aufmerksamen Gesprächspartner, der sich ernsthaft auf die subjektive Sicht des Klienten einlässt, ihn offensichtlich echt verstehen will.

- Der Verstehensprozess wird transparent und überprüfbar. Durch Bestätigung, Korrektur und Ergänzungen erweitert und differenziert sich das Verstehen.
- Die Wiedergabe des Gehörten beugt Missverständnissen, Informationsschwund und Übertreibungen vor.
- Das Vertrauen des Klienten in den Berater wird gestärkt; das Gespräch wird offener und ehrlicher.
- Der Klient sieht sich mit seinen eigenen Aussagen konfrontiert und kann sich mit ihnen auseinandersetzen.
- Wichtiges trennt sich wie von selbst von Unwichtigem. Der Klient greift von sich aus das Wichtige wieder auf und vertieft es. Nebensächliches wird fallen gelassen.
- Gefühle finden die „Erlaubnis", sich zu äußern. Übertreibungen werden dem Klienten bewusst und er kann sie selbst zurücknehmen.

Das Aktive Zuhören ist damit ein wichtiges Instrument der ersten Hauptfunktion von Beratung: der Klärungshilfe.

Rückmeldung frei von eigenen Wertungen

Zwei typische Fehler, die es zu vermeiden gilt.

Zwei Hauptfehler gibt es, die besonders dem ungeübten Berater leicht unterlaufen können. Der eine Fehler ist, dass er in seine Rückmeldung des Gehörten eigene Stellungnahmen, Informationen und Wertungen einfließen lässt. Der andere Fehler ist, dass er Darstellungen, Wertungen und Sichtweisen des Klienten bestätigt oder ihnen widerspricht und ihnen damit den Charakter der ***„subjektiven Wahrheit"*** des Klienten nimmt. Beiden Fehlern liegt derselbe Mangel zugrunde. Dem Berater gelingt es nur unvollständig, sich von seinem eigenen Standpunkt zu lösen, um für die begrenzte Zeit der subjektiven Problemdarstellung des Klienten die Welt unvoreingenommen aus dessen Augen zu sehen. Seine Tasse ist nicht leer, um an das Bild des Laotse-Spruchs zu erinnern (s. S. 56).

Aktives Zuhören – Hauptinstrument der Klärungshilfe

Zugegeben, diese Selbstdisziplin fällt nicht immer leicht. Es ist auch das, was wir am Aktiven Zuhören so besonders künstlich und fremdartig empfinden. Denn wir sind eben gewohnt, unsere Kommunikation immer von unserem Standpunkt aus zu führen. Wir hören den anderen und nehmen Stellung dazu. Darin sieht er sich bestätigt oder kritisiert. Und er bestätigt nun seinerseits oder widerspricht – das Ergebnis ist Einigkeit oder Konflikt. In der Beratung geht es nicht um Einigkeit oder Konflikt zwischen dem Berater und dem Klienten, sondern – vor allem im ersten Schritt, der Klärungshilfe – allein um das Verstehen seiner Situation und seiner Konflikte, wie er sie erlebt und einschätzt.

Bestätigung schafft Nähe und Vertrauen – frei von Wertungen.

Im Rückgriff auf die vier Beraterqualitäten (Kap. 3) können wir hinter diesem Hang, den Gesprächspartner zu bestätigen, den Nähe-Impuls des Helfers erkennen. Dieser Impuls ist von großem Wert und baut die Brücke des Vertrauens. Aber er muss sich von *objektivierenden* Wertungen freimachen, Wertungen also, die den Raum des subjektiven Erlebens und Fühlens überschreiten zu Richtig- und Falsch-Qualifizierungen dessen, was der Klient getan, gesagt oder auch nur gedacht hat.

Fallbeispiel: Kündigungsdrohung

Klient (MA): *Dann hat mein Chef gesagt: „Wenn Sie so weitermachen, dann können Sie sich demnächst Ihre Papiere im Personalbüro abholen." Den Satz wird dieses Schwein aber noch bitter bereuen!*

Variante 1: „Wir sind uns einig."

Berater (BR): *Das ist ja echt der Hammer! Da hast du ganz recht, dass du dir das nicht gefallen lässt. Solchen Typen muss man das Handwerk legen.*

Welch schöne Einigkeit zwischen Klient und Berater! Nicht nur bekommt der Klient seine Wut als verständliche Reaktion auf die geschilderte Drohgebärde des Vorgesetzten „gespiegelt"[17], sondern sie erscheint auch in der Sache, d. h. *objektiv* gerechtfertigt. Damit ist der Helfer auf den fahrenden Zug des Klienten

[17] Zum Begriff des „Spiegelns" s. unten ab S. 72.

aufgesprungen und es dürfte für ihn schwer werden, den Kurs noch zu wenden. Der Vorteil dieses Nähe-Gewinns hat einen hohen Preis, der später zur Zahlung fällig wird: dann, wenn es unter Berücksichtigung der kompletten Realität dieses Konflikts um eine Lösung geht, die sich an Rationalität und nicht an Affekten orientiert.

Wie aber hätte unser betriebsrätlicher Berater auf dieses Statement reagieren sollen? Etwa wie in

Variante 2: „Du siehst die Dinge falsch."?

Berater (BR): *Nun mal halblang! Jeder Chef verliert mal die Nerven und schießt übers Ziel hinaus. Ich kenne deinen Chef persönlich, und glaube mir, er ist nicht dieses Schwein, wie du ihn hier darstellst.*

Wieder geht es um Richtig oder Falsch. Diesmal konfrontiert der Berater seinen Gesprächspartner mit einem Veto: Du siehst den Vorgesetzten falsch und du hast nicht das Recht, ihn so abzuwerten! Die unzweideutigen Worte des Beraters disqualifizieren die subjektive Wahrnehmung des Klienten samt seinen damit verbundenen Gefühlen. Die Wahrnehmung des Beraters, dessen Blick auf jenen Vorgesetzten nicht weniger subjektiv ist, tritt dem Klienten jedoch mit dem Anspruch gegenüber, objektiv zu sein. Diesem Anspruch kann sich der Klient nur entweder unterwerfen oder sich gegen ihn durch weitere „Beweise" zur Wehr setzen. Unversehens rückt der Berater in der Optik seines Klienten auf die andere Seite, wohin der Klient bereits seinen Vorgesetzten verbannt hat und gewiss alle, die ihn nicht ernst nehmen, die ihn kritisieren und bestrafen dürfen … Eine denkbar schwache Plattform für eine erfolgreiche Problemlösung!

Wir ahnen es: Weder eignet sich der unkritische Schulterschluss (Nähe-Impuls) von Variante 1 noch die Konfrontation mit dem Widerspruch (Distanzierung), Variante 2, als Einstieg in den Beratungsprozess. Versuchen wir die

Variante 3: „Ich möchte genauer verstehen, wie du die Sache erlebt hast."

Berater (BR): *Dein Chef hat dich ja mit diesem Spruch voll erwischt. Ich kann gut nachfühlen, dass dieser Satz bei dir als Drohung ankam und du ihn nicht einfach so wegstecken willst.* (oder: *dass du Angst hast, er könnte es gezielt darauf anlegen, dich loszuwerden.)*

Befindlichkeit des Klienten spiegeln

Der Unterschied zu Variante 1 und 2 ist, dass der Berater die Befindlichkeit des Klienten spiegelt, so wie er sie in der gegenwärtigen Situation wahrnimmt. Und er bringt seine eigene Person nur insofern ins Spiel, als er die Intensität der Gefühle an sich „rankommen" lässt und auch diese empathische Wahrnehmung rückmeldet. Die Sache, also der fragliche Vorgang sowie die Einschätzung der Person und der Ziele des Vorgesetzten, sind (noch) Nebensache.

Vorbehaltlose Akzeptanz öffnet den Blick für die Realität.

Die Haltung vorbehaltloser Akzeptanz des Gegenübers (vgl. Kap. 3, S. 36f) ermöglicht jene Nähe auf der Ebene der sich begegnenden Personen, die die Voraussetzung schaffen kann, dass im Laufe des Beratungsprozesses der Blick sich mehr und mehr den Realitäten öffnet. So erscheinen sie bald in neuem Licht, nicht nur die Sach- und Problemlösungsfragen, sondern auch die beteiligten Personen. Und mit der Kenntnis der jeweiligen Anteile (also auch des eigenen Anteils des Klienten) am Konflikt bekommt selbst das Verständnis für den Gegner eine gewisse Chance.

Reaktion des Beraters bleibt im Raum der subjektiven Sicht des Klienten.

In Variante 3 wird die Falle des Richtig-oder-Falsch umgangen. Die Reaktion des Beraters bleibt im subjektiven Raum der Wahrnehmungen und Gefühle des Klienten und verzichtet auf den Objektivitätstest. Gefühle wie Wut, Freude, Angst, Resignation usw. kann ich als Mensch respektieren, die Frage ihrer Berechtigung erübrigt sich. Genau dies leisten die Instrumente Aktives Zuhören und Spiegeln.

Das Aktive Zuhören, also die wertungsfreie Wiedergabe des Gehörten, – dies soll noch zur Beruhigung gesagt werden – muss nicht perfekt sein. Es ist nicht nötig, eine 1:1-Abbildung der Darstellung des Klienten abzugeben. Die Wiedergabe darf Unschärfen und Lücken enthalten. Gerade das Unvollkommene regt den Klienten an, seine Darstellung zu präzisieren, weiterzuentwickeln und sich mit seinen eigenen Äußerungen auseinanderzusetzen.

Eine unperfekte Wiedergabe des Gehörten regt den Klienten an zu präzisieren.

Der Abmahnungsfall des Betriebsrats Gerhard P.

Am Beispiel einer längeren Gesprächssequenz[18] versuche ich zu veranschaulichen, wie Aktives Zuhören „funktioniert". Dazu greife ich auf unser Fallbeispiel aus Kap. 1, S. 17, zurück: die Abmahnungsbeschwerde eines Mitarbeiters.

Fallschilderung des Klienten

Klient (MA): *Also, das war folgendermaßen: Wir machen in unserer Abteilung schon seit Wochen Überstunden ohne Ende. Mal ist es, weil Leute krank sind, dann wieder, weil die Rechner abstürzen. Immer ist irgendwas im Eimer. Und dann gibt's Stress. Ich hab die Nase voll, ich hab da keine Lust mehr zu. Was glauben die denn, wer wir sind! Die glauben wohl, dass sie das immer weiter so machen können. Und da bin ich schon mal einfach aufgestanden und bin gegangen. „Ihr könnt mich doch alle mal! Macht doch, was ihr wollt!", hab ich gesagt und bin raus. Ich hab nicht mal mehr gestempelt, so stinkig war ich. Bin rein ins Auto und ab. (Lacht)*

Spiegeln

Berater (BR): *Das war sicher ein super Gefühl: Ich hab's denen gezeigt, dass sie das nicht mit mir machen können.*

Bericht und Aktives Zuhören im Wechsel

Klient: *Na klar! Bin dann gleich mal in meine Stammkneipe. Frustspülung nenn ich das immer: runter und weg. Dann geht's mir wieder prima. Na ja, am nächsten Tag ging's mir nicht so gut und da hab ich mir 'nen Schein vom Doc geholt.*

Berater: *Ah, krankgeschrieben.*

---

[18] Der folgende Dialog spielt sich ab als fiktives Gespräch eines Mitarbeiters mit einem Betriebsrat. Das darin demonstrierte Aktive Zuhören lässt sich mühelos auch auf ein Gespräch zwischen Mitarbeiter und Vorgesetztem übertragen.

Klient: *Ja. Der Doc gab mir drei Tage. Am zweiten hab ich in der Firma angerufen, damit die Bescheid wissen, was Sache ist.*

Berater: *... dass du erst übermorgen wiederkommst.*

Klient: *Genau. Übrigens: Bei HighTec läuft das anders. Ich weiß das, weil meine Freundin schafft bei denen. Stress gibt's da auch, hat sie gesagt, aber nicht so. Da haut der Betriebsrat auf den Tisch und dann spurt der Laden wieder. Hau doch ab und komm zu uns, hat sie gesagt. (Lacht) Mach ich aber nicht. Die zahlen schlechter, weißt du.*

Berater: *So weit geht der Frust doch noch nicht, dass du kündigen würdest?*

Klient: *Nee, noch nicht, da muss es schon noch dicker kommen...*

Berater: *... womit du also rechnest?*

Klient: *Ja, schon – zum Beispiel, wenn ich meine drei Abmahnungen zusammen hab. (Lacht)*

Berater: *Ach ja, da war ja was mit einer Abmahnung, nicht?*

Klient: *Genau. War ja zu erwarten, dass das noch Stress gibt.*

Berater: *Aha?*

Klient: *Also, da komm ich am Montag und lauf doch gleich meinem heißgeliebten Boss übern Weg.*

Berater: *Meinst du Dr. Jäger?*

Klient: *Nee, nicht der Chef. Unser Abteilungsleiter. Wir nennen ihn halt Boss.*

Berater: *Also, du läufst deinem Boss morgens direkt in die Arme.*

Klient: *Schönes Gefühl, sag ich dir. Wär am liebsten gleich wieder umgekehrt ...*

Berater: *... wenn die Woche schon so anfängt!*

Klient: *Ja, aber da musst du durch, hab ich mir gesagt. „Guten Morgen, Herr Hartmeier", hab ich zu ihm gesagt. Aber der hat's ja nicht nötig zu grüßen. Hat mich, ohne Gruß, sofort voll angefallen: „Sie glauben doch wohl nicht im Ernst, Herr Junger", hat er gesagt, „dass Sie das mit mir machen können." Und sagt, ich darf froh sein, dass ich mit einer Abmahnung davon komm' und er mir nicht gleich fristlos kündigt. Und dann setzt er noch eins drauf: „Aber wenn Sie so weitermachen", sagt er, „wird's ja nicht mehr lange dauern." Ich hätt' ja jetzt schon zwei und bei der dritten sei ich fällig, oder so ähnlich. Na, was sagst du da? Aber so billig kriegt er mich nicht! Ich denke, dass er die Abmahnung zurücknehmen muss, weil er ja auch nicht so einfach Überstunden anschaffen kann, wie es ihm grad in sein' Kram passt. Jedenfalls sagt das meine Freundin. Da hat's mal bei HighTec vor Jahren so 'nen Fall gegeben. Der ging sogar bis vors Gericht und der Chef hat eins vor den Latz gekriegt. Tät hier auch nicht schaden. Du bist doch Betriebsrat. Also, wie siehst denn du das Ganze?*

Berater: *Du, bevor ich Stellung dazu nehme, lass mich noch einmal die ganze Geschichte Revue passieren. Ich hab mir ja auch ein paar Notizen gemacht und ich möchte wissen, ob ich alles richtig mitgekriegt habe. Und danach müssen vielleicht noch ein paar Fragen geklärt werden. – Also, die Geschichte hat sich, wenn ich richtig zurückrechne, am letzten Dienstag abgespielt. Dein Boss hat wieder mal kurzfristig Überstunden angesagt, für einige oder alle aus der Abteilung, weiß ich nicht, jedenfalls nicht nur für dich allein.*

Zusammenfassende Wiedergabe des Berichts zur Kontrolle

Klient: *Nee, es waren nicht alle. Halt immer die gleichen, wir sind fünf, die mit dem neuen Programm arbeiten, das noch hinten und vorn nicht läuft.*

Präzisierung durch den Klienten

Berater: *Okay. Also, ihr fünf mit dem neuen Programm auf euren Rechnern bekommt immer mal wieder paar Überstunden aufgebrummt, wenn's Probleme damit gibt.*

Korrektur und Ergänzung

Klient: *Was heißt hier „immer mal wieder paar Überstunden"?! Die Software wurde vor gut zwei Monaten eingeführt und seitdem kommen wir nicht mehr regulär aus der Hütte. Ich hab's zusammengerechnet: Letzten Monat hatt' ich 73 Überstunden! Einmal waren wir sogar am Samstag da. Das kann's doch nicht sein, oder?*

Berater (notiert)*: 73 Überstunden im letzten Monat, und im Monat davor war's vermutlich ähnlich.*

Klient: *Davor waren's um die 50 bis 60.*

Sich immer wieder rückversichern, richtig verstanden zu haben, regt den Klienten an, mehr mitzuteilen.

Berater: *Also 50 bis 60 Überstunden im ersten Monat, im zweiten Monat über 70 und jetzt war für dich das Maß voll. Am letzten Dienstag bist du einfach nach regulärem Dienstschluss aufgestanden …*

Klient: *Nee, schon kurz nach der Mittagspause. Da kam unser Boss wieder und hatte da wieder so 'nen beknackten Sonderauftrag, der dringend am Mittwoch raus musste. Da war klar, dass ich den Feierabend knicken kann und das grad am Dienstag, wo ich doch dienstagabends Training hab. Und das war jetzt dreimal hintereinander so. Das muss man sich doch nicht gefallen lassen, oder?*

Berater: *Ja, dreimal auf den Sportabend verzichten müssen – das hat das Fass zum Überlaufen gebracht. Der Boss kam also wieder mit einem kurzfristigen Zusatzauftrag, du hörtest nur „Überstunden", und hast rotgesehen. Dann bist du auf und davon, ohne zu stempeln. Danach ging's in die Kneipe, den Frust runterspülen, und den Rest der Woche warst du krank geschrieben. Hab ich's so richtig zusammen?*

Fallgeschichte (auch episodenweise) zusammenfassen und bestätigen lassen. Problemstellung formulieren als Ausgangspunkt für das weitere Vorgehen.

Klient: *Ja, genau so war's.*

Berater: *Und am Montagmorgen bekamst du die Abmahnung, deine zweite, und der Hartmeier hat unmissverständlich mit der Kündigung gedroht. Du fühlst dich aber ganz und gar nicht im Unrecht und gehst davon aus, dass du vor Gericht Recht bekommen würdest. Du möchtest also wissen, wie du dich gegen diese Abmahnung wehren kannst. Hab ich dich so richtig verstanden? Und hab ich was Wichtiges vergessen?*

Klient: *Nee. Is' ganz okay so.*

An dieser Stelle endet diese Phase des Aktiven Zuhörens. Sie enthält kurze Rückmeldungen während der Ausführungen des Klienten und eine längere Zusammenfassung, die alle wichtigen Fakten und Gefühlsreaktionen enthält. Die Sachlage, wie sie der Klient dargestellt hat, ist nun korrekt bei ihm angekommen. Der Klient kann sich sicher sein, richtig (in seinem Sinne) verstanden worden zu sein. Eine solide Grundlage für die weitere Arbeit an dem Konflikt, der mehr und mehr Kontur gewinnt. Der Eigenanteil des Klienten lässt sich schon erahnen, ohne dass er unter Rechtfertigungsdruck kommt.

Das Zusammenfassen (Paraphrasieren)

Die Aufforderung des Klienten, Stellung zu beziehen, wurde in der simulierten Gesprächssequenz vom Berater zurückgewiesen, aber gleichzeitig als Signal aufgefasst, dass die Problemdarstellung vorläufig abgeschlossen ist. Er kündigt die Zusammenfassung des Gehörten an und begründet sie. Sie endet mit der Aufforderung (in unserem Beispiel in Frageform) zur Überprüfung, ggf. zur Korrektur oder Ergänzung. Relevante Nachträge werden wiederum in Kurzform rückgemeldet. Meist werden Lücken in der Informationsaufnahme oder fehlende und unpräzise Angaben in der Präsentation des Klienten schon während der Zusammenfassung deutlich und vom Klienten behoben. Unwichtige Details werden übergangen und auch nicht reklamiert. So konzentriert sich bereits in der abschließenden Zusammenfassung das Problem wie von selbst auf seine wesentlichen Aspekte. Die so überprüfte und gemeinsam überarbeitete Zusammenfassung macht es im folgenden Schritt leicht, das Problem präzise zu definieren (wörtlich übersetzt: abzugrenzen) und Lösungsziele zu formulieren.

Die Zusammenfassung konzentriert sich auf die wesentlichen Aspekte.

Sie bleibt aber noch ganz am „Text" des Klienten.

Ob kurze Rückmeldungen während der Problemdarstellung oder die Zusammenfassung am Ende, nie verlassen die Statements des Beraters den eigenen „Text" des Klienten und gehen über das Gesagte hinaus. Nie äußert der Berater seine Meinung zum Gehörten, auch wenn Fragen des Klienten in diese Richtung zielen. Gefühle des Klienten werden „gespiegelt", nicht die des Beraters.

Damit wenden wir uns dem Begriff des Spiegelns zu, der der uns schon mehrmals begegnete und mit dem Aktiven Zuhören eng verwandt ist.

Spiegeln

Im „Spiegeln" werden verbale oder körperspachliche Wahrnehmungen rückgemeldet.

Das Bild spricht für sich. Wer in den Spiegel schaut, sieht sich selbst. Der Klient wird in den Worten des Beraters mit sich selbst konfrontiert. Der Berater hält ihm den Spiegel vor. Spiegeln ist ein punktuelles Feedback. Es findet im Kontext einer bestimmten Wahrnehmung statt und bezieht sich auch nur auf diese. Es können verbale Äußerungen gespiegelt werden, aber auch körpersprachliche. Eine typische alltagssprachliche Spiegelung morgens im Büro: *„Sie sehen heute aber gut aus!"* Nehmen wir an, die angesprochene Person sei eine Kollegin. Unwillkürlich reagiert sie darauf: *„Wirklich? Ihnen gefällt also mein neues Kleid?"* So floskelhaft und belanglos solche Dialoge auch in den meisten Fällen sind, zeigen sie doch den Mechanismus: Ich fühle mich *als Person* wahrgenommen und für einen Moment stehe ich im Zentrum der Kommunikation.

Spiegeln von widersprüchlichem Verhalten des Klienten

Kann man also nur angenehme Wahrnehmungen spiegeln? Wie ist es, wenn ich etwas Kritisches äußern möchte? Auch dafür eignet es sich. Nehmen wir einen Ausschnitt aus der obigen Fallgeschichte (s. S. 68) und lassen den Berater anders reagieren:

Klient: *... zum Beispiel, wenn ich meine drei Abmahnungen zusammen hab. (Lacht)*
Berater: *Scheint dich ja nicht sehr zu beunruhigen.*

Der Klient kommt dem Berater verdächtig „cool" vor, wie er über das Kündigungsrisiko spricht und noch dazu lacht. Der Berater empfindet diese „Performance" als wenig authentisch und möchte Klarheit haben, wie er solche Coolness zu deuten habe. Anders als im ursprünglichen Text, wo er das Stichwort „Abmahnung" aufgreift und damit zum Thema der Beratung hinführt, stellt er hier die Weiche anders: Er bleibt nicht auf der Sachebene, sondern wechselt auf die Personebene und spiegelt dem Klienten seine Wahrnehmung der Gefühlslage. Auf diese Weise „zwingt" er ihn, selber einen Blick darauf zu werfen und sich dazu zu äußern.

Wechsel von der Sach- auf die Personebene

Klient: *Nee, ganz so komisch find ich das auch nicht. Da kann's für mich plötzlich ziemlich eng werden. Ich flipp schon mal aus, wenn mir was zu viel wird. Hab ich nicht immer im Griff. Und auf so was wartet ja nur der Boss, um mich endlich rauskicken zu können. Schlechte Karten für mich, was?*

Es wäre denkbar, dass sich nun das Gespräch in eine völlig andere Richtung bewegt: Was hat es mit dem riskanten und offenbar schlecht kontrollierbaren „Ausflippen" auf sich? Kam die erste Abmahnung auch so zustande? usw.

Das zweite Beispiel führt uns an die Stelle, wo der Klient den Betriebsrat der Fa. HighTec erwähnt (s. S. 68):

Klient: *... Bei HighTec läuft das anders. ... Stress gibt's da auch, ... aber nicht so. Da haut der Betriebsrat auf den Tisch und dann spurt der Laden wieder...*

Der Berater, selber Betriebsrat, spürt die versteckte Kritik und holt sie ans Licht.

Spiegeln von versteckter Kritik am Berater

Variante 1:

Berater: *Unser Betriebsrat kümmert sich also zu wenig, so wie du das siehst?*

Variante 2:

Berater: *Du denkst, wenn wir auch mal so richtig auf den Tisch hauen würden, dann lief hier auch einiges anders. Und dann hättest du jetzt nicht die Abmahnung am Hals, oder?*

Selbstrechtfertigung vermeiden

Variante 3:

Berater: *Das heißt, du bist sauer auf uns Betriebsräte.*

Ich überlasse es Ihrer Fantasie, den jeweiligen Dialog weiter zu spinnen. Wenn Sie sich dabei in die Rolle des betriebsrätlichen Beraters versetzen, versuchen Sie, in der Haltung des Aktiven Zuhörens zu bleiben, und verkneifen Sie es sich, mit einer Rechtfertigungsrede zu beginnen! Und wenn der Klient konkret nachfragt, warum der Betriebsrat sich nicht eingeschaltet habe? Dann kann er auch eine sachliche Antwort erwarten. Wie auch die Begründung ausfällt, sie darf das persönliche Gefühl der Unzufriedenheit nicht abwerten oder ins Unrecht setzen, etwa in der Art: *„In der schwierigen Lage unserer Firma im Markt müssen halt alle ein bisschen Opfer bringen."* Oder: *„Du hättest uns ja schon früher ansprechen können, dann hätten wir dir unsere Gründe erklärt."* Damit würde eine Runde nach der Spielregel „Angriff – Verteidigung" eingeläutet und der Berater unversehens zum Gegenspieler. Beide hätten den Boden der Beratung verlassen. Es dürfte schwer werden, dorthin zurückzufinden.

Die Lösung liegt in der Wiederaufnahme des Gefühls des Klienten, womit die Beantwortung seiner Frage abgeschlossen wird, etwa in der folgenden Art:

Berater: *... Das ist also der Grund, weshalb der Betriebsrat die massiven Überstunden bisher mitgetragen hat. Dennoch kann ich sehr gut nachvollziehen, dass dir das auf Dauer zu viel wurde und du dich vom Betriebsrat im Stich gelassen gefühlt hast.*

Mit der Rückholung und Anerkennung *seines* Gefühls wird dem Klienten der Weg geebnet, wieder zu *sich* und zu *seinem* Problem zurückzukehren.

Gefühle spiegeln – Widerspruch nicht widersprechen.

Das Spiegeln erweitert das Aktive Zuhören um die Ebene des Personalen, also um Wahrnehmungen der Gefühle und der Befindlichkeit des Klienten. Es hat eine stark gesprächssteuernde Wirkung, da Aussagen über die Person einen unwiderstehlichen Impuls enthalten, darauf einzugehen. Die gespiegelte Wahrnehmung kann Widerspruch hervorrufen. Der Berater nimmt ihn zur Kenntnis, ohne ihn zu kommentieren – weder in negativer, noch in positiver Richtung. Seine Reaktion auf den Widerspruch bleibt neutral, besser noch, die Spiegelung reduziert sich auf die darin enthaltene Aussage, die für die gemeinsame Arbeit an der Problemlösung förderlich ist. Zwei Beispiele:

Wortwechsel 1:

Berater: *Ich merke, es fällt Ihnen nicht leicht, darüber zu sprechen.*

Klient: *Nee, da hab ich gar kein Problem mit! Ich sag immer, was ich denke.*

Berater: *Gut, das hilft mir (als Berater), mich auf das, was Sie darüber denken, einzustellen.*

Wortwechsel 2:

Berater: *Ich habe den Eindruck, dass Sie diesmal sehr viel optimistischer in Ihre Zukunft blicken.*

Klient: *Das täuscht, meine Situation ist um nichts besser als beim letzten Mal. Ich möchte nur so schnell wie möglich die ganze Sache hinter mich bringen.*

Berater: *Sie sind also fest entschlossen, in Ihrer Sache voranzukommen und sie zügig zu Ende zu bringen?*

Klient: *Klar doch!*

„Zerr-spiegeln"

Den Klienten zum Widerspruch provozieren

Ja, wir können den Klienten sogar absichtlich zum Widerspruch provozieren, mit dem Ziel, dass er sich mit einem Aspekt seiner Person oder des Sachproblems auseinandersetzt. Es ist dann ein ***„Zerrspiegel"***, den wir ihm vorhalten. Er wird mit diesem Zerrbild seiner selbst nicht einverstanden sein und es korrigieren wollen. Dabei wird er sich um Präzision und Differenzierung bemühen, die nicht nur dem Berater, sondern auch ihm selbst zur Klärung verhilft. Auch hierzu ein Beispiel:

Fallbeispiel: Akzeptanz des Teamsprechers

Klient (Teamsprecher): *Ich weiß nicht, in letzter Zeit ist das Verhältnis in unserem Team nicht mehr so wie früher. Es gibt keine richtige Kollegialität mehr und ich habe das Gefühl, dass die Kollegen immer mehr von mir abrücken.*

Berater (Abteilungsleiter): *Sie fühlen sich gemobbt?*

Klient: *Nein, das wäre übertrieben. Vielleicht habe ich in der letzten Zeit auch einige Fehler gemacht und zu sehr die Argumente des Managements vertreten.*

Korrektur des „Zerrbildes“ verhilft zu einer differenzierten Sicht des Problems.

Die Korrektur des Zerrbildes, hervorgerufen durch das Reizwort „gemobbt“, lenkte den kritischen Blick weg von den Kollegen auf das eigene Verhalten. Diese neue Spur, die der Berater nun vorsichtig spiegelnd aufnimmt, kann sich als Weg zur Problemlösung erweisen:

Berater (Abteilungsleiter): *Die Mitte zu halten zwischen Management und Mitarbeitern war wohl nicht immer leicht für Sie?*

Klient (Teamsprecher): *Stimmt. Ich fühle mich oft wie im Spagat. Bei dem Druck, unter dem wir alle stehen, bleibt einem ja nichts anderes übrig, als ihn weiterzugeben.*

Berater: *Und die Kollegen nehmen Ihnen das als Teamsprecher übel.*

Klient: *Kann ich ja verstehen. Aber wie komme ich da raus aus der Falle?*

Berater: *Wenn ich Sie richtig verstehe, wäre Ihre Frage also: „Wie kann ich die Aufträge den Mitarbeitern so vermitteln, dass sie mich dennoch als einen der Ihren akzeptieren?“ Habe ich Ihre Zielfrage so richtig wiedergegeben?*

Selektives Spiegeln

Gesprächssteuerung durch selektives Spiegeln

Selektives Spiegeln eignet sich, ähnlich wie das Nachfragen, zu dem wir im nächsten Abschnitt kommen, hervorragend als Mittel zur Präzisierung unklarer Aussagen oder auch einfach, um bei einem wichtigen Gedanken noch ein wenig zu verweilen. Außerdem ist es ein wirksames nicht-direktives Steuerungsinstrument. Nicht-direktiv deshalb, weil ich mich ganz auf den inhaltlichen Bereich beschränke, in dem sich der Klient in seinen freien Statements bewegt. Dennoch ist Steuerung möglich. Ein Beispiel:

Fallbeispiel: Teamkonflikt

Klientin (MA): *Ich hatte überhaupt keine Lust mehr, zur Arbeit zu gehen. Zu Hause hing ich nur rum, alles, was ich mir vorgenommen hatte, blieb liegen, mein Mann war sauer auf mich und meine Kinder haben mich nur noch genervt. In der Firma ging's mir nicht viel anders. Jetzt habe ich auch noch Ärger mit den Kollegen, mit dem Chef sowieso, weil ich ziemlich viel Mist baue.*

Berater (BR): *Schlimm, in dieser schwierigen Situation auch noch die Kollegen zu verlieren.*

Klientin: *Ja. Am schlimmsten war für mich, als die Kollegin, mit der ich seit Jahren zusammenarbeite, zum Chef ging und sich über mich beschwerte.*

Der Berater hatte aus einer Reihe von Informationen eine einzige ausgewählt und nur diese gespiegelt. Damit hat er den Fokus nun auf die Teamsituation (Verlust der Kollegen) gerichtet und lenkt damit das Gespräch in diese Richtung. Wenn diese Wendung in dem Moment auch seine Entscheidung war, so war die doch erst möglich, als dieser Punkt von der Klientin angesprochen wurde. Der Berater ging also nicht direktiv über die Äußerungen der Klientin hinaus. Selbst wenn das Betriebsratsmitglied als Berater aus interner Kenntnis der Problemlage bereits von diesem Teamkonflikt gewusst hätte, wäre es dennoch ratsam, so lange geduldig zu warten, bis die Klientin von sich aus ihm diesen Ball zuspielt.

Versachlichung durch Spiegeln

Überzogene Gefühlsäußerungen nicht kritisieren, sondern ihren sachlichen Kern spiegeln.

Emotionen spielen nicht nur in Konfliktgesprächen eine Rolle, auch in Beratungsgesprächen muss man damit umgehen können. Sicher dürfte es eher selten sein, dass sich Aggressionen des Klienten gegen den Berater richten (aber auch das gibt es, woran der Berater selten ganz unschuldig ist). In der Regel entlädt sich die Wut gegen den oder die nicht anwesenden Konfliktpartner. Da kann es schon passieren, dass die

Wortwahl unter die Gürtellinie geht und Sachlichkeit und Fairness auf der Strecke bleiben.

Wie geht der Berater damit um? Heißen vorbehaltloses Annehmen und empathisches Verstehen, dass man mit dem Klienten in die verbalen Niederungen seiner Aggressionen hinabsteigt und diese Entgleisungen auch noch durch Spiegeln verstärkt? Oder muss man sich klar davon distanzieren und den Klienten ermahnen?

Den sachlichen Kern aus der emotionalen Schale herauslösen.

Keines von beiden. Stellen wir uns eine Kaktusfrucht vor. Das leckere Fruchtfleisch ist umhüllt von einer stacheligen Schale. Was tue ich? Ich löse die Schale ab, um an die Frucht zu kommen. Genauso kann der Berater mit Emotionen des Klienten verfahren, die in einem inakzeptablen sprachlichen Gewand daherkommen. Gespiegelt werden die Gefühle von Ohnmacht, Wut, Verzweiflung, Enttäuschung, nicht ihr sprachlicher Ausdruck:

Fallbeispiel: Ärger mit Oberarzt

Klient (Assistenzarzt): ... *Da hat mich doch mein Chef bei der Visite wie ein Gewitter aus heiterem Himmel vor den Patienten fertig gemacht. Was glaubt der, wer er ist? Macht er keine Fehler? Gerade erst hat er sich zum Oberarzt hochgeschleimt, schon behandelt er andere wie Dreck! Unter diesem Despoten kann ich nicht mehr weiter arbeiten.*

Berater (Supervisor): *Diese völlig unerwartete Bloßstellung wegen des Fehlers, der Ihnen passiert ist, vor den Patienten und wohl auch vor einigen Kollegen hat Sie zutiefst verletzt. Jetzt wollen Sie nur noch raus aus dieser Abteilung und zwar sofort. Eine weitere Zusammenarbeit unter einem Chef mit dieser Einstellung zu seinen Mitarbeitern halten Sie nicht mehr für zumutbar.*

Emotionen „versachlichen“ durch Ernstnehmen und Spiegeln, ohne zu werten.

Auch Emotionen können „versachlicht“, das heißt, als solche registriert und benannt werden. Der Klient wird nicht für seine unangemessene Sprache sanktioniert, seine Emotionen werden ernst genommen und er bekommt sie „gereinigt“ gespiegelt. Dieses reinigende oder versachlichende Spiegeln, das sich ebenfalls strikt an die ***Regel: „Nicht werten!“*** hält, hilft dem Klienten, sich mit dem Kern seiner Gefühle auseinanderzusetzen. Und erfahrungsgemäß ebbt die unkontrollierte Erregung rasch ab. Er wird offen für einen rationaleren Umgang mit seinem Konflikt.

Nach-fragen, die „Brückenfrage“

Durch Nachfragen Brücken bauen.

Der nicht-direktive Werkzeugsatz wäre nicht komplett ohne das Instrument der Frage. Aber schon müssen wir wieder differenzieren. Man kann direktiv und nicht-direktiv fragen.

> *„Was hast du dem Abteilungsleiter geantwortet, als er dir die Abmahnung gab?“*

klingt wesentlich direktiver als:

> *„Ich kann mir gut vorstellen, dass es für dich in dieser Situation nicht ganz einfach war, sachlich zu reagieren, oder?“*

Verhör-Eindruck vermeiden

Die erste Frage erinnert an ein Verhör. War die Reaktion auf die Abmahnung unangemessen gewesen, könnte dem Klienten jetzt die ehrliche Antwort schwerfallen. Er wird das Bedürfnis haben, sich zu rechtfertigen oder seine Reaktion „geschönt“ darzustellen. Der Berater wird unversehens zum Prüfer. Erinnerungen an strenge Lehrer oder den eigenen Vater können wach werden. Die Beratung bekommt einen autoritären Zug. Die zweite Frage – im Kern eine Ich-Aussage des Beraters – knüpft dagegen an die Schilderung des Klienten an und setzt mit einer naheliegenden Folgerung einen empathischen Impuls zum Weiterreden. Auch in dem Fall, dass die Reaktion unangemessen war, kann der Klient, ohne einen Gesichtsverlust fürchten zu müssen, ehrlich darüber reden. Statt ihn in eine verhörähnliche Situation zu bringen, baut er ihm eine Brücke. Ich nenne diese Art des Fragens ***„Brückenfrage“***.

Durch ***Nach-*** oder ***Rückfragen*** und Nachhaken erreichen wir mehr Klarheit in bereits mitgeteilten Informationen.

„Das wird nicht ohne Konsequenzen bleiben!“

legt die Rückfrage nahe:

„Was meinen Sie mit ‚Konsequenzen‘ genau?“ / „Welche Konsequenzen genau?“

Die Aussage:

„Ihre Chancen stehen nicht besonders gut.“

provoziert eine Nachfrage wie folgende:

„Wollen Sie damit sagen, dass ich etwa gar keine (mehr) habe?“

Nach- oder Rückfragen dienen immer der ***Präzisierung*** unzureichender oder unscharfer Aussagen. Da sie sich ausschließlich auf bereits erfolgte Äußerungen des Gesprächspartners beziehen, können wir sie dem nicht-direktiven Instrumentarium zurechnen.

Sechs Instrumente der nicht-direktiven Gesprächsführung

(Zusammenfassung)

Wie wir anhand der Beispiele zum nicht-direktiven Instrumentarium des Beraters gesehen haben, bieten sie ihm drei entscheidende Vorteile:

1. Es entwickelt sich über die vorbehaltlose Akzeptanz der Person des Klienten eine optimale Vertrauensbasis, die seine Bereitschaft fördert, auch unbequeme Schritte zur Problemlösung zu gehen.
2. Das vertiefte Verstehen der Person, ihrer Potenziale und ihrer Beschränkungen verringert die Gefahr, dass die Konzepte des Beraters zur Problemlösung den Klienten überfordern oder seine Ziele verfehlen.
3. Sie eignen sich hervorragend zur Steuerung des Gesprächs, ohne die enge Verbindung zum Klienten zu lockern. (Prinzip: begleitend führen)

Die folgende Tabelle stellt die sechs behandelten Instrumente nicht-direktiver Gesprächsführung noch einmal im Überblick dar:

6 Instrumente der nicht-direktiven Gesprächsführung	
Gesprächseröffnung	Die Eröffnungsfrage formuliere ich so unspezifisch wie möglich. Ich lasse damit dem Gesprächspartner alle Freiheit, mit welchem Thema er den Kontakt zu mir aufnehmen will und wie wichtig ihm das ursprünglich (z. B. im Kontaktgespräch) vereinbarte Thema heute noch ist.
Aktives Zuhören / Spiegeln	Ich melde das Gehörte (Informationen, Sachverhalte, Befindlichkeitsaussagen) mit eigenen Worten zurück und gebe auch meinen Wahrnehmungen körpersprachlichen Ausdrucks der Gefühle und der Befindlichkeit des Gesprächspartners) einen sprachlichen Ausdruck. Ich gehe dabei nie über das hinaus, was der Gesprächspartner mir – verbal oder nonverbal – mitgeteilt hat. Ich enthalte mich außerdem jeder persönlichen Wertung.
Selektives Spiegeln	Ich gebe nur den Inhalt wieder, der mir besonders wichtig erscheint und in dessen Richtung ich das Gespräch lenken will oder wenn ich mir nicht sicher bin, ob ich den Gesprächspartner richtig verstanden habe.
„Zerr-spiegeln"	Ich gebe die Aussage meines Gesprächspartners überspitzt („verzerrt") wieder und veranlasse ihn damit zur Korrektur und Präzisierung der Aussage.
Versachlichendes Spiegeln	Auch Emotionen, die in einem inakzeptablen sprachlichen Gewand geäußert werden, können gespiegelt werden. Die Äußerungen werden auf ihren „Kern" zurückgeführt und damit versachlicht. Wertungen vermeiden!
Nachfragen, Brückenfrage	Durch gezieltes Nachfragen erreiche ich die Klärung und Präzisierung unsicherer, missverständlicher und unscharfer Aussagen des Gesprächspartners. Mit Brückenfragen erleichtere ich ihm, sich zu Fragen zu äußern, die für ihn belastend sind oder mit Gesichtsverlust verbunden sein können.

Zum Abschluss unserer Beschäftigung mit den Instrumenten des nicht-direktiven Ansatzes sind seine Vorteile noch einmal in einer Übersicht zusammengestellt:

Nicht-direktive Gesprächsführung

sichert das Verstehen	***fördert das Verständnis***
gibt dem Gesprächspartner die Möglichkeit, meine Informationsaufnahme zu überprüfen und zu korrigieren.	zwingt mich, mich in seine Lage / sein Problem zu versetzen.
+	+
signalisiert dem Gesprächspartner, dass ich seine Person wertschätze, auch wenn wir in der Sache verschiedener Meinung sind.	korrigiert meine Vermutungen und Vorurteile.
+	+
nimmt ihm die Angst, macht ihn freier und offener, befreit ihn vom Zwang, sich verteidigen oder rechtfertigen zu müssen.	macht mich verständigungs- und kompromissbereiter in meiner Argumentation, erleichtert es mir, seine Argumente einzubeziehen.
+	+
gibt ihm die Möglichkeit, die Sicht seines Problems zu überdenken und auf eine Lösung hinzuarbeiten.	vermindert die Gefahr, dass ich ihn mit meinen Ratschlägen (Sachkompetenz) bevormunde und eine eigene Problemlösung erschwere.
schafft Vertrauen	***schafft Offenheit***
mehr Informationen	*größere Flexibilität*

schafft die Voraussetzungen für eine befriedigende und tragfähige Problemlösung

Abb. 10: Vorteile der Nicht-direktiven Gesprächsführung

2. Direktive Instrumente

Weiterführende Fragen, die „Weichenfrage"

Die Unterscheidung direktiver und nicht-direktiver Fragen ist in der Gesprächspraxis nicht immer leicht. Dem Praktiker erscheint sie ziemlich theoretisch. Ich halte die Unterscheidung dennoch für sinnvoll, insofern sie Unterschiede in der Haltung des Beraters zum Klienten deutlich macht.

Mit direktiven Fragen dem Gespräch eine neue Richtung geben.

Bleibt die nicht-direktive Frage, wie wir gesehen haben, ganz auf den „Text" des Klienten bezogen, so bringt die ***direktive Frage*** einen neuen Aspekt ins Gespräch. Und dieser neue Aspekt kommt vom Berater. Er zwingt den Klienten, sich auf ihn einzustellen. ***Weiterführende Fragen*** reichen von kurzen Zwischenfragen *(„Woher haben Sie diese Information?")* bis hin zu so genannten ***„Weichen-Fragen"***, die dem Gespräch insgesamt eine neue Richtung zu geben vermögen. Ein Beispiel:

Fallbeispiel: Barrierefreiheit bei Bauplanung berücksichtigen

> *Eine Schwerbehindertenvertrauensperson spricht mit der Geschäftsleitung über die barrierefreie Gestaltung der Sanitäranlagen und der Eingangsbereiche zu den Gebäuden. Sie legt detaillierte Vorschläge für die einzelnen Gebäude vor. Ihre Gesprächspartner hören zu, fragen auch – nicht-direktiv – technische Details der Pläne nach. Aus heiterem Himmel sieht sich die Schwerbehindertenvertrauensperson mit der Frage konfrontiert: „Das ist ja alles schön und gut. Doch wie stellen Sie sich die Finanzierung vor?"*

Mit dieser Weichen-Frage wird der „Gesprächszug" vom Interessengleis der Schwerbehindertenvertrauensperson (Verbesserungen für behinderte Mitarbeiter) auf das Gleis des Unternehmers (Kosten) geleitet. Weichenfragen sind als eindeutig direktiv zu charakterisieren, da der zuhörende Gesprächspartner durch eine Frage *seine* Interessenlage ins Spiel bringt und dem Gespräch eine neue Richtung gibt.[19]

---

[19] Mit dieser Methode wird in Verhandlungsgesprächen gerne versucht, den Gesprächspartner abzulenken und aus seinem Konzept zu bringen.

Fallbeispiel: Abmahnung

Wie ist dies auf Beratungssituationen zu übertragen? Nehmen wir unser Abmahnungsbeispiel:

> *Der abgemahnte Mitarbeiter schildert dem Betriebsrat den Vorgang, wie es zur Abmahnung gekommen ist. Der Betriebsrat hört sich die Geschichte an. Er weiß aber, dass dies nicht die erste Abmahnung seines Gesprächspartners ist, und will wissen, ob jener ein ähnlicher Konflikt zugrunde lag.*

Er stellt die Weiche:

Berater (BR): *Dies ist ja, glaube ich, deine zweite Abmahnung, nicht wahr? Sag mal, wofür hast du denn die erste gekriegt?*

Klient (MA): *Die erste hab' ich gekriegt, weil man mich mit 'ner Bierflasche an der Maschine erwischt hat.*

Direktive Fragen schaffen eine problematische Dominanz und Distanz des Beraters.

Die Frage ist zwar aus dem thematischen Zusammenhang heraus naheliegend. Dennoch: Wenn sie ohne Begründung gestellt wird, wirkt sie wie ein Verhör. Der Befragte sieht sich gezwungen, sie als eigenständige Frage zu beantworten. Der Bezug zum Gesprächskontext seines aktuellen Problems ist für ihn nicht ohne Weiteres einsichtig.

Wir spüren, wie die Partnerschaft auf Augenhöhe in eine Dominanz des Beraters umschlägt, die Nähe in Distanz. Die Frage nimmt keine Rücksicht darauf, ob der Klient gerne auch über diese frühere Sanktion sprechen möchte oder ob es ihm peinlich sein könnte. In der Beratungssituation ist es eher unwahrscheinlich, dass sich der Klient gegen dieses Ausfragen mit einer – durchaus legitimen – Gegenfrage verwahrt: *„Warum fragst du das? Was hat das mit meinem jetzigen Problem zu tun?“*

Fragen begründen

Durch die Offenlegung des ***Fragemotivs*** kann der Klient die ***Funktion der Frage für sich erkennen*** und sich darauf in seiner Antwort einstellen.

Der Berater begründet seine Frage.

Berater (BR): *Dies ist ja, glaube ich, deine zweite Abmahnung, nicht wahr? Sag mal, wofür hast du denn die erste gekriegt? Falls es sich nämlich um einen ähnlichen Vorgang handeln sollte, könnte das der Sache nur nützen.*

Klient (MA): *Nee, leider nicht. Da ging's um 'ne ganz andere Geschichte.*

Während im obigen Beispiel der Klient die Frage beantworten muss, kann er im zweiten Beispiel, ohne den Berater zurückweisen oder eine Begründung nachfragen zu müssen, sein Gesicht wahren. Er kann ihm die Bierflaschen-Geschichte erzählen, er muss nicht.

Durch die Transparenz des Fragemotivs bleiben Nähe und Partnerschaftlichkeit erhalten, der Spielraum für die Antwort wird weniger beschränkt.

Transparenz des Fragemotivs vermeidet die Störung der Beziehung zwischen Berater und Klient.

Weiterführende Fragen und „Weichenfragen" werden sich nicht vermeiden lassen. Gespräche bedürfen gelegentlich eines neuen Impulses, der von außen kommt, vom Berater. Sie haben insbesondere ihre steuernde Funktion, wenn von einem Arbeitsschritt zum nächsten gegangen wird[20] und der Berater den Klienten auffordert, Informationen einzubringen und Stellung zu Inputs des Beraters zu nehmen, ebenso wenn es darum geht, auf eine Entscheidung hinzuarbeiten. Direktive Fragen haben also durchaus ihren Platz in der Beratung.

[20] Zu den Arbeitsschritten siehe das Phasenmodell in Kap. 6.

Tipps für die Verwendung direktiver Fragen

Sie sollten aber nicht:

- den Klienten in Bedrängnis bringen;
- auf ihn wie ein Verhör wirken;
- Blockade, Abwehr, Ausflüchte (Aus-„Flüchte") auslösen;
- das Gespräch in eine Richtung lenken, die dem Klienten die Sicht des Beraters oder sein Interesse an der Sache[21] aufdrängt.

Daher:

- Das Instrument des direktiven Fragens sparsam einsetzen.
- Mit dem Instrument des Aktiven Zuhörens kombinieren, um die durch den direktiven Eingriff gestörte Nähebeziehung wiederherzustellen.
- Fragen, besonders Weichenfragen, begründen: *„Mich interessiert die Frage, weil …"; „Dies wäre (mir) wichtig zu wissen, weil …"*. Der Grund muss im Interesse des Klienten liegen, damit der Klient sich in seiner Antwort darauf gezielt einstellen kann.
- Fragen ein persönliches Gewand geben: *„Mir stellt sich an diesem Punkt die Frage …"; „Mich interessiert noch …"; „Vielleicht können Sie mir noch zu … Näheres sagen"; „Ich finde es wichtig, darüber noch mehr zu erfahren."* u. Ä.

Die beiden folgenden Klassifizierungen des Frageinstruments lassen sich nicht mehr der generellen Unterscheidung direktiv – nicht-direktiv zuordnen. Sie differenzieren nach formalen Kriterien.

---

[21] Soweit der Berater auch Interessenvertreter ist (Betriebsrat, Gewerkschafter, Schwerbehindertenvertrauensperson, Führungskraft), ist nicht auszuschließen, dass individuelle Fälle von exemplarischer Bedeutung weniger im Sinne der Betroffenen gelöst werden als im Sinne „höherer", kollektiver, unternehmens- und betriebspolitischer Interessen, die auf die Beratung, insbesondere auf die Ziel- und Strategiefrage im Problemlösungsprozess Einfluss nehmen. Dieses Problem führte in der Konzeption des Betrieblichen Eingliederungsmanagements zu dem Ansatz, die übergeordneten betrieblichen Interessenlagen im BEM-Team zugunsten der individuellen Gesundheitsförderung des BEM-berechtigten Mitarbeiters zurückzudrängen.

Offene und geschlossene Fragen

Mittlerweile allgemein bekannt ist das Typenpaar der offenen und geschlossenen Fragen. Die offene Frage wird mit einem Fragewort eingeleitet. Fragewörter beginnen meist mit „W“: wer, was, wo, wann, warum, inwiefern, mit wem usw. Daher werden ***offene Fragen*** auch als ***W-Fragen*** bezeichnet, wogegen ***geschlossene Fragen*** mit dem Verb beginnen *(„Haben Sie mit Frau Herz darüber gesprochen?“).*

offene (W-) Fragen

Als geschlossen werden sie deshalb charakterisiert, weil zu ihrer Beantwortung streng genommen nur „ja“ oder „nein“ erforderlich ist. Auch wenn sich im realen Gespräch kaum jemand an diesen Formalismus hält, so haben sie auf der Ebene der Sprachpsychologie doch eine nicht zu unterschätzende Wirkung. Wer nur geschlossene Fragen stellt, erweckt den Eindruck, an der Person des Gesprächspartners und was er zu sagen hat, wenig interessiert zu sein. Es wird nur eine ja/nein-Stellungnahme erwartet. Die Inhalte sind bereits in der Frage vorgegeben. Geschlossene Fragen erinnern an Fragebogen zum Ankreuzen.

geschlossene (ja/nein-) Fragen

Die Frage nach dem Grund enthält auch die Schuldfrage

Offene Fragen rufen dagegen Inhalte aus dem Kopf des Gesprächspartners ab. W-Fragen weisen ein breites Kontinuum auf: von weit offen ***(„öffnend“)*** bis hin zu ***punktgenau („präzisierend“)***.

In der folgenden Tabelle sind einige Beispiele zusammengestellt, um die abnehmende Weite der Fragestellung von öffnenden über Präzisions- zu geschlossenen Fragen zu demonstrieren. Wie bei der Unterscheidung zwischen direktiven und nichtdirektiven Gesprächsführungsinstrumenten, so geht es auch bei den drei Frageweisen nicht um eine Wertung, sondern um ihre Funktion und Wirkung im Beratungsprozess kennen zu lernen.

Offene Fragen (W-Fragen)		Geschlossene Fragen
„Öffnende" Fragen	***Präzisionsfragen***	
Wie ist Ihre gesundheitliche Situation?	In welchen Bereichen sind Sie gesundheitlich beeinträchtigt?	Sind Sie schwerbehindert?
Wie schätzen Sie selbst die Chancen ein, Ihre Arbeit in der bisherigen Form weiterführen zu können?	Wie lange, glauben Sie, können Sie Ihre Arbeit in der bisherigen Form noch durchhalten?	Können Sie Ihre Arbeit wie bisher weiterführen oder nicht?
Wie äußern sich die Probleme, die Sie im Team haben?	Was sagen Ihre Kollegen zu Ihnen, wenn Sie wieder zur Arbeit kommen?	Fühlen Sie sich von Ihren Kollegen gemobbt?
Wie sehen Sie die Situation von Herrn Lang?	Was wollen Sie in der Sache Lang konkret unternehmen?	Werden Sie Herrn Lang kündigen?

Hinter dem "Warum" steckt die Suche nach Ursache und Begründung.

Vorsicht vor „Warum"-Fragen!

Vor einer Art des Fragens ist allerdings zu warnen: vor den „Warum"-Fragen. Warum, werden Sie zu Recht fragen, fragt doch alle Welt nach dem Warum: vom kindlich neugierigen *„Warum ist der Schnee weiß?"* über das strenge elterliche *„Warum kommst du erst jetzt nach Hause?"* bis hin zu den schwer zu beantwortenden Warum-Schicksalsfragen.

Stimmt. Doch achten wir darauf, was hinter der Warum-Frage steckt: unsere Erwartung, eine plausible *Begründung* für ein Ereignis, nicht dessen *Beschreibung*, geliefert zu bekommen. Es geht also um die Ur-Sache hinter der Sache. Und wenn es um unangenehme Dinge geht, stellt sich rasch die Frage: *Wer hat die Schuld?* Mit der Warum-Frage nötigen wir unseren Gesprächspartner, sich zu rechtfertigen und, je nach Sachlage, jemand anderen zu beschuldigen, um sich zu entlasten.

Hier wieder Beispiele:

> *„Warum hat Ihr Projektleiter diesmal den Auftrag nicht Ihnen, sondern Ihrem Kollegen gegeben?“*
>
> *„Warum sind Sie vor Dienstschluss einfach nach Hause gegangen?“*
>
> *„Warum haben Sie mich nicht sofort benachrichtigt?“*

Ob wir uns hinter diesen Fragen eine harmlose oder eine „spannende“ Geschichte fantasieren, die Warum-Frage schafft eine Rechtfertigungssituation:

Die Warum-Frage erzeugt Rechtfertigungsdruck.

> *„Mein Kollege bekam das Projekt, weil ich kurz danach in Urlaub ging.“*

Oder:

> *„Mein Kollege bekam das Projekt, weil ich mit dem letzten noch beschäftigt war.“*

Stimmt diese Erklärung oder ist es eine Schutzbehauptung? Wie sehr kann sich der Berater auf die Antwort verlassen? Was hätte der Klient geantwortet, wenn er den Auftrag aus ihn belastenden Gründen nicht bekommen hätte: weil er etwa nie mit seinen Projekten termingemäß fertig wird oder die Kunden selten mit dem Ergebnis zufrieden sind; weil er schon an den Vorgaben herumkritisiert oder seine Ergebnisse nicht professionell genug präsentiert? Hätte er dies eingestanden?

Die Wahrscheinlichkeit, dass eine Warum-Frage, die das eigene Verhalten kritisch hinterfragt, ehrlich, also selbstkritisch, beantwortet wird, ist eher gering. Beim Befragten erzeugt sie unweigerlich das Gefühl eines Oben-Unten. Er sieht sich nicht mehr auf Augenhöhe mit dem Berater, die Beziehung zwischen Berater und Klient gerät dadurch ins Ungleichgewicht.

Die Warum-Frage erzeugt ein Oben-Unten-Verhältnis zwischen Berater und Klient.

Doch nicht immer lässt sich eine *auf die Person des Klienten gerichtete* Warum-Frage vermeiden. Ein Beispiel:

> *Der Berater (BR) findet, er müsse wissen, warum der Kollege (Klient) für diese Kleinigkeit eine Abmahnung bekam. Er hat aber das Gefühl, dass für diesen die Frage problematisch sein könnte.*

Die Warum-Frage in eine Ich-Aussage kleiden.

Machthaltiges Fragen ist in der Beratung kontraproduktiv.

Er kleidet sie deshalb in eine Ich-Aussage:

> *„Ich verstehe nicht, warum Sie dafür eine Abmahnung bekommen haben (?).“*

Der persönlichen Hinführung auf die Sache im Hauptsatz: *„Ich verstehe nicht“,* wird die eigentliche Frage: *„Warum haben Sie dafür eine Abmahnung bekommen?“* untergeordnet. Anstelle von „warum“ könnte auch „dass“ stehen: *„Ich verstehe nicht, dass Sie dafür eine Abmahnung bekommen haben.“* Die Rechtfertigungssituation wird vermieden, der Klient wird in die Helferrolle des sachkundigen Informanten, versetzt, der den Berater aufklärt. Auch diese Dialogsituation garantiert keine objektive Auskunft über den wahren Sachverhalt, aber dem Warum sind die Untertöne von Prüfen, Misstrauen, Verhör genommen und so auch die Gefahr, dass sich in die Beziehung zwischen Klient und Berater ein Machtgefälle einschleicht. Machthaltiges Fragen, sei es der Sache nach noch so gerechtfertigt, erzeugt das Bedürfnis, sich zu schützen. Und genau dieses Schutzbedürfnis ist hinderlich, will man der Sache auf den Grund gehen.[22]

In der folgenden Tabelle sind die wichtigsten Fragetypen nach Funktions- und Stilmerkmalen zusammengestellt:

[22] Es handelt sich dabei um die Fragetechnik, die typisch war für den Schauspieler Peter Falk in der berühmten Rolle des ***„Kommissar Columbo“***. Bei seiner Arbeit als unordentlich und manchmal etwas begriffsstutzig wirkender Kriminaler stellte er seine Fragen völlig unaufdringlich und nahezu beiläufig. Und er verstand es, sie mit einer persönlichen Bitte oder gar Entschuldigung zu verknüpfen, sodass er meisterhaft jeden Eindruck eines polizeilichen Verhörs vermied.

Fragetypen	*Beispiele*
Reine Informationsfragen *Ziel: präzise Angaben.*	• Wann war das (genau)? • Waren Sie zu Fuß oder mit dem Auto unterwegs? • Wer war noch mit dabei?
Persönlichkeitsfragen *Fragen zu Motiven, Einstellungen, Beurteilungen, Gefühlen, Befindlichkeit. Offen (W-Fragen!) und verbindlich stellen!*	• Ich verstehe nicht, warum Sie trotzdem hingegangen sind. • Wie stehen Sie zu Herrn ...? • Was halten Sie davon? • Weshalb haben Sie so wütend reagiert? • Wie fühlen Sie sich an Ihrem neuen Arbeitsplatz?
Kontaktfragen *Fragen, um verkrampfte Situationen zu Beginn des Gesprächs zu entspannen und Beziehungsstörungen zwischen Berater und Klient anzusprechen.*	• Wie war Ihr Wochenende/Urlaub? • Waren Sie auch auf dem Stadtfest vorgestern? • Möchten Sie lieber Kaffee oder Tee? • Bin ich Ihnen mit dieser Frage zu nahe getreten?
Rhetorische Fragen *Die Antwort ist allen Beteiligten klar. Ihre Funktion ist oft anbiedernd.*	• Wer von uns weiß nicht schon längst, wohin der Hase läuft?! • Wer hätte das schon verhindern können?!
Suggestivfragen *sind sehr manipulativ, vereinnahmend, erzeugen leicht Misstrauen und Abwehr.*	• Sie möchten doch sicher gerne…? • Hätten Sie nicht morgen Zeit für…? • Sie sind doch bestimmt auch meiner Meinung, dass…?
Alternativ- und Entscheidungsfragen *sind sehr direktiv/manipulativ, Kompromisse oder dritte Wege werden ausgeschlossen. Solche Fragen möglichst vermeiden!*	• Nehmen Sie nun mein Angebot an oder nicht? • Wollen Sie allein mit dem Chef sprechen oder soll ich mitkommen? • Wem glauben Sie mehr: mir oder ihm? • Kommen Sie damit allein klar oder brauchen Sie Hilfe?
Warum-Fragen *sind sehr direktiv und machthaltig, erzeugen Rechtfertigungsdruck. In Ich-Aussagen umwandeln!*	• Warum kommen Sie so spät? • Warum haben Sie mich nicht informiert? • Warum meldet sich der Kunde nicht mehr? • Warum bekamen Sie damals die Abmahnung?

Sind die ersten zwei Typen sach- und einstellungsbezogen, so zielen die beiden nächsten auf die Beziehung ab. (Die rhetorische Frage suggeriert Gemeinsamkeit zwischen den Gesprächspartnern.) Die drei letzten Typen sind, jeder auf seine Art, sehr manipulativ und einengend. Fragen dieser Art sind weder gesprächs- noch beziehungsfördernd.

Struktur- und Regelvorgaben

Das Beratungsgespräch, wenn es um mehr geht als um einen bloßen Informationstransfer oder um bürokratische Hilfe (z. B. beim Ausfüllen eines Antragsformulars), lebt von der Offenheit und dem Freiraum, in dem der Klient seine Situation sachlich und emotional darstellen kann. Dieses Offensein birgt auch Gefahren: dass das Beratungsziel, eine geeignete Lösung des Problems zu finden, aus den Augen verloren wird und dass das Hin- und Herspringen zwischen Problemdarstellung und Lösungssuche zu einem Chaos führt, das den Klienten verunsichert und die Geduld des Beraters arg strapazieren kann.

Strukturkonzept, um den Beratungsprozess voranzubringen

Dagegen hilft, ein klares Strukturkonzept vom Verlauf eines Beratungsprozesses (s. Kap. 6) im Kopf zu haben und – falls es dem Berater die Gesprächsleitung erleichtert – es auch dem Klienten transparent zu machen. Die Struktur dient beiden auf der „Beratungstreppe“ (s. Kap. 2, S. 31 ff) als Geländer.

Zielorientierung mittels Struktur und Regeln

Struktur- und Regelvorgaben, Vorgaben also, die die Arbeitsstruktur transparent machen, geben Orientierung und richten das Denken und Fühlen auf das Ziel aus. Dem Wesen nach sind sie direktiv. Als Frage, Bitte oder Vorschlag formuliert, geben sie dem Klienten die Möglichkeit, sich dazu zu äußern und seinerseits den strukturierten Prozess mitzutragen.

Berater (BR): *Haben wir alle wichtigen Aspekte deiner Konfliktsituation auf dem Tisch? Oder fehlt noch was?*

Klient (MA): *Nee, ich glaube, wir haben alles durch.*

Berater: *Okay. Dann schlage ich vor, dass wir zum nächsten Schritt kommen. – Bist du einverstanden?*

Es kommt immer wieder vor, dass der Klient vom Thema abschweift und den aktuellen Arbeitsschritt verlässt. Der Berater sollte in solchem Fall nicht sofort intervenieren, um ihn „in der Spur zu halten". Zu straffes Reglement schafft unnötige Distanz. Der Berater sollte sich aber nicht scheuen, den Klienten nach seinem „Abstecher" wieder zurückzuholen, eventuell kombiniert mit Spiegeln:

Strukturiert führen, aber mit lockerem Zügel

Berater (BR): *Ich bemerke, dass du wieder auf die Kündigungsandrohung deines Bosses zurückkommst. Versteh' ich gut, dass dich das tief beunruhigt hat. Ist da noch was, was ich wissen müsste, damit wir bei der Lösungssuche nichts Wichtiges übersehen?*

Klient (MA): *Nee, eigentlich nicht.*

Berater: *Können wir also zu unserer vorigen Frage zurückkommen: ...?*

Klient: *Ja, klar.*

Ermahnungen, wie: *„Bitte, bleib bei der Sache!"; „Das hatten wir doch schon besprochen."; „Wenn du immer wieder abschweifst, kommen wir nicht weiter."*, unterbleiben! Die Regelverletzung wird nicht sanktioniert. Ob Rückschritt oder Ausweichen, es gibt dafür einen Grund, der ernst sein kann. Daher ist die Information beim (aktiven) Zuhören zu überprüfen, ob sich darin ein neuer Aspekt der Geschichte verbirgt oder ob „nur" psychische Bedürfnisse artikuliert werden, um einen Ärger loszuwerden oder sich selbst wieder in den Mittelpunkt zu rücken. All das ist legitim und vom Berater zu respektieren. Der Unterschied zum früheren Arbeitsschritt, in dem es um die Problemdarstellung und -definition ging, liegt darin, dass der Berater die Äußerung zwar auch jetzt wieder annimmt und spiegelt, aber nicht mehr bearbeitet (durch Nachfragen usw.). Er begibt sich sofort auf die Strukturebene, macht ihm die Abweichung in der Arbeitsstruktur ohne Vorwurf transparent und lässt den Klienten selbst entscheiden, ob er wieder zum aktuellen Arbeitsschritt zurückkehren will.

Statt Ermahnungen oder Vorwürfen den Klienten in die Prozessgestaltung einbeziehen.

Nicht Augen zu und durch!

Und wenn er tatsächlich nicht will?

Dann sollte der Berater dies als Appell aufnehmen und einen Gang zurückschalten. Es kann durchaus sein, dass er der zusätzlichen Belastung, die die Arbeit an der Problemlösung (Treppensteigen ist mühsam!) mit sich bringt, noch nicht gewachsen ist. Dann nützt auch ein frisches *„Komm, das packen wir schon!"* nichts. Vielmehr muss der Berater den Klienten auch auf seiner Schleife zurückbegleiten, Arm in Arm, bis er genügend Kräfte gesammelt hat, wieder dort anzusetzen, von wo aus er den Abstecher unternommen hat.

Den Klienten geduldig auf Schleifen und Umwegen begleiten

Regel- und Strukturvorgaben sind direktiv, dürfen aber nie über den Kopf des Klienten hinweg durchgesetzt werden. Besser ist es, Vertrauen in den Lösungswillen des Klienten zu haben, auch wenn er nicht geradlinig aufs Ziel zusteuert. Und wenn Sie als Betriebsrat oder Schwerbehindertenvertrauensperson mit einem Kollegen in der Beratung zusammensitzen, vergessen Sie nie: Das Problem, um das es geht, ist *sein* Problem, also ist es auch *seine* Beratung. Ihre Kompetenz als Berater und Helfer/Interessenvertreter soll ihm *dienen* (Service heißt Dienst) und nicht als Machtanspruch gegenübertreten. Ihre kompetente Begleitung und begleitende Führung durch den Beratungsprozess passen sich *seinen* „Suchbewegungen" an, auch wenn das Ziel auf diese Weise auf Umwegen (vielleicht auch gar nicht) erreicht wird. Es ist wie beim Bergsteigen: Nicht jeder kommt auf dem direkten, aber steilen Weg zum Gipfel. Wem auf der anstrengenden Route die Puste und die Kräfte ausgehen, dem nutzt auch der erfahrenste Bergführer nichts.

Aufforderung zur Stellungnahme und Wahlentscheidung nach Sachinfos

Nach Informationen des Beraters den Klienten wieder in die aktive Rolle versetzen

Der Klient nimmt Stellung

Der Berater hat Informationen zur Sache gegeben, die rechtliche Seite geklärt, dargelegt, welche Möglichkeiten er sieht, etwas zu unternehmen, wie er die Chancen einschätzt, mit welchen Risiken und Nachteilen zu rechnen ist. Nun erwartet er vom Klienten eine Stellungnahme: Was sagt ihm zu? Was weniger oder gar nicht? Was hat er nicht ganz verstanden? Wozu hat er noch weitere Fragen?

Um den Klienten nicht zu überfordern, ist es besser, die Informationen häppchenweise zu verabreichen und ihn jeweils einzubeziehen:

> *„So viel ist zur rechtlichen Seite des Problems zu sagen. Ich hoffe, ich hab's einigermaßen verständlich rübergebracht. Ist dir was unklar geblieben? Hast du noch Fragen dazu? ... Und wie siehst du nun die Lage?"*

Gefahr der Delegation aus Überforderung oder Resignation

Der Klient darf nie zu lange in die passive Rolle versetzt werden. Wenn zu viel auf ihn einströmt, wird es für ihn immer schwieriger, einzelne Details nachzuhaken und den Überblick zu behalten. Je nach Naturell, neigt er dann zu Delegation *(„Nee, keine Fragen. Mach mal weiter: Was hast du denn jetzt vor zu unternehmen?")*, zu Resignation und pauschaler Abwehr *(„Hab mir schon gedacht, dass dabei nichts rauskommt. Das Ganze kann ich vergessen.")* oder zu Widerstand *(„Das kann doch nicht wahr sein! Ich lasse mir das nicht bieten.")*. Geblieben sind in seiner Erinnerung einige wenige Informationen, die er leicht verarbeiten konnte, oder ein diffuses „Bauchgefühl", worauf sich seine pauschale Reaktion bezieht.

Kontrollierter Kompetenztransfer

Wenn der Berater den Klienten Punkt für Punkt mit einbezieht, ist er ständig im Bilde, ob der Kompetenztransfer auch gelingt, ob der Klient noch dabei ist, was er verstanden bzw. nicht verstanden hat, und er bekommt auch gleich einen Eindruck, welche Gefühle die Information bei ihm auslöst.

Bewährtes Hilfsmittel: Visualisierung

Bei komplexen Informationen oder alternativen Optionen hat sich die ***Visualisierung*** bewährt. In Stichworten notiert der Berater die wichtigsten Punkte auf Kärtchen oder Flipchart. Visualisierung hilft dem Klienten, die Infos geordnet und komplett aufzunehmen. Er behält im weiteren Gespräch den Überblick und kann gezielter nachfragen.

Klienten reagieren sehr verschieden unter Entscheidungsdruck.

Der Klient wählt aus und entscheidet

Sich für eine von mehreren Optionen zu entscheiden, ist nicht immer leicht, umso weniger, als jede Option Vor- und Nachteile hat. Der eine Klient ist entscheidungs- und risikofreudig, ein anderer zögerlich und unentschlossen. Die Aufforderung, sich zu entscheiden, hat darauf Rücksicht zu nehmen. Im ersten Fall stärkt die Aufforderung:

> *„So, das sind also die drei Alternativen, die Sie haben. Jetzt sind Sie dran."*

den eigenen Entscheidungswillen des Klienten, während sie im zweiten Fall Unsicherheit und Gefühle des Überfordertseins auslösen könnte. Dieser Klient braucht also zunächst Zeit. Und das heißt für den Berater: Er braucht Geduld. Die Aufforderung muss daher für diesen Klienten völlig anders lauten:

> *„Ich habe Ihnen jetzt die drei Alternativen, die Sie aus meiner Sicht haben, vorgestellt. Lassen Sie sich Zeit mit der Entscheidung und schauen Sie sich jede noch einmal in Ruhe genau an! Vielleicht ist Ihnen das eine oder andere auch noch unklar, dann können wir gerne noch einmal darüber sprechen."*

Bei Überforderung Entscheidungsprozess untergliedern

Haben Sie das Gefühl, dass der Klient mit der Komplexität der wahlrelevanten Aspekte überfordert ist, können Sie den Entscheidungsprozess in kleine Schritte gliedern:

> *„Ich habe Ihnen jetzt die drei Alternativen, die Sie aus meiner Sicht haben, im Überblick vorgestellt. Ich schlage vor, dass ich jetzt noch einmal jede einzeln kurz anspreche und Sie sagen, was Ihnen daran gefällt und was Ihnen schwierig erscheint. So finden wir heraus, welche Lösung Ihnen am meisten zusagt. Sind Sie damit einverstanden?"*

Gefahr der Überlastung durch Problem- und Entscheidungsdruck

Aufforderungen müssen an die Handlungsmöglichkeiten des Klienten angepasst sein. Sie müssen seine rationalen und emotionalen Ressourcen mobilisieren, dürfen sie aber nicht überfordern. Lieber eine Stufe niedriger ansetzen als zu hoch. Denken Sie daran: Der Problemdruck plus Entscheidungsdruck können leicht zu viel werden und zur Überlastung des psychischen Systems führen. Und falls Sie sich zu den entscheidungsfreudigen Menschen zählen, schließen Sie nicht von sich auf andere! Entscheidungsfreudige Menschen neigen dazu, dieses Verhaltensmuster auch von anderen zu fordern:

> *„Da müssen Sie jetzt einfach durch! Ich sage mir in solchen Fällen immer: Je länger man sich im Kreis dreht, desto schwindliger wird es einem. Also, was wollen Sie?"*

Direktive Steuerungsinstrumente anpassen

Direktive Instrumente sparsam und an den Klienten angepasst einsetzen

Aufforderungen zu Stellungnahmen und Wahlentscheidungen sind, wie Struktur- und Regelvorgaben, ihrer Art nach direktive Steuerungsinstrumente. Sie sind daher dem Klienten anzupassen. Diese Anpassung gelingt dem Berater umso leichter, als er in der Anfangsphase der Beratung sich auf den Klienten empathisch eingestellt hat. Werden diese Instrumente derart angepasst eingesetzt, erfüllen sie ihre beiden Funktionen:

- das Gespräch ergebnisorientiert zu steuern und
- gleichzeitig zu garantieren, dass die Nähe des Beraters zum Klienten erhalten bleibt.

Dauerhaftes Ungleichgewicht in der Beziehung vermeiden

Es lässt sich kaum vermeiden, dass die Sachkompetenz des Beraters in den Arbeitsphasen, in denen sie das Gespräch dominiert, zu einem – *vorübergehenden!* – Ungleichgewicht in der Beziehung führt. Dauerhaftes Ungleichgewicht begünstigt entweder Passivität, Resignation und Delegation oder Abwehr und Widerstand. Alle diese Reaktionen sind kontraproduktiv im Hinblick auf das Beratungsziel „klientengemäße Problemlösung" und im Hinblick auf das Beratungsprinzip „Hilfe zur Selbsthilfe."

In diesem Kapitel wollte ich Ihnen zeigen, wie nicht-direktive und direktive Instrumente der Gesprächsführung nicht alternativ zu betrachten sind, sondern sich sinnvoll ergänzen. Auch die direktiven Instrumente können dem Anspruch dienen, dass die

Gefahr der Distanz zum Klienten entgegenwirken

Nähe zwischen Berater und Klient stets zu erhalten ist, gerade durch jene Phasen des Gesprächs hindurch, in denen die Sachkompetenz des Beraters (und ggf. auch seine zweite Rolle, die des Interessenvertreters) gefragt ist. Sachkompetenz heißt den Klienten mit der Realität konfrontieren. Dies schafft auf der Beziehungsebene Distanz und Asymmetrie. Beiden ist immer wieder entgegenzuwirken. Nur so wird die Bereitschaft des Klienten, die Verantwortung für die Lösung des Problems selbst zu tragen, nicht geschwächt, sondern, im Gegenteil, gestärkt.

Wie aber bringen wir mit diesen Instrumenten Struktur und Richtung in den Beratungsprozess, ohne den Klienten einzuengen und ihn zu bevormunden?

Der Prozess beginnt schon vor dem ersten Beratungsgespräch – bereits dann, wenn man, mehr oder weniger beiläufig, in einer Sache angesprochen wird.

Zuhören – activissimo

5. Im Vorfeld der Beratung: Kontaktgespräch und Vorbereitung

Frühe Weichenstellung im Kontaktgespräch

„Gut, dass ich dich treffe. Ich hab da mal schnell 'ne Frage …"

Beratungen beginnen selten in der Sprechstunde

Beratungsprozesse beginnen selten in der offiziellen „Sprechstunde". Eher wird man angerufen, bekommt eine Mail oder man wird bei einer zufälligen Begegnung angesprochen: auf dem Gang, in der Kantine, am Kaffeeautomaten … Je nach Typ des Gesprächspartners, wird man gleich „zugetextet" oder mit einer Frage aus heiterem Himmel konfrontiert, ohne Informationen über die näheren Umstände.

„Du weißt, ich bin schwerbehindert. Da kann man mir doch nicht kündigen, oder?"

Eine solche Frage kann genauso wenig pauschal beantwortet werden wie folgende:

„Man hat mir einen Aufhebungsvertrag angeboten. Was hältst du davon?"

Zwischen-Tür-und-Angel-Beratungen sind riskant

Solche Fragen sind wie Weichen. Der Angesprochene kann nun gleich nachfragen, um eine halbwegs vernünftige Antwort geben zu können. Und unversehens hat er sich auf eine Zwischen-Tür-und-Angel-Beratung eingelassen. Fatal, wenn es, wie meist, um rechtlich relevante Vorgänge handelt. Erfahrene Arbeitnehmervertreter wissen ein Lied zu singen von der Versuchung, gleich aus dem Stand heraus einen Rat zu geben, ein „Urteil zu sprechen", aus purem Helferreflex etwas zu versprechen, nur weil man sich unter Erwartungsdruck fühlt. Und sie wissen auch – manche aus leidvoller Erfahrung –, wie riskant dies sein kann. Also werden sie dieser Versuchung widerstehen, keine Antwort geben, sondern sich kurz erkundigen, worum es geht, um dann gleich zum eigentlichen Zweck des Kontakts zu kommen: einen Termin für ein Beratungsgespräch zu vereinbaren.

Damit sind die drei **Funktionen des Kontaktgesprächs** klar zu benennen:

Hauptfunktion des Kontaktgesprächs: Termin vereinbaren

- ***Worum*** geht es in groben Zügen?
- ***Wann*** und
- ***wo*** trifft man sich zum Beratungsgespräch?

So simpel und einleuchtend diese Fragen erscheinen mögen, man kann auch hier Fehler machen, die die Weichen für die eigentliche Beratung in eine falsche Richtung stellen.

Fallbeispiel: Kontrolldruck durch Vorgesetzten

Ein Beispiel:

> *Walter hat Dienstschluss. Auf dem Weg aus der Firma trifft er Betriebsrätin Marion. Walter spricht die Kollegin an und klagt, dass sein Vorgesetzter ihn auf dem Kieker habe und ständig kontrolliere. Wegen jeder Kleinigkeit drohe er ihm mit einer Abmahnung. Das mache er nur mit ihm so. Dieses Verhalten nerve ihn zunehmend. „Diesen Terror muss ich mir doch nicht gefallen lassen, oder?"*

Das Dilemma des Kontaktgesprächs

Marion kann sich aufgrund der kurzen Schilderung noch kein klares Bild von Walters Situation machen. Sie muss Genaueres erfahren, um herauszufinden, weshalb der Vorgesetzte Walter so stark kontrolliert. Sie sieht sich in einem Dilemma:

Einerseits:

> *Gehe ich mit einer Frage auf Walters Schilderung ein, lade ich ihn ein, ins Detail zu gehen, und schüre seine Erwartung, eine schnelle Auskunft zu bekommen.*

Andererseits:

> *Gehe ich nicht auf seine Frage ein, weil ich für ein längeres Gespräch jetzt keine Zeit habe und den Ort für ungeeignet halte, könnte er sich abgewimmelt fühlen und von mir als Betriebsrätin frustriert sein.*

Marion möchte jetzt also kein Gespräch beginnen und dennoch nicht abweisend wirken. Wie soll sie sich verhalten?

Betrachten wir diese kleine Alltagssituation mit der „Nähe-Distanz-Brille". Wenn Marion sich allein nach ihren Bedürfnissen richtet, dominiert die Distanz (Alternative a):

Alternative a: Distanz-Reaktion

> *„Da kann ich auf die Schnelle nichts dazu sagen. Dazu müsste ich mehr wissen. Allerdings jetzt bin ich gerade auf dem Sprung und habe auch meinen Terminkalender nicht bei mir. Ich ruf dich morgen an, dann machen wir einen Termin, o.k.?"*

Ganz so schroff will sie nun doch nicht reagieren. Sie möchte etwas mehr auf ihn eingehen, allerdings ohne sein „Fass" zu öffnen (Alternative b):

Alternative b: Nähe-Reaktion

> *„Das kann ich mir gut vorstellen, dass dich das nervt. Wer mag das schon, ständig kontrolliert zu werden? Wenn du möchtest, kannst du mir gerne darüber etwas ausführlicher berichten. Das würde mich schon interessieren, was da los ist. Dann können wir uns überlegen, was man tun kann. Allerdings jetzt bin ich gerade auf dem Sprung und habe auch meinen Terminkalender nicht bei mir. Du kannst mich gerne anrufen, dann können wir einen Termin machen. Ab morgen bin ich gut erreichbar, o.k.?"*

Welche Elemente enthalten die beiden Reaktionen? Wir analysieren die beiden Alternativen anhand des Nähe-Distanz-Gegensatzes.

Varianten der Nähe-Distanz-Balance

Nähe-Distanz-Eigenschaft	Alternative a	Alternative b
Nähe		• Marion spiegelt Walters Problem *(„ständig kontrolliert zu werden")* und sein Gefühl *(„dass dich das nervt")*. • Sie äußert ihr Interesse an seinem Problem und ihre Bereitschaft, ihm zu helfen.
Distanz	• Marion weigert sich, auf Walters Frage zu antworten, weil seine Informationen nicht ausreichten. • Sie macht deutlich, dass sie jetzt nicht weiter auf sein Problem eingehen könne, und begründet es.	• Sie signalisiert, dass (trotz ihres Interesses) die Entscheidung über den Kontakt bei ihm liege *(„wenn du möchtest")*. • Sie macht deutlich, dass sie jetzt nicht weiter auf sein Problem eingehen könne, und begründet es.
Nähe	• Sie übernimmt die Initiative für den weiteren Kontakt *(„ich ruf dich morgen an, dann machen wir ...")*	• Sie macht ein Kontaktangebot *(„du kannst mich gerne anrufen")* zur Terminabsprache *(„dann können wir ...")*.
Distanz		• Auch hier bleibt die Initiative bei Walter *(„du kannst ...; ab morgen bin ich gut erreichbar")*.

Nähe-Distanz-Balance bereits im Kontaktgespräch

Die Matrix lässt erkennen, dass Marion in Alternative a mit einer „Distanz"-Äußerung einsetzt, während sie in Alternative b empathisch („Nähe") auf Walter eingeht. Der empathische Zugang zu Walter setzt sich in b fort, indem sie ihm ihr Interesse an seinem Problem bekundet. In Alternative a drückt sich dieses Interesse dagegen negativ-distanzierend aus als Mangel an Information, ein Mangel, der in Walters Statement zu suchen ist und den er auch als (unterschwelligen) Vorwurf auffassen könnte.

Ein weiterer Unterschied liegt in der Art, wie das Kontaktangebot gemacht wird. In a hat bereits Marion die Sache in die Hand genommen, sie wird ihn anrufen, während sie in b Walter ein offenes Angebot macht, das er annehmen kann oder auch nicht. Die Initiative zum weiteren Schritt überlässt sie ihm: *Ich bin für dich da – Initiative und Entscheidung bleiben bei dir.* Hier zeigt sich die leicht schwingende Balance zwischen Nähe- und Distanz-Signalen in b. Die Nähe in a hat etwas Autoritäres, Vereinnahmendes: *Ich rufe dich an – ich sorge für dich – ich übernehme die Initiative und die Verantwortung.* Die Nähe-Distanz-Balance ist gestört.

Die Initiative bleibt beim Klienten

Es ist denkbar, dass Marion in a den Mangel an Empathie in ihrer schroffen Reaktion auf Walters Frage selbst spürt und daher versucht, diesen Mangel durch ein Mehr an Helferaktivität auszugleichen.

Warum kommt es schon im Kontaktgespräch auf solche „Feinheiten" an?

Ich habe vom Weichenstellen gesprochen. Wenn wir Beratung als Hilfe zur Selbsthilfe verstehen, dann kann die Weiche in Richtung Selbstverantwortung des Klienten gar nicht früh genug gestellt werden. Schon die Art und Weise, wie abgesprochen wird, wann und wo man sich treffen wolle, prägt die Berater-Klient-Beziehung. Je weniger Selbstverantwortung desto größer die Gefahr, dass das Problem samt Verantwortung auf die Schultern des Beraters geladen wird. Das damit verbundene Risiko des Beraters, allein verantwortlich gemacht zu werden, falls es bei der Umsetzung der Problemlösung hapert oder sie gar scheitert, ist hinlänglich bekannt. Wenn der Berater schon im Kontaktgespräch, das für die sachliche Bearbeitung des Problems noch kaum von Relevanz ist, auf seine Haltung dem Klienten gegenüber achtet, stellt er auch bei sich selbst die Weiche von:

Die Selbstverantwortung des Klienten von Anfang an stärken.

Ich führe dich, weil ich weiß, was für dich gut ist. Und ich werde alles daransetzen, um es zu erreichen.

auf:

Ich begleite dich und unterstütze dich auf deiner Suche nach dem dir gemäßen Weg zur Lösung deines – nicht meines! – Problems. Und du kannst auf meine Hilfe zählen, soweit du sie brauchst, um dein Ziel zu erreichen.

Begegnungen mit Menschen, die unsere Aufmerksamkeit in Anspruch nehmen, sollten seitens des Beraters immer mit einem empathischen Nähe-Signal beginnen, auch wenn die Zeit zu knapp ist, um sich auf ein Gespräch einzulassen. Das Kontaktgespräch bietet bereits in aller Kürze dem Berater die Möglichkeit, die drei wesentlichen Aspekte der Berater-Klient-Beziehung zu realisieren:

Drei Aspekte der Berater-Klienten-Beziehung:

Nähe

- ***Nähe*** herstellen, ohne über den anderen zu bestimmen („begleitend führen“);

Authentizität

- ***authentisch*** sein, indem man zu den eigenen Bedürfnissen und Begrenzungen steht und sie transparent macht. Damit wird auch der Klient ermutigt, sich offen und ehrlich auf die Beratung einzulassen;

Selbst- und Rollenverantwortung

- die ***Verantwortung für sich*** und seine Rolle übernehmen und sie auch konsequent und für den Klienten nachvollziehbar darauf begrenzen.

Nur so hilft man dem Klienten, auch *seine* Verantwortung für *sein* Problem und die Problemlösung zu erkennen und wahrzunehmen. Und nur so lässt sich die Gefahr der Delegation und der gutmeinenden Bevormundung des Klienten vermeiden.

Förderliche Rahmenbedingungen schaffen

Auf Rahmenbedingungen achten

Man weiß, dass die Rahmenbedingungen nicht unerheblichen Einfluss auf den Verlauf von Gesprächen haben. Dies gilt für Beratungsgespräche nicht weniger als für Verhandlungen oder Meetings. Die Rahmenbedingungen gezielt so zu gestalten, dass sie für die Beratung und die Berater-Klient-Beziehung förderlich sind, ist Teil der Vorbereitung.

Terminierung

So gehört zur Vorbereitung eine sorgfältige Terminabsprache mit dem Klienten und ggf. mit dem eigenen Vorgesetzten, um wirklich den Rücken frei zu haben und ***ohne Zeitdruck*** sich ganz auf das Gespräch konzentrieren zu können. Stresstage, an denen besondere Belastungen, beispielsweise schwierige Verhandlungen mit der Geschäftsleitung oder eine Produktpräsentation vor anspruchsvollen Kunden, anstehen, sind zu meiden. Was für den Berater gilt, gilt ebenso für den Ratsuchenden. Es ist also beidseitig darauf zu achten, dass Tage mit besonderem Zeit- oder Leistungsdruck gemieden werden. Bei der Terminierung sollte der Berater dieses Kriterium der Terminwahl offen ansprechen.

Terminierung ohne Zeitdruck

Zeit

Wie viel Zeit muss man für ein Beratungsgespräch reservieren?

Da man beim Erstkontakt noch nicht einschätzen kann, wie schwierig und komplex der Fall ist, ist es ratsam, nicht zu knapp zu kalkulieren. Ich empfehle, für das Erstgespräch eineinhalb bis zwei Stunden einzuplanen. Darin ist die Zeit für die Nachbereitung, die sich am besten gleich dem Gespräch anschließt, bereits mitgerechnet. Dem Gespräch selbst schadet es nicht, wenn es bei der Terminierung von vorn herein zeitlich begrenzt wird: auf eine bis eineinhalb Stunden. Der Berater begründet diese Begrenzung:

Genügend Zeit einkalkulieren

Zeit begrenzen

> *„Wir wollen uns genügend Zeit lassen für dieses Gespräch, ich schlage eine Stunde (oder eineinhalb Stunden) vor. Können Sie sich so viel Zeit dafür nehmen? ... Falls die Zeit nicht reichen sollte, halte ich es für besser, erneut zusammenzukommen. Eine Nachdenkpause zwischendrin kann nie schaden."*

Die Begründung stellt den Vorteil der Begrenzung heraus und beugt dem Missverständnis vor, dass sich der Betriebsrat, die Schwerbehindertenvertrauensperson oder der Vorgesetzte nicht mehr Zeit nehmen will.

Raum

Neutraler Raum für ungestörtes Gespräch

Zum Faktor Zeit gesellt sich der Faktor Raum. Geeignet ist ein Raum, in dem man ungestört und ohne Mithörer Gespräche führen kann. Er sollte nicht zu groß sein, um sich zu zweit darin nicht zu verlieren. Er muss Ungestörtheit garantieren und Sichtschutz bieten. Ein neutrales Ambiente ist einem Büro vorzuziehen. Dies gilt insbesondere für Vorgesetzte, wenn sie Mitarbeiter beraten. Die Beratung im eigenen Büro abzuhalten, erschwert den Umstieg auf die Beraterrolle. Der Raum soll einen hellen, freundlichen und ordentlichen Gesamteindruck vermitteln, die Bestuhlung bequem sein. Diese Kriterien sind auch an Betriebsratsbüros oder eigene Sprechzimmer der Arbeitnehmervertretungen anzulegen. Genügen sie ihnen nicht, lassen sie sich bestimmt mit einigen Handgriffen beratungsfreundlich umgestalten. Und: Getränke anbieten schafft eine gastfreundliche Atmosphäre und jene entspannende Verzögerung des Beginns, die noch jedem Gespräch gutgetan haben.

Beratung in einer Kneipe?

Nicht ungewöhnlich ist der Wunsch von Ratsuchenden, das Gespräch außerhalb der Arbeitszeit und außerhalb des Betriebs zu führen. Der Betroffene muss dann nicht befürchten, sich peinlichen Fragen von Vorgesetzten oder Kollegen auszusetzen. Als Treffpunkt wird in der Regel ein Lokal gewählt. Kneipenatmosphäre ist gewiss geeignet, Menschen miteinander locker und auf Du und Du ins Gespräch zu bringen. Ob sie allerdings die geeigneten Rahmenbedingungen für ein professionell strukturiertes Beratungsgespräch (siehe Kap. 6) bietet, sei dahingestellt.

Wohin setzt sich der Berater?

Sitzposition des Beraters

Sicher nicht an (s)einen Bürotisch mit typischer Ausstattung: PC, Telefon, Terminplaner, Akten usw. Die Assoziation von bürokratischer Distanz und Hierarchie würde sich dem Klienten auf der Besucherseite des Tisches unweigerlich aufdrängen. Besser eignet sich eine Sitzecke mit kleinem Tisch, rund oder quadratisch, an dem sich beide nicht frontal gegenüber sitzen, sondern über Eck. Darauf sollten besonders Führungskräfte achten.

Kaum nötig zu erwähnen, dass während des Gesprächs Störungen durch Telefon und Handy auszuschalten sind.

Vorbereitung

Sachliche Vorbereitung

Übermäßige Vorbereitung birgt Gefahr der Voreingenommenheit.

Wenn das Thema bereits vor dem Gespräch bekannt ist, ist es verständlich, dass sich der Berater vorher sachkundig machen will, z. B. Rechtsfragen klären, Einsicht in die Personalakte nehmen, Information aus der Abteilung einholen. ***Doch Achtung! In einer allzu vertieften Vorbereitung liegt auch eine Gefahr: dass der Berater sich vorzeitig auf eine Definition des Problems und dessen „beste" Lösung festlegt*** und damit ins Gespräch geht. Dies kann zur Folge haben, dass die Problemschilderung des Klienten nur noch selektiv aufgenommen wird, reduziert auf diejenigen Informationen, die ins vorgeprägte Bild passen. Auch das Erkunden der Zusammenhänge und Hintergründe verengt sich auf die Überprüfung der bereits ermittelten Fakten. So nützlich Informationen von Dritten über den Ratsuchenden oder die Problemsituation sein können, sie erschweren es auch, sich unvoreingenommen und empathisch auf die subjektive Darstellung des Klienten einzulassen.

Sachinformation einholen ist Teil des Beratungsprozesses.

Um sich diesen Zugang zum Klienten nicht selbst zu verbauen, ist es besser, damit zu warten und das Einholen weiterer Informationen zum Bestandteil des Beratungsprozesses zu machen. Das heißt nach unserem Verständnis von partnerschaftlicher Beratung: nicht über den Kopf des Ratsuchenden hinweg und, soweit sinnvoll, mit seiner Beteiligung.

Methodische Vorbereitung

Reflexion meines Beraterverständnisses

Wichtiger als eine sachliche Vorbereitung vor dem ersten Gespräch ist die methodische. Der Berater nimmt sich folgende Punkte vor und beantwortet die dazu gehörenden Fragen :

Doppelrolle:
Interessenvertreter/Vorgesetzter ⟷ Berater

- Wie schalte ich die Beraterfunktion vor die „Macher"-Funktion als Interessenvertreter/Vorgesetzter? (s. Kap. 1)
- Wie mache ich diesen Rollenwechsel dem Klienten deutlich und plausibel?

Einstellung zur Beratung

- Welche Funktion hat für mich die Beratung im Hinblick auf die Erwartungen des Klienten?[23]

Balance von Nähe und Distanz

- Bin ich eher ein „Nähe"- oder ein „Distanz"-Typ?[24]
- Wie kann ich meine schwächere Seite entwickeln?

Struktur des Beratungsprozesses[25]

- Stehen mir die einzelnen Phasen und Arbeitsschritte klar vor Augen?
- Wie mache ich dem Klienten diese Struktur transparent, sodass er sich darauf einstellen kann?

Gesprächseröffnung

- Wie schaffe ich eine persönliche Atmosphäre, die es dem Klienten erleichtert, sich mir zu öffnen?
- Mit welcher Frage starte ich in den ersten Beratungsschritt, die Problemschilderung des Klienten?

Erwartungen des Klienten

- Wie gehe ich mit vorzeitigen oder unangemessenen Erwartungen und Delegationen um?

---

23 Die Frage nach dem Rollenverständnis als Berater und Begleiter, insofern es über die bloße Beseitigung von konkreten Problemen hinausgeht, wird uns unter dem Begriff „Empowerment" in Kap. 11 wieder beschäftigen.

24 Dem *„Nähe-Typ"* fällt es schwer, nein zu sagen (Delegation und Erwartungen werden ungeprüft akzeptiert) und sich vorschneller Bestätigung der subjektiven Sicht des Gesprächspartners zu enthalten. Der *„Distanz-Typ"* kann sich nur schwer von seiner vorgefassten Meinung in einer Sache lösen und sich auf die subjektive Sicht des Gesprächspartners einlassen.

25 Mit der Struktur des Beratungsprozesses sowie den nächsten beiden Punkten, Gesprächseröffnung und Erwartungen des Klienten, befassen wir uns ausführlich im folgenden Kapitel.

Gesprächsziel

- Was will ich am Ende des (ersten) Gesprächs wenigstens erreicht haben?

Von der sicheren Gesprächsführung in der Anfangsphase der Beratung hängt entscheidend ab, ob der Klient sich auf den Prozess und seine Schritte einlässt. Struktur und Führungssicherheit fördern ebenso sein Vertrauen wie empathische Nähe. Er muss spüren, dass Beratung ihre eigenen Spielregeln hat, an die sich der Berater selbst konsequent hält, die ihm aber auch immer wieder nahegebracht und in ihrer Funktion erklärt werden.

Sichere Gesprächsführung in der Anfangsphase ist entscheidend für den Beratungsprozess.

Der unerfahrene Berater kann sich die Schritte des Phasen-Modells aufschreiben und dazu die einschlägigen Gesprächsführungsinstrumente notieren. Diese Strukturierungshilfe wie einen „Spickzettel" vor Augen, orientiert er sich selbst leichter im Verlauf des Prozesses und wird sich seiner Verantwortung, das Gespräch zu leiten, immer wieder bewusst.

Phasenmodell auf „Spickzettel"

Aktives Zuhören nach Papageienart

6. Sieben Schritte des Beratungsprozesses

Der „Beratungstrichter“

Drei Phasen des Beratungsprozesses

Der Beratungsprozess lässt sich schematisch in drei Phasen mit jeweils zwei Arbeitsschritten (ohne Vor- und Nachbereitung) gliedern:

Phasen	*Arbeitsschritte*				
I. Problem erkennen	1.	Gespräch eröffnen; Problem aufnehmen	⇨	2.	Problem definieren
II. Lösung finden	3.	Lösungswege aufzeigen; die Wünsche mit der Realität konfrontieren	⇨	4.	Entscheidungsfindung unterstützen
III. Aktion planen	5.	Erwartungen klären	⇨	6.	Umsetzung planen

Je nach Komplexität des Falles kann sich der Beratungsprozess auf mehrere Sitzungen verteilen.

Diese 3 Phasen in 6 Arbeitsschritten – insgesamt kommt man auf 7 Schritte, wenn man den Abschluss der Beratung noch hinzunimmt – finden sich im Bild des ***„Beratungstrichters“*** (s. *Abb. 11,* S. 111) wieder. Der Trichter veranschaulicht den Verlauf des Beratungsprozesses: von der weiten Öffnung, die alles aufzunehmen bereit ist, am Anfang bis zur engen Röhre am Ende des Trichters, aus der zielgenau die passende Lösung des Problems fließen soll.

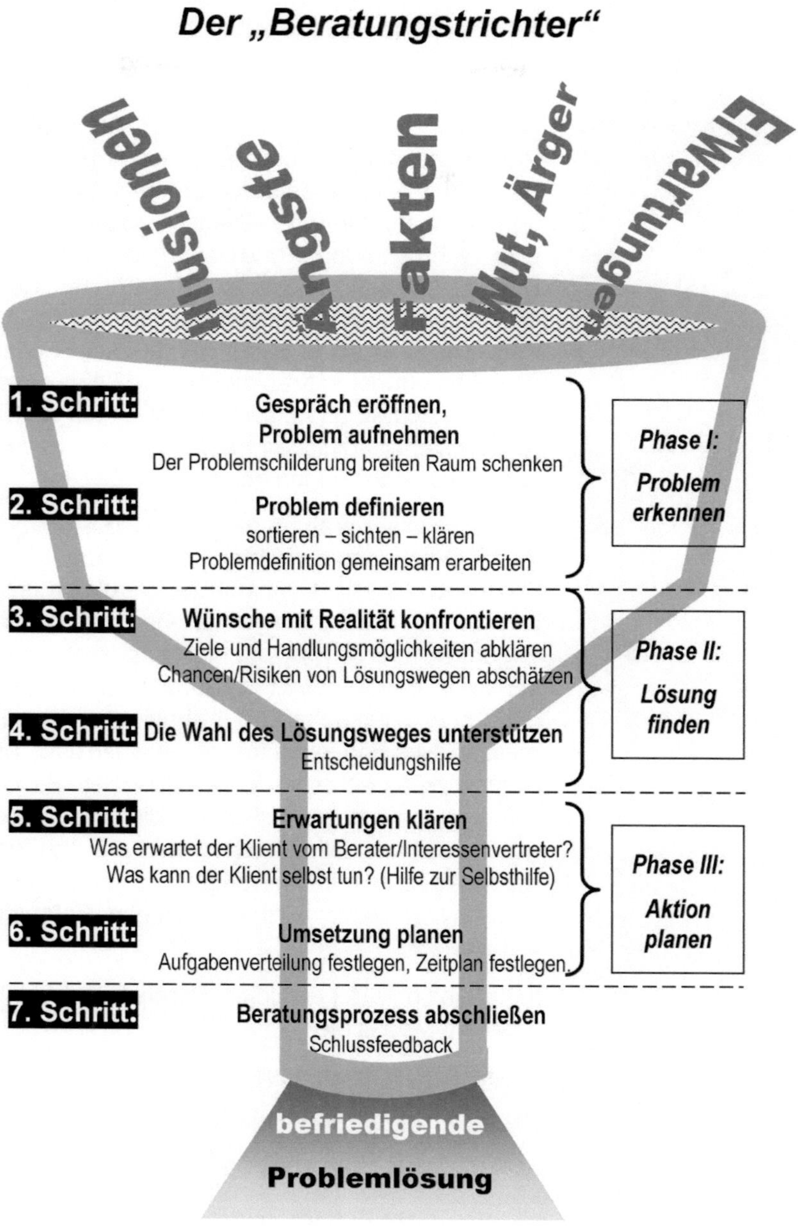

Abb. 11: Der „Beratungstrichter": Prozess in 7 Schritten

Prozess strukturieren schützt vor Verkürzung der Problemdarstellung.

Das entscheidende Motiv, dem Beratungsprozess eine generelle Struktur zu geben, ist die Erfahrung, dass es vielen, besonders den engagierten Beratern schwerfällt, ihre Problemlösungskompetenz zurückzuhalten. Oft wird sogar auf eine sorgfältige Problemdarstellung verzichtet, dies umso eher, als die Insider-Kenntnisse des Beraters ihn dazu verleiten, sich mehr darauf zu verlassen als auf die subjektiven Wahrnehmungen und Bedürfnisse des Klienten. Dieses Verhalten gleicht dem eines Arztes, der auf die Anamnese, also das sachgemäße Befragen des Patienten über seine Beschwerden, sein Befinden, über seine früheren Krankheiten und Behandlungen usw., verzichtet. Er verlässt sich allein auf die Erfahrungen seiner ärztlichen Praxis. Für den Patienten kann dies fatale Folgen haben.

Struktur fördert sorgfältige „Diagnostik“.

Professionelle Beratung gibt sich eine Struktur, um dieser Gefahr des verfrühten Lösungsangebots vorzubeugen. Um noch einmal den Vergleich mit der ärztlichen Behandlung heranzuziehen: Auch wenn ein Patient Schmerzen hat und nichts anderes wünscht, als sofort davon befreit zu werden, muss der Arzt doch erst untersuchen, Blut abnehmen, Blutdruck messen, eine Röntgenaufnahme machen usw., bevor er zur Therapie schreitet. Er muss also dem Patienten zumuten, sich zu gedulden, bis die Diagnostik abgeschlossen ist. (Nicht selten, dass der Arzt für die Diagnostik dem Patienten sogar Schmerzen zufügen muss.) Nicht anders wird ein erfahrener Berater sich verhalten.

In der Analogie der ärztlichen Beratung entspricht in unserem Modell die

Phase I der **Anamnese und Diagnose**,

Phase II der **Information über die verschiedenen Behandlungsmöglichkeiten**, ihre **Risiken** und möglichen **Nebenwirkungen**, damit der Patient seine **Entscheidung** treffen kann, bevor der Arzt mit ihm in

Phase III den **Behandlungsplan** festlegt.

Phase I: Problem erkennen

Schritt 1: Gespräch eröffnen, Problem aufnehmen

> *Funktion:* Öffnen, Verstehen, Beziehung und Vertrauen schaffen.
> *Haltung des Beraters:* Empathie, Akzeptanz.
> *Instrumente der Gesprächsführung:* Passives und Aktives Zuhören, Spiegeln, Nachfragen.

Wie eröffne ich das Gespräch?

Der Berater eröffnet das Gespräch mit einer ganz unspezifischen Frage: ***„Sie haben um ein Gespräch gebeten*** (oder: *„Wir haben diesen Termin vereinbart“),* ***was führt Sie zu mir?“***; *„Wo drückt der Schuh?“* oder auf ähnliche Weise. Solche Formulierungen sind dem im Service üblichen *„Was kann ich für Sie tun?“* vorzuziehen, um nicht dem Bedürfnis nach Delegation des Problems unnötig Vorschub zu leisten. Natürlich kann diesem Einstieg ins Thema ein lockerer ***Small Talk*** vorausgehen. Die eigentliche Beratung sollte aber durch eine offizielle Gesprächseröffnung deutlich davon abgesetzt werden. Dieses nicht-direktive Instrument haben wir bereits in Kapitel 4 (S. 53ff) kennen gelernt.

Mit unspezifischer Frage das Gespräch eröffnen

Haltung des Beraters

Wir befinden uns am Anfang des Trichters. Oben ist er weit und offen. Der Klient bekommt Raum zugestanden, um sich dem Berater zu öffnen und seine Situation so darzustellen, wie er sie subjektiv erlebt. Die Haltung des Beraters ist ausschließlich empathisch: Er konzentriert sich auf das einfühlende Verstehen und begleitet den Klienten ohne Vorbehalte durch seine subjektive Schilderung der erlebten Situation. Der emotionalen Seite ist ebenso Aufmerksamkeit zu widmen wie den Fakten. Die Informationen und Gefühle dürfen ganz „unsortiert“ und kritiklos geäußert werden.

Der Trichter ist weit offen.

Empathie, Akzeptanz

Nicht-direktive Gesprächsführung

Gesprächsführung

Die Gesprächstechniken sind Passives und Aktives Zuhören, Spiegeln sowie vorsichtiges Nachfragen. Durch Aktives Zuhören und Nachfragen werden die Äußerungen zur Sache erweitert: zur Vorgeschichte des aktuellen Konflikts, zum Umfeld des Ratsuchenden usw. Durch Spiegeln der verbal oder auch nur über Gestik und Mimik geäußerten Gefühle wird dem Klienten signalisiert, dass auch sie wahr- und ernst genommen werden und damit auch die personale Seite des Themas und nicht nur die Seite der äußeren Fakten. Über Informationen, die der Berater für wichtig hält, kann er sich Notizen machen.

Der Klient signalisiert, wann dieser Schritt abgeschlossen ist.

Wie lange dieser Arbeitsschritt dauert, liegt beim Klienten. *Er* signalisiert dem Berater, wenn er sich voll und ganz akzeptiert und verstanden fühlt und wann es *für ihn* Zeit ist, den nächsten Schritt zu tun. Der Berater sollte in dieser Anfangssituation das noch ungefestigte Vertrauensverhältnis nicht mit zu vielen Fragen belasten. Unversehens könnten Bereiche berührt werden, die der Klient (noch) nicht offen legen möchte. Besser ist es, über den Schritt 2 zu einer ergänzenden Klärung relevanter Fragen zu kommen.

Schritt 2: Problem definieren

Funktion: Klären, Sortieren, Definieren der einzelnen Problemaspekte.
Haltung des Beraters: Distanzierung (Abstand nehmen, Überblick gewinnen).
Instrumente der Gesprächsführung: Instrumente direktiver und nicht-direktiver Gesprächsführung im Wechsel: Zusammenfassung, Aktives Zuhören, Spiegeln, Nachfragen und weiterführende Fragen

Informationen des Klienten sortieren – Problem definieren

Der Berater fasst zusammen – Klärungshilfe und Problemdefinition

Der Berater hat sich ein umfassendes Bild von der Situation, wie sie der Ratsuchende sieht, gemacht und sein Verstehen durch Aktives Zuhören und Nachfragen überprüft. Nun kommt sein Part. Was bei ihm angekommen ist, gibt er, auch mithilfe seiner Notizen, die er in Schritt 1 gemacht hat, zusammengefasst wieder. Dabei versucht er, den Knäuel aus Fakten, Vermutungen, Beziehungskonflikten, verletzten Gefühlen und Reaktionen darauf, betrieblichen und eventuell privaten sowie in der Person liegenden Ursachen und Auswirkungen zu entwirren. Das Problem bzw. die verschiedenen Problemaspekte und -ebenen werden benannt und auf den Punkt gebracht.

Problemknäuel entwirren, Aspekte ordnen, außerbetriebliche Faktoren und Gefühle nicht ausblenden

Damit eröffnet der Berater dem Klienten eine klare Sicht auf sein Problem. Sie erleichtert es diesem, sein Problem selber mit größerer Distanz zu betrachten. Dies betrifft auch die Frage, welche Aspekte zentral und welche eher Randaspekte sind. Allerdings sollte der Berater in seiner zusammenfassenden Beschreibung der Problematik nicht schon die Problemaspekte ausblenden, die außerhalb des betrieblichen Einflussbereichs liegen. Auch wenn der Berater sich nicht berufen fühlt, beispielsweise familiäre Konflikte seines Klienten, soweit sie damit verknüpft sind, zu bearbeiten, so sollte er sie dennoch nicht ignorieren, vor allem wenn er den Eindruck hat, dass sie für den Klienten wichtig sind und ihn emotional belasten. Der Klient spürt dann, dass der Berater ihn als Mensch und nicht nur als Firmenmitarbeiter sieht, ganz abgesehen davon, dass Belastungen im Privaten auch Leistung und Verhalten am Arbeitsplatz beeinflussen können und umgekehrt. (Der Trichter hat sich nur ganz wenig verengt. Es wird zwar schon sortiert, aber noch nicht aussortiert.)

Partnerschaftliche Haltung des Beraters

Problemdefinition vom Klienten überprüfen lassen

Der Versuch des Beraters, Licht ins Dunkel der Konflikt- oder Problemsituation des Klienten zu bringen, ist als Feedback, als Rückmeldung zu verstehen, als ***Angebot zum Dialog***:

> *„... So habe ich Ihr Problem verstanden. Können Sie sich und Ihre Situation in meiner Zusammenfassung wiederfinden, oder gibt's noch Punkte, die so, wie ich die Dinge dargestellt habe, nicht stimmen oder die noch fehlen?"*

Wichtig ist, dass an der Problemdefinition so lange gemeinsam gefeilt wird, bis der Klient sich mit ihr gänzlich identifizieren kann. Signale des Zögerns oder eines Vorbehalts sind wahrzunehmen und zu spiegeln:

> *„Ich merkte, dass Sie bei meiner Beschreibung Ihres Verhältnisses zu Ihrem Vorgesetzten nicht ganz einverstanden waren. Wo liegt hier die Unstimmigkeit?"*

Den Klienten bei der Problemdefinition beteiligen

Die Möglichkeit, dieses Definitionsangebot zu überprüfen, verschafft nicht nur eine sichere Plattform für die weiteren Schritte, sondern bindet schon in der Phase I den Klienten in die gemeinsame Arbeit ein. ***Er erfährt sich als Subjekt des Beratungsprozesses, nicht als Objekt der Beraterkompetenz.*** Der Berater arbeitet mit ihm für ihn. Er versteht sich als Partner und Begleiter. Er bleibt auf Augenhöhe mit dem Klienten. Besonders für Führungskräfte ist es nicht leicht, die Rolle des Beraters von der Rolle des weisungsbefugten „Vorgesetzten" abzuheben und diese Unterscheidung auch dem Klienten erkennbar zu machen.[26]

Aussagen nicht bewerten!

Dies setzt allerdings entscheidend voraus, dass sich der Berater ***eigener Wertungen enthält***. Die

---

[26] Für **Führungskräfte** ist **Partnerschaftliche Beratung** – Gespräche „auf Augenhöhe" – sicherlich in vielen Situationen schwerer zu realisieren als für Kollegen in der Rolle gewählter Interessenvertreter. Dennoch: Das hierarchische Gefälle zwischen Vorgesetzten und Mitarbeitern sollte nicht den Blick trüben für das hohe Problemlösungspotenzial der Letzteren. Nahe dran am Geschehen und an den neuralgischen Punkten der Arbeitsorganisation, wo immer wieder Fehler und Konflikte auftreten, sind sie oft besser in der Lage (und selbst daran interessiert), die Schwachpunkte im System zu benennen und Lösungsansätze zu entwickeln. Diese Bereitschaft – gerade auch solcher Mitarbeiter, denen eine Störung aufgrund eigenen Fehlverhaltens angelastet wird – kann der Vorgesetzte nur erwarten, wenn er den betroffenen Mitarbeiter *in seiner subjektiven Sicht* des Vorgangs und dessen Ursachen ernst nimmt und sich damit auseinandersetzt. Die Beratung mit dem Ziel, zu einer befriedigenden Lösung des *Problems des Mitarbeiters* zu kommen, könnte darüber hinaus auch noch ein *Systemproblem* beseitigen helfen. Partnerschaftliche Beratung – zu beidseitigem Nutzen – ist ein hervorragendes Führungsinstrument eines partizipativen Managements.

Sichtweise des Klienten wird nicht in Frage gestellt. Bitte achten Sie auf den feinen Unterschied zwischen „akzeptieren = positiv bewerten und als richtig bestätigen" und „akzeptieren = Verständnis zeigen"! Der Berater kann zwar den Eindruck, den er aus dem Bericht des Klienten gewonnen hat, rückmelden, z. B.:

(1a) *„Diese Abmahnung* ***hältst du*** *für eine völlig ungerechtfertigte Strafe."* oder: ***„Für dich ist*** *diese Abmahnung eine völlig ungerechtfertigte Strafe."*

Eine vorschnelle Bewertung des Vorgangs, wie:

(1b) *„Diese Abmahnung* ***ist echt*** *eine völlig ungerechtfertigte Strafe."*

ist dagegen zu vermeiden. Ein zweites Beispiel:

(2a) ***„Ich kann gut verstehen,*** *dass Sie sich das nicht gefallen ließen."*

Die Reaktion des Beraters sagt nichts aus, ob er die Reaktion des Klienten gutheißt oder nicht. Dagegen legt er sich mit folgendem Satz:

(2b) ***„Da hatten Sie völlig recht,*** *dass Sie sich das nicht gefallen ließen!"*

vorzeitig in seinem Urteil fest. So ähnlich die jeweiligen Satzpaare a und b klingen, sie unterscheiden sich dennoch grundsätzlich in ihren Aussagen. Die emotional neutrale (1a) bzw. empathische (2a) Reaktion des Beraters zielt auf ein ***Akzeptieren der Person.*** In den Sätzen 1b und 2b gibt der Berater eine objektive ***Bewertung in der Sache*** ab (worauf sich der Klient gerne verlassen wird).

Bewertungen schaffen ein Beziehungsungleichgewicht.

Wer (be)wertet, nimmt einen übergeordneten Rang ein. Von dieser Warte aus nimmt er sich das Recht, zu loben und zu tadeln, ein Verhalten oder eine Tat als richtig oder falsch, gut oder schlecht zu beurteilen. Immer berührt das Urteil auch die Person. (Und wer weiß schon, ob das, was für den Moment oder im Hinblick auf ein bestimmtes Ziel „falsch" ist, auf lange Sicht sich nicht doch als richtig erweisen wird.) Gravierender ist jedoch, dass durch Wertungen des Beraters das partnerschaftliche Verhältnis zum Klienten die Balance verliert. Der **Berater** gerät unversehens in eine quasi ***„elterliche" Rolle*** und – komplementär dazu – der **Ratsuchende** in eine ***„Kind"-Rolle.***[27]

Diese Beziehungsasymmetrie führt dazu, dass die Eigenverantwortlichkeit des ***erwachsenen*** Klienten geschwächt wird. Die Verantwortung für die Lösung des Problems verlagert sich unversehens auf den Berater. Mit der Verschiebung der Beziehungsgewichte verwandelt sich die partnerschaftliche Verantwortung für die Problemlösung mehr und mehr in eine hierarchische. Der Kompetenzvorsprung des Beraters wird als „Expertenmacht" erfahren; ihr gegenüber fühlt sich der Klient als hilfsbedürftig und unterlegen. Es ist nur konsequent, wenn er die Verantwortung für sein Problem „vertrauensvoll" in die Hände des Beraters/Experten legt.

Distanz des Beraters zum Problem

Die Distanzhaltung des Beraters erlaubt ihm, beim Sortieren und Benennen des Problems seine Erfahrung und Sachkompetenz ins Spiel zu bringen. Dies erwartet auch der Klient von ihm, und die Distanzierung wird, wenn in der vorausgehenden Empathiephase eine ausreichende Vertrauensbasis geschaffen wurde, nicht als Verlust an Nähe und persönlicher Akzeptanz erlebt. Wenn der Berater sich von Zeit zu Zeit rückversichert (auch körpersprachliche Signale beachten), dass seine Sicht akzeptiert wird, kann er vermeiden, dass Entfremdung die Vertrauensbasis gefährdet. Man kann folglich empathisch sein, ohne schon in der Sache eine Bewertung abzugeben. Hilfreich ist die bewusste und für den Klienten spürbare Unterscheidung von Person und Sache/Problem. So behält der Berater freie Sicht auf die Sache, ohne die Nähe zum Klienten zu gefährden.

---

[27] Die Eltern-Kind-Metapher ist angelehnt an die **Transaktionsanalyse (TA)**. Gemäß diesem bekannten interaktionspsychologischen Modell, das der amerikanische Psychiater Eric Berne Mitte des letzten Jahrhunderts entwickelt hat, agieren die handelnden Personen in asymmetrischen, hierarchischen Beziehungen (wie zwischen Vorgesetzten und Mitarbeitern) aus den komplementären psychischen Ich-Zuständen des „Eltern-" und des „Kind-Ichs" heraus. E. Berne: *Spiele der Erwachsenen. Psychologie der menschlichen Beziehungen*. (s. Literaturhinweise)

Gesprächsführung

In Schritt 2 übernimmt der Berater die Gesprächsführung. Nach seinem Feedback, das die Informationen aus Schritt 1 zusammenfasst und ordnet, wird der Berater noch einige Fragen haben, die das Bild erweitern und im einen oder anderen Punkt verfeinern sollen. Hier (und erst hier, also nicht in Schritt 1!) können die direktiven Instrumente der ***weiterführenden Frage*** und der ***Präzisionsfrage*** eingesetzt werden. Solche Fragen sind „weicher“ und ergiebiger, wenn sie als ***offene Fragen*** formuliert werden. *„Was haben Sie bisher bereits selbst dagegen unternommen?“* ist der „Pistole-auf-der-Brust“-Frage: *„Haben Sie danach nicht mit Ihrem Chef gesprochen?“* vorzuziehen. Am Ende des Ergänzungs- und Klärungsgesprächs fasst der Berater die neuen Informationen wiederum zusammen und fügt sie ins Puzzlebild ein. Er bittet den Klienten, das erweiterte und ausdifferenzierte Bild erneut zu überprüfen.

Ergänzungen durch (direktives) Fragen

Erst, wenn der Berater die volle Bestätigung seiner Darstellung vom Klienten erhalten hat, kann er den Beratungsprozess in die Phase II führen.

Warum wird der Phase I so viel Zeit eingeräumt?

Erfahrungsgemäß sind Probleme vielschichtiger als auf den ersten Blick zu erkennen. Es ist davon auszugehen, dass die erste Problemschilderung des Klienten, bewusst oder unbewusst, nicht die ganze Wahrheit enthält. Eigene (Schuld-)Anteile am Problem bleiben zunächst eher verdeckt und ablenkende Erklärungen (Schuldzuweisungen, verzerrte Situationsdarstellung) werden zur Selbstentlastung angeboten. Oder die Schilderung beginnt auf einem „Nebenschauplatz“, der vom eigentlichen Problem ablenken soll, wie im folgenden Beispiel:

Probleme sind meist komplexer als zunächst dargestellt.

> *Holger B. beschwert sich aufgebracht beim Abteilungsleiter über die Probleme, die es seit Einführung der neuen Software in seinem Team gebe. Er sei besonders davon betroffen, weil er damals, als seine Kollegen vom Kundenservice des Software-Herstellers eingelernt worden waren, krank war. Er müsse deswegen immer*

Fallbeispiel: Teamprobleme

Überstunden machen, weil er noch so viele Fehler mache. Er fordere, dass man ihn deswegen auf Schulung schicke. Fragen, warum denn der Know-how-Transfer nicht teamintern erfolge, wich er aus mit Begründungen wie: Niemand habe Zeit; er habe Anspruch auf fachmännische Schulung wie die anderen auch; man wolle ihn drücken; es gebe keine Solidarität in der Gruppe. Der Abteilungsleiter hakt beharrlich an diesem Punkt nach und wird fündig. Hinter dem Software-Problem verbarg sich ein handfester ***Teamkonflikt****, an dem Holger B. auch seinen eigenen Anteil hat.*

Blick unter den Teppich setzt Vertrauen voraus.

Das Vertrauen zum Berater ist noch nicht stark genug, um ihm bereits einen Blick auch *unter* den Teppich zu gewähren. Der Klient soll also – *bevor* man in die Frage nach der passenden Lösung eintritt – spüren, dass es dem Berater wirklich um ihn geht und nicht um Abteilungsimage, Betriebsrats-„Politik“, Profilierungssucht oder den Helferehrgeiz des Beraters. Das braucht Zeit und Geduld (und *vorbehaltlose* Akzeptanz, gerade wenn man spürt, dass der Klient nicht ganz offen und ehrlich seine Karten auf den Tisch legt) – eine Investition, die sich auf dem weiteren Weg zur Problemlösung auszahlt.

Die Qualität der Problemlösung hängt von der Qualität der Problemerfassung ab.

Die Schritte 1 und 2 befassen sich ausschließlich mit der Aufgabe ***„Problem erkennen“***. Lösungsvorschläge haben hier noch nichts zu suchen. Nicht nur der Berater selbst sollte sich an diese Regel halten, sondern auch den Klienten, falls er vorzeitig bereits dem Berater (s)eine Lösung „anbietet“, behutsam durch gezielte Fragen auf die Erfassung des Problems zurückführen. Der Frage nach den Lösungsmöglichkeiten muss eine abgesicherte Definition des Problems (Schritt 2) vorausgehen. Der Output (Problemlösung) kann nicht besser sein als der Input (Problemerfassung), die Therapie bedarf einer soliden Diagnose.

Gewiss, nicht immer lässt sich das Strukturschema zu hundert Prozent einhalten. Peinliche Fehler – Eigenanteil am zu behandelnden Problem – werden von Ratsuchenden gerne hinter den emphatisch beklagten Anteilen der Konfliktpartner versteckt. Die Offenheit, auch sich selbstkritisch in die Problemschilderung einzubeziehen, ist auch durch vorsichtig-einfühlendes Nachhaken des Beraters nicht immer zu erreichen. Da kann es vorkommen, dass die „Diagnose" unvollständig bleibt. Aber spätestens, wenn es um konkrete Überlegungen geht, wie das Problem oder der Konflikt praktisch zu lösen sei (Phase II), schlägt die Stunde der Wahrheit. Entweder wird dann der Beratungsprozess unvermittelt abgebrochen, um nicht Farbe bekennen zu müssen, oder die Frage, wie man die Kuh vom Eis bekommt, zwingt dazu, noch einmal in die Phase I zurückzukehren, um Anamnese und Diagnose zu vervollständigen bzw. zu modifizieren.

Unvollständige „Diagnose", weil eigener Anteil am Problem verdeckt bleibt.

Da möchte man als Berater gerne einen Vorwurf loswerden, etwa der Art: *„Warum haben Sie mir das nicht früher gesagt? Das hätte uns einige Arbeit erspart."* oder gar: *„Wenn Sie kein Vertrauen zu mir haben, warum kommen Sie dann überhaupt? So jedenfalls kann ich nichts für Sie tun."*

Unehrlichkeit verletzt. Wir neigen dazu, Unehrlichkeit persönlich zu nehmen. Und Helfer-Naturen sind gegen solche Verletzungen nicht gefeiter als andere. Ja, sie neigen dazu, Unehrlichkeit ihnen gegenüber besonders übelzunehmen. Sollten Sie sich darin wiedererkennen, kann ich Sie beruhigen: Kaltblütiges Hintergehen des Helfers, um seine Gutmütigkeit zum eigenen Vorteil auszunutzen, ist äußert selten. Gelogen wird überwiegend aus anderen Gründen: aus Angst vor Tadel, aus Scham, Peinlichkeit, um sein Gesicht nicht zu verlieren, um einer Strafe zu entgehen ... Wer spricht schon gerne über seine Schwächen und Mängel? Wer beichtet schon gerne seine Verfehlungen? Und vielleicht kommt man ja auch ohne Offenlegung der Schattenseiten zu einer annehmbaren Problemlösung. Es ist eher kontraproduktiv, wenn Sie als Berater Ihren eigenen ***Frust in Form eines Vorwurfs*** abreagieren, da Ihr Vorwurf meist an den allzu menschlichen Motiven des Klienten vorbeigeht.

Unehrlichkeit nicht persönlich nehmen.

Widerstand bei der Lösungssuche

Sie können also nie ausschließen, dass Sie aufgrund verdeckter Fakten von falschen Voraussetzungen in der Lösungssuche ausgehen. Doch ein auffallender und Ihnen unerklärlicher Widerstand gegen gewisse Lösungsvorschläge ermöglicht Ihnen folgendes Feedback:

> *„Ich verstehe Ihre Reaktion nicht. Sie sagen, dass dieser Vorschlag für Sie gar nicht machbar sei. Für die weitere Suche nach geeigneten Lösungsideen wäre für mich wichtig zu erfahren, wo Sie das Hindernis sehen. Vielleicht gibt es da etwas, was hier noch nicht zur Sprache kam."*

Ein anderer Weg, um Verdecktes unterm Teppich hervorzuholen, wird mit folgendem Antrag des Beraters beschritten:

> *„Um Ihnen wirklich brauchbare Lösungsvorschläge machen zu können, müsste ich noch weitere Informationen einholen. Was halten Sie davon, dass ich mit … darüber spreche?"*

Oder bei einer Konfliktintervention:

> *„Um Ihnen wirklich helfen zu können, möchte ich mir gerne auch die andere Seite anhören. Was halten Sie davon?"*

Den Finger ohne Druck auf die Wunde legen

Alle diese Varianten des Berater-Feedbacks legen den Finger auf die Wunde, ohne jedoch Druck auszuüben. Das heißt, selbst wenn der Klient nicht in wünschenswer-ter Weise an der „Anamnese" des Problems mitwirkte (in der Regel mehr zu seinem Schaden als zum Schaden des Beraters/Helfers), muss dies die Zusammenarbeit und die Vertrauensbasis nicht in Frage stellen. Vor autoritären Überreaktionen des Beraters möchte ich warnen. Auch hier lauert wieder – wenn der Beratungsprozess nicht abgebrochen wird – die Delegationsfalle. Der frustrierte Helfer fordert nun unter Androhung des Beratungsabbruchs die lückenlose Offenlegung aller Fakten. Der Klient gehorcht und wird schwerlich noch in der Lage sein, verantwortlich und konstruktiv an der Problem- oder Konfliktlösung mitzuwirken. Um nicht einen weiteren Konflikt, nämlich mit seinem Berater-Helfer, zu riskieren, wird er dessen Lösung

Vorwürfe wegen Unehrlichkeit sind kontraproduktiv.

unkritisch akzeptieren. Und schon hat der Berater den Rucksack um – und er hat es allein sich selbst zuzuschreiben!

Und wenn sich herausstellt, dass das Problem auf offensichtliches Fehlverhalten des Klienten zurückzuführen ist?

Wenn der Klient sein Problem selbst verschuldet hat

Fallbeispiel: Kündigung wegen Diebstahls

> *Einem Mitarbeiter wurde wegen Diebstahls fristlos gekündigt. Man konnte ihm nachweisen, dass er im Lager Werkzeug, Batterien und Büromaterialien hatte mitgehen lassen. Er kommt entrüstet zum Betriebsrat in der Erwartung, dass er die Kündigung rückgängig mache. Den Diebstahl begründet er mit den vielen Überstunden, die er als Mitarbeiter der Instandhaltung leiste und nicht bezahlt bekomme. Bezahlt würden nach Order der Geschäftsleitung nur Überstunden, die ausdrücklich angeordnet werden. Wegen der Viertel- oder halben Stunde, die man oft noch dranhängen müsse, damit die Maschine wieder laufe, könne man doch nicht extra Überstunden beantragen. Auf die Dauer komme dabei allerdings ein hübsches Sümmchen an Zeit zusammen, das man der Firma schenke. Da er dies nicht einsehe, habe er sich eben auf diese Weise schadlos gehalten.*

Der Betriebsrat in einer verzwickten Lage

Wie reagiert der Betriebsrat darauf? Er kennt die offizielle Order und er weiß auch um die informellen Praktiken, „sich schadlos zu halten“, wo der korrekte „Dienstweg“ zu umständlich oder einfach nur unüblich ist. Der bei einer unerwarteten Mitarbeiterkontrolle ertappte Kollege ist also nicht der kriminelle Ausnahmefall, als den ihn jetzt die fristlose Kündigung abstempelt.

Der Kollege fühlt sich moralisch im Recht, obwohl ihm die rechtliche Lage klar ist. Der Betriebsrat befindet sich in einer schwierigen Lage. Stellt er sich ganz auf die Seite des Rechts:

„Tja, Diebstahl ist eben Diebstahl, da beißt die Maus keinen Faden ab."

wird sich der Kollege völlig unverstanden fühlen und sich fragen, ob er nicht an den Falschen geraten sei. Bestätigt der Betriebsrat das Fehlverhalten des Kollegen:

„Udo, das sehe ich genauso und da bist du nicht der Einzige. Die Geschäftsleitung zwingt die Mitarbeiter ja gerade dazu, die Ungerechtigkeit auf solche Weise auszugleichen."

Verständnis auch für Fehlverhalten

spielt er ein riskantes Spiel. Zwar kann der Kollege sich voll verstanden und bestätigt fühlen, aber es ist eher unwahrscheinlich, dass ihn diese quasi-offizielle Rechtfertigung des Diebstahls retten wird. Ja, es ist zu befürchten, dass er sich auf diese Äußerung des Betriebsrats berufen wird, falls es zum Rechtsstreit kommt – welcher Betriebsrat wollte sich diesen Schuh schon anziehen?

Ausweg über die Spiegelung der subjektiven Sicht des Klienten …

Wo liegt der Ausweg aus dieser Zwickmühle? Im Verzicht auf jede (objektive) Bewertung. Gespiegelt werden nur die subjektiven Motive des Klienten:

„Du fühltest dich ungerecht behandelt und hast also keinen anderen Weg gesehen, als dich auf diese Weise für die unbezahlten Überstunden zu entschädigen."

… ohne Wertung

Die Reaktion des Beraters bleibt strikt auf der Ebene des subjektiven Geschehens. Das Gefühl der Ungerechtigkeit wird „gespiegelt", das Handlungsmotiv, das daraus resultiert, verstanden und angenommen – nicht gut geheißen oder gerechtfertigt! Es wird, ohne zu werten, festgestellt, dass es *aus der Sicht des **Klienten*** keinen anderen Weg zur Gerechtigkeit gegeben habe als über die „krumme Tour". Die Frage, ob es nicht doch einen normgerechten Weg gegeben hätte, wird nicht aufgeworfen, also auch nicht darüber entschieden. Die offizielle Norm, in der Diebstahl keinen Platz hat, wird damit nicht in Frage gestellt oder auch nur augenzwinkernd unterlaufen.

Wir sehen:

Die Person annehmen und ihre Motive verstehen ist nicht gleichzusetzen mit Anerkennen und Legitimieren ihrer Handlungen, insbesondere von Fehlverhalten.

Loyalitätskonflikt des Beraters

In einem solchen Konflikt zwischen der Loyalität zu einer allgemein gültigen Norm und der Loyalität zum individuellen Menschen, der aus nachvollziehbaren Gründen gegen die Norm verstoßen hat, hilft nur die strikte Begrenzung auf die subjektive Ebene. Da Wertungen leicht eine falsche Objektivität unterstellt werden kann, muss sich die Reaktion des Beraters auf das verstehende Wiedergeben des Gehörten oder das Feststellen der geschilderten Tatbestände beschränken. Dafür sind die Instrumente des Aktiven Zuhörens und der Zusammenfassung hervorragend geeignet.

Fazit zu Schritt 2:

1. Anfänger im „Beratungsgeschäft“ vermeiden gerne den wesentlichen Schritt, die Situationsschilderung des Klienten mit eigenen Worten wiederzugeben, um das Verstehen von ihm prüfen: bestätigen, korrigieren, ergänzen, zu lassen. Ohne diesen Schritt werden Unklarheiten, Missverständnisse und Lücken nicht sichtbar. Diese Unschärfen und blinden Flecken können sich später im Problemlösungsschritt bitter rächen: in der Sache, aber auch als ernste Störung des gegenseitigen (!) Vertrauensverhältnisses zwischen Berater und Klient.

2. Auch offensichtliches Fehlverhalten darf Verständnis erwarten. Der Berater kompromittiert sich dadurch so wenig wie ein Anwalt, wenn er im Rahmen seiner beruflichen Funktion auch solchen Menschen professionelle Hilfe anbietet, die Schuld auf sich geladen haben. Berater haben allerdings strikt darauf zu achten, dass ihr Verständnis für das (Fehl-)Verhalten von Klienten ***sich auf deren subjektive Befindlichkeit***

und persönlichen Motive beschränkt und sich jeder objektivierenden Wertung enthält!

Phase II: Lösung finden

Schritt 3: Lösungswege aufzeigen, Wünsche mit Realität konfrontieren

> ***Funktion***: Ziele, Lösungsmöglichkeiten, Chancen/Risiken diskutieren.
>
> ***Haltung des Beraters***: Wechsel zwischen empathischer Nähe und sachlicher Distanz.
>
> ***Instrumente der Gesprächsführung***: Fragen, Rückfragen, Transfer von Sachkompetenz, Aufforderung zur Stellungnahme

Welche Zielvorstellungen hat der Klient?

Helfen, die Zielvorstellungen des Klienten zu präzisieren

Welche Lösungen seines Problems stellt sich der Klient vor? Welche Ziele will er damit erreichen? Es ist nicht Aufgabe des Beraters, die Beantwortung dieser Fragen dem Klienten abzunehmen! Aber er kann ihm helfen, seine Ziel- und Lösungsvorstellungen zu präzisieren. Illusorische Vorstellungen nicht abwerten (*„Das können Sie sich gleich abschminken!“*), sondern als Reaktion auf den Problemdruck, unter dem der Klient steht, akzeptieren und gegebenenfalls sehen, ob sich wenigstens ansatzweise etwas davon in ein realistisches Konzept hinüberretten lässt.

Der Beitrag des Beraters zur Lösungsfindung

Realisierbarkeit prüfen

An dieser Stelle wird der Beratungsprozess häufig unterbrochen. Über den Sachverhalt wie über die eigenen Wünsche und Zielvorstellungen des Klienten ist der Berater hinreichend informiert. Von ihm werden nun weitere Vorschläge erwartet bzw. eine Stellungnahme, wie es um die Realisierbarkeit der eigenen Lösungsvorstellungen des Klienten steht.

Informationstransfer durch Rückfragen absichern

Sachkompetenz ist gefragt. Da macht es Sinn, sich zuvor erst auf solide Weise kundig zu machen, Rat und Informationen von dritter Seite einzuholen. Es wird ein neuer Termin vereinbart, an dem dann die Informationen an den Klienten weitergegeben werden.

Der Berater unterbricht selbst immer wieder seinen Vortrag, um sich durch Rückfragen zu vergewissern, dass der Klient versteht und aktiv mitdenkt.

Wunschvorstellungen den realen Handlungsmöglichkeiten annähern

Bei der Abwägung der Aussichten und Risiken der verschiedenen Lösungsansätze ist einerseits die Erfahrung des Beraters gefragt, andererseits sollte er unbedingt den Klienten mit einbeziehen, insbesondere wenn es darum geht, die möglichen Reaktionen seines engeren Umfeldes, des betrieblichen wie des privaten, einzuschätzen. Schätzt er die Chancen und Risiken anders ein als der Berater, sollte dieser die abweichende Sichtweise ernst nehmen und zumindest gleichwertig neben der eigenen gelten lassen. Überzeugungs- und, schlimmer noch, Überredungsversuche (um Befürchtungen zu zerstreuen: „Das schaffst du schon!") führen möglicherweise dazu, dass sich der Klient genötigt sieht, seine Sichtweise zu verteidigen. Ängste, Hoffnungen und Projektionen lassen sich weder mit Sachargumenten noch mit Mut machenden Appellen oder Beschwichtigungen einfach wegdiskutieren.

Abweichende Einschätzungen des Klienten ernst nehmen

Dennoch: Der Berater sollte unbeirrt zu seiner Einschätzung stehen und sie deutlich vertreten. Nur so kann der Klient zu einer Entscheidung finden, die dann auch seine ist! Der Berater disqualifiziert also nicht die Äußerungen des Klienten, sondern *konfrontiert sie mit seinen Informationen zur Sache. Die Schlüsse aus dieser Konfrontation seiner Wunschvorstellungen mit der Realität muss der Klient selber ziehen.*

Den Klienten mit der Realität konfrontieren

Es kann vorkommen, dass der Klient, nachdem ihm der Berater seine Konzepte vorgestellt hat, überraschend eine eigene Idee einbringt, auf die jener selber nicht gekommen ist. Wer dies als Angriff auf seine Sachkompetenz empfindet, könnte den Fehler machen, diese (vielleicht naive oder laienhafte) Idee als unrealistisch abzuqualifizieren. Selbst wenn diese Einschätzung zutreffend wäre, sollte der Berater die Idee des Klienten aufgreifen und ihre Realisierbarkeit überprüfen. Dabei muss er seine Skepsis nicht

Eigene Ideen des Klienten kein Angriff auf die Kompetenz des Beraters!

verleugnen, sollte aber nicht vorschnell den Daumen über den Vorschlag senken:

> *„Auf den ersten Blick habe ich so meine Zweifel, dass wir mit diesem Vorschlag (rechtlich / beim Chef / ...) durchkämen, aber ich will gerne die Lage genauer prüfen."*

Diese Reaktion ist nicht weniger ehrlich und im Urteil dennoch vorsichtiger als:

> *„Nein, das kann ich Ihnen jetzt schon sagen, dass wir mit diesem Vorschlag nicht durchkommen werden."*

Verwirft er aus dem Stand heraus eine Lösungsidee des Klienten, kann dies als Zurückweisung und persönliche Disqualifizierung ankommen. Es dürfte ihn kaum motivieren, weiterhin mitzudenken und sich aktiv in den Problemlösungsprozess einzubringen.

Realitätsfremde Lösungsvorschläge nicht pauschal verwerfen, sondern Folgen aufzeigen.

Unrealistische, gar kontraproduktive Vorschläge des Klienten, die eine völlige Fehleinschätzung der Lage erkennen lassen, nicht disqualifizieren! Sie sind Ausdruck des übermächtigen Gefühls der Ohnmacht, der Verletzung, der Ungerechtigkeit und der darauf antwortenden aggressiven Fantasien und Wünsche. Wie geht der Berater klug damit um? Nicht durch pauschale Abwertung des aggressiven Impulses („Das hilft uns nicht weiter!"; „Damit erreichen Sie gar nichts." ...), sondern indem man sowohl Verständnis zeigt für diese Gefühle, als auch die ungeeigneten Vorschläge des Klienten wörtlich nimmt und ihm die - sicher oder möglicherweise - zu erwartenden konkreten Folgen im Einzelnen vor Augen führt. Das Ziel ist klar: Der Klient soll selber zu einer realistischen Einschätzung seiner Lage und seiner Handlungsoptionen finden.

Transfer von Sachkompetenz

In Schritt 3 hat die Sachkompetenz des Beraters ihren Hauptauftritt. Es geht um den entscheidenden ***Transfer der Sachkompetenz vom Berater zum Klienten***. Die Informationen sind so zu vermitteln, dass sie beim Klienten als Mittel und Werkzeuge ankommen, mit denen er selbst seine Zielvorstellungen den realen Möglichkeiten anpassen und eine angemessene Lösung erarbeiten kann.

Gesprächsführung

Die Haltung des Beraters pendelt ständig zwischen Verstehen und Konfrontieren, Nähe und Distanz. Aktives Zuhören und Spiegeln unterstützen jede Bewegung des Klienten in Richtung Realitätssinn. Der Informationsinput wird nicht als Riesenbrocken dem Klienten vor die Füße gelegt, sondern „portioniert" durch Nachfragen, die das Verstehen absichern. Wenn der Berater mehrere Vorschläge anzubieten hat, empfiehlt es sich, sie auf ein Blatt Papier zu notieren, damit der Ratsuchende sich bei der Entscheidung leichter orientieren kann.

Gesprächsführung zwischen Verstehen (Nähe) und Konfrontieren (Distanz)

Wenn wir vorher von der Ablehnung eines Klientenvorschlags durch den Berater sprachen, so gibt es häufiger den umgekehrten Fall: Er stellt dem Ratsuchenden seine Lösungsvorschläge vor und erntet jedes Mal ein ablehnendes Kopfschütteln oder Sätze wie: *„Das geht nicht!"; „Nee, das kommt für mich überhaupt nicht in Frage!"; „Das kann man von mir nicht verlangen."* Doch er lässt sich davon nicht beirren. Er bittet den Klienten, zuerst alle Vorschläge in Ruhe anzuhören und erst danach dazu Stellung zu nehmen (oder: gemeinsam zu prüfen, was sich für ihn eignet und was ihm weniger zusagt).

Die Gesprächssteuerung ist überwiegend direktiv. Die bewusste Distanzhaltung des Beraters *(„Ich biete dir mein Wissen und meine Erfahrung an, du entscheidest.")* verringert die Gefahr, dass der Berater die „richtige" Entscheidung gleich mitliefert.

Schritt 4: Entscheidungsfindung unterstützen

> ***Funktion:*** Entscheidungshilfe.
>
> ***Haltung des Beraters:*** Distanzierung, Nähe als emotionale Stütze.
>
> ***Instrumente der Gesprächsführung:*** Sachinformationen liefern, geduldig Zeit lassen (und schweigen können), Spiegeln, Nachfragen.

Entscheidungen Zeit lassen

Entscheidungshilfe heißt, dem inneren Entscheidungsprozess Raum schaffen

Sich entscheiden braucht Zeit, vor allem, wenn es um Entscheidungen geht, die einschneidende Konsequenzen mit sich bringen, die also aus der gegenwärtigen Sicht des Klienten mit Nachteilen verbunden sind (z. B. Versetzung an einen anderen Arbeitsplatz oder in eine andere Abteilung, Rückstufung im Lohn). Es ist sinnvoll, das Beratungsgespräch hier, gegebenenfalls zum zweiten Mal, abzubrechen, damit der Klient sich mit seinen Angehörigen besprechen kann, oder sei es auch nur, weil es immer gut ist, vor wichtigen Entscheidungen eine Nacht darüber zu schlafen.[28]

Entscheidungshilfe ersetzt nicht die Eigenverantwortung des Klienten.

Die Entscheidung, welchen Weg er einschlagen will, ist vom Klienten selber zu treffen! Falsch verstandene Entscheidungshilfe verwischt die Verantwortlichkeiten zwischen ihm und dem Berater. Ob der von der technischen und arbeitsorganisatorischen Umstrukturierung seiner Abteilung überforderte ältere Arbeitnehmer lieber eine Versetzung in Kauf nimmt oder über eine zusätzliche Schulung versucht, die neuen Anforderungen doch noch zu schaffen, setzt zunächst einen ganz persönlichen Akt der Wahl voraus, deren Konsequenzen er letztlich allein tragen muss. Also muss er sich auch der Eigenverantwortung für diesen Schritt bewusst werden.

Der Helfer kann hier allenfalls noch unterstützend zur Seite stehen, etwa mit dem Angebot: *„Ist Ihnen noch etwas unklar?“; „Brauchen Sie noch weitere Informationen oder ein klärendes Gespräch mit Ihrem Vorgesetzten?“* Die distanzhaltige Sachkompetenz wird auch in diesem Schritt immer wieder gefragt sein. Das „Näheangebot“ jedoch bleibt, um den Klienten in der Phase der Entscheidungsunsicherheit nicht alleine zu lassen.

---

[28] Diese Verlangsamung von Entscheidungen ist insbesondere im Betrieblichen Eingliederungsmanagement vonnöten. Die Gefahr ist groß, dass sich in BEM-Teamsitzungen ein Entscheidungsdruck aufbaut, dem der BEM-Berechtigte ohne schützende Unterstützung durch seinen Fallbegleiter kaum widerstehen könnte.

Je bewusster der Berater dem Klienten macht, dass ***er diesen Schritt alleine tun muss – ohne alleingelassen zu sein!*** –, desto eher wird er sich nachher mit diesem Entschluss identifizieren können und auch die unvermeidbaren „Nebenwirkungen“ in Kauf nehmen. Und noch einmal: Ungeduld ist hier fehl am Platz!

> **Gib ihm Trümpfe in die Hand, erkläre die Spielregel, aber spielen muss er selber!**

Distanz in der Sache – Nähe zur Person

Die Haltung des Beraters in diesem Schritt ist bestimmt durch ***klare Distanz zur Sache*** und emotionale ***Nähe zur Person***. Die Gefahr ist, dass die empathische Nähe den Berater verführt, den mühsamen Entscheidungsprozess abzukürzen *(„Ich muss ihm doch helfen!“)*. Er gibt den (unterschwelligen) Appellen des Klienten: *„Entscheide du doch für mich; du weißt doch besser, was für mich gut ist!“*, nach und drängt ihm die Lösung auf, die er für die beste hält.

„Ich an Ihrer Stelle würde...“

Wer hat nicht schon einen guten Rat eingeleitet mit den Worten: *„Ich an Ihrer Stelle würde ...“*. Solche Ratschläge können leicht danebengehen. Sie basieren auf der ungeprüften Annahme, dass meine Lösung sich auf andere Situationen und Personen übertragen lässt, oder auf der Illusion, dass ich den anderen Menschen so gut einschätzen kann, um genau zu wissen, was für ihn das Richtige ist. Besser ist es, mit viel Geduld und Empathie den Mut des Klienten zur eigenständigen Entscheidung zu stärken. Gerade in dieser für den Klienten besonders kritischen Phase im oberen Teil der Trichterröhre, die er – um im Bild des Trichters zu bleiben (s. *Abb. 11*, S. 111) – als beengend erleben kann, benötigt er den Berater als Begleiter, nicht als Antreiber an seiner Seite. Wenn sich dann der Klient zu der Lösung durchgerungen hat, die auch der Berater für die beste hält, umso besser. Der Berater kann ihn dann mit gutem Gefühl zu seiner Entscheidung beglückwünschen.

Gesprächsführung

Auszeit für die Entscheidung?

Diesen vierten Schritt wird der Berater mit der Frage einleiten, ob der Klient sich für die Entscheidung eine „Auszeit" nehmen oder sie gleich hier treffen will. Wird das Gespräch ohne Unterbrechung fortgesetzt, darf der Klient nicht das Gefühl haben, unter Zeitdruck entscheiden zu müssen. Gespräch bedeutet nicht, dass immer gesprochen werden muss. Wer Geduld hat, wird auch zeitweise schweigen können. Allenfalls kann der Berater gelegentlich die Gefühle spiegeln, die der Entscheidungsprozess auslöst, um durch Signale der Nähe und des Begleitens Gefühle der Unsicherheit und des Alleingelassenseins zu mildern. Außerdem steht er weiterhin für Sachfragen zur Verfügung, auch für solche, die er schon längst geklärt glaubte (sich die Bemerkung verkneifend: *„Das habe ich Ihnen doch schon mal erklärt."*). Hinter diesem Nachfragen des Klienten auf der Sachebene kann sich ebenso gut sein Bedürfnis auf der Beziehungsebene nach Kontakt, Unterstützung, Sicherheit artikulieren wie ein Informationsmangel.[29]

Signale der Nähe und geduldiger Begleitung, offen für Sachfragen

Die Schritte 3 und 4 bilden die Phase der ***Lösungsfindung***. Der Trichter verengt sich auf die Entscheidungsfrage, welcher der möglichen Wege gegangen werden soll. Die Vorteile und Nachteile sind dem Klienten bekannt, die anderen Lösungsansätze, soweit sie sich nicht gegenseitig ausschließen, bleiben als Optionen zweiter Wahl in der Hinterhand. In den beiden Schritten der Phase III geht es nun darum, die Lösungsentscheidung in einen ***konkreten Aktionsplan*** umzusetzen.

[29] Zum differenzierten Einsatz des Instruments der Aufforderung zur Stellungnahme und Wahlentscheidung siehe außerdem Kap. 4, S. 94 f.

Phase III: Aktion planen

Schritt 5: Erwartungen klären

> *Funktion:* Aufgabenverteilung vorbereiten, Hilfe zur Selbsthilfe, „Delegation“ überprüfen.
>
> *Haltung des Beraters:* Distanzierung; Rollenwechsel Berater – Arbeitnehmervertreter / Vorgesetzter.
>
> *Instrumente der Gesprächsführung:* Fragen, Aktives Zuhören, Aufforderung zur Stellungnahme.

Rollenwechsel: Auf der Schwelle vom Berater zum Interessenvertreter

Was erwartet der Klient vom Interessenvertreter?

Wir bewegen uns auf den Ausgang des Trichters zu. Nun wird es Zeit, die Frage zu stellen, was der ratsuchende Kollege vom Berater in seiner ***zweiten Funktion als Interessenvertreter***[30] erwarte. An dieser Stelle sollte man diese Frage auch dann stellen, wenn diesbezügliche Erwartungen schon gleich zu Beginn des Gesprächs signalisiert wurden.[31] Es ist nämlich nicht unwahrscheinlich, dass sich im Laufe des Gesprächs, in dem ja bereits an der Problemanalyse (Phase I) gearbeitet wurde, die Erwartungen verändert haben.

> **Goldene Regel:**
> **Der Berater tut nichts,**
> **was der Klient selber tun kann.**

Berater entscheidet, welche Erwartungen er annimmt.

Erwartungen klären heißt auch: erneut Grenze ziehen zwischen Klient und Berater. Der Berater muss für sich entscheiden, ob er sich die Erwartungen des Klienten zu Eigen machen will oder nicht. Wenn er sie zurückweist, etwa weil sie seine Handlungskompetenz als Betriebsrat übersteigen oder weil er der Meinung ist, dass dies oder jenes gemäß der *Goldenen Regel* (s. oben) vom Klienten selbst erledigt werden

---

[30] Zur Doppelrolle als Berater und Interessenvertreter („Macher“) siehe Kap. 1, S. 17 ff.

[31] Solche zu früh geäußerten Erwartungen sollten nicht „bedient“ werden, um nicht Entscheidungen vorwegzunehmen und damit wieder in die „Delegationsfalle“ (s. Kap. 2, S. 25 ff) zu tappen. Stattdessen ist der Blick auf die inhaltliche Seite des Beratungsgegenstandes zu lenken.

Zurückweisung begründen

kann, ist die Zurückweisung zu begründen. Hier lauert also noch einmal – zum letzten Mal – die Gefahr der Delegation und der damit verbundenen Bevormundung. Dadurch, dass die Erwartungen in einem eigenen Arbeitsschritt thematisiert werden, wird diese Gefahr gebannt. Die Distanzierung des Beraters an der Schwelle zur Rolle des Interessenvertreters wird dann nicht missverstanden werden, wenn der Klient schon im Schritt 4, als es um die Entscheidung ging, den Berater zurückhaltend erlebt hat.

Gesprächsführung

Nein sagen können

Erwartungen klären setzt voraus, dass ***der Berater auch nein sagen kann***. Verweigerung wie Annahme sind sachlich zu begründen. *„Das kannst du auch selber machen!“* als einziges Argument für die Zurückweisung einer Delegation ist ein wenig dürftig. Die Begründung sollte ein motivierendes Element enthalten:

> *„Wenn ich das für dich mache, könnte dein Chef den Eindruck bekommen, dass dir die Sache doch nicht so wichtig ist, und sie wieder auf die lange Bank schieben.“*

Bei Widerstand Kompromisslösung anstreben

Durch Aktives Zuhören können die Argumente des Ratsuchenden noch einmal auf ihre Stichhaltigkeit überprüft werden. Dort, wo die Widerstände beim Klienten massiv werden, ist eine Kompromisslösung der reinen Delegation vorzuziehen. Die Nähe, die jetzt der Klient braucht, um nicht den Mut zu verlieren, kann durch Spiegeln der geäußerten Ängste hergestellt werden.

Drei Beispiele:

Drei Fallbeispiele: Umgang mit Delegation

(1) Klient (MA): *Nee, mit dem rede ich nicht. Der macht mich ja doch nur wieder fertig.*

Berater (BR): *Okay, ich kann verstehen, dass du dich der Art von Herrn … nicht gewachsen fühlst. Dennoch wirst du nicht weiterkommen, bevor diese Geschichte nicht geklärt ist. Würdest du dir denn das Gespräch eher zutrauen, wenn ich mit dabei wäre?*

(2) Klientin (MAin): *Das kann ich nicht. Da weiß ich jetzt schon, dass ich wieder losheule, und dann ist für mich alles schlimmer als vorher.*

Berater (BR): *Wenn die Tränen kommen, fühlst du dich vor ihm erniedrigt, nicht wahr? – Dennoch solltest du vor diesem wichtigen Schritt nicht kapitulieren. Was würde dir denn helfen, nicht so leicht die Nerven zu verlieren?*

(3) Klient: *Dann kann ich das vergessen. Wenn ich diese Bewerbung schreibe, bekomme ich die Stelle nie. Schreiben ist nicht meine Stärke.*

Berater: *Du fürchtest, dass am Bewerbungsschreiben alles scheitern könnte. Ich kann dir das aber nicht abnehmen. Wäre dir geholfen, wenn du zunächst den Brief entwirfst und wir ihn dann gemeinsam überarbeiten?*

Methodischer Umgang mit Widerständen

Das methodische Schema, nach dem die Beraterantwort in den drei Beispielen „konstruiert" ist, ist dreigliedrig:

a) Spiegeln des Widerstandes

b) Begründung der Notwendigkeit der Aktion und Zurückweisung des (unterschwelligen) Appells zur Übernahme (Delegation)

c) Suche nach einer Lösung bzw. einem Kompromissangebot.

Eine flexible Balance zwischen Distanz und Nähe sowie die enge, zielorientierte Verknüpfung von Fordern und Fördern stellen die psychologische und sachliche Grundlage des Beratungsprinzips „Hilfe zur Selbsthilfe" dar.

Dem Beratungsprinzip „Hilfe zur Selbsthilfe" liegt die enge Verknüpfung von (fordernder) Distanz und (fördernder) Nähe zugrunde.

Und wenn der Widerstand gegen den eigenen Anteil des Klienten an den erforderlichen Aktionen so groß ist, dass er sich auf keinerlei Kompromisse einlässt?

Unerwartete Widerstände, Ausflüchte ...

Plötzlicher Widerstand gegen die praktische Umsetzung

Gar nicht seltene Situation in Beratungen: Der Klient geht, wie es scheint, gut mit durch alle Schritte der Beratungsphasen I und II. In der Phase III, wenn es „nur“ noch um die praktischen Details der Umsetzung geht, treten unerwartete Widerstände und scheinbar unüberwindliche Hindernisse auf. Der Berater sieht sich mit Argumenten konfrontiert, die den Charakter von Ausflüchten haben. Verständlicherweise sind viele Berater, die schon das Ziel zum Greifen nahe sahen, von solchen Wendungen frustriert und beginnen, „ihre“ Konzeption der Problemlösung zu verteidigen, indem sie sich bemühen, die Argumente des Klienten zu widerlegen oder zu entkräften.

Spätestens jetzt müssten im Kopf des Beraters alle Alarmglocken schrillen. Achtet er nicht darauf, wird er wahrscheinlich kurz vor dem Ziel die Beratung frustriert abbrechen:

> *„Dann kann ich Ihnen leider auch nicht helfen.“*

Oder, im Gegenteil, er reißt, damit nicht alles umsonst gewesen ist, die Verantwortung für das Gelingen ganz an sich:

> *„Na gut, dann mach’ ich das halt für Sie. Wir müssen das hinkriegen.“*

Berater in der Delegationsfalle

Er packt sich, bildlich gesprochen, den Klienten samt Rucksack auf die Schultern und trägt ihn durchs Ziel. So landet er zu guter Letzt doch noch mit beiden Füßen in der Delegationsfalle.

Was hat der Berater falsch gemacht?

... als Folgen früherer Fehler im Beratungsprozess

Wahrscheinlich hat er in einem der vorigen Schritte das Gespräch zu direktiv geführt. Selbst das nachfragende Einholen des Einverständnisses hat den Klienten nicht ermutigt, das Unbehagen zu artikulieren – meist aus Angst, dadurch die Akzeptanz des Beraters zu gefährden. Dieses Unbehagen verdichtet sich dann erst in Schritt 5 oder 6 zum Widerstand. Um im Bild des Trichters zu bleiben: Der Klient ist an der Verengung des Trichters zur Röhre stecken geblieben, während der Berater, ohne es zu merken, den Weg allein fortgesetzt hat.

Pause einlegen, wenn die Beratung an einen kritischen Punkt kommt

Vorwürfe aus Enttäuschung und Frustration (*„Sie haben doch vorher meinem Vorschlag zugestimmt, warum sehen Sie jetzt plötzlich ein Problem?“*) gefährden den Beratungsprozess und können die ganze Vertrauensarbeit zunichtemachen. In einer solchen Situation hilft eine kleine Pause (etwas trinken, über etwas anderes plaudern), damit der Konflikt nicht eskaliert. Eine Pause ist besser als der Abbruch und das Vertagen des Gesprächs. Beides könnte als Bestrafung (miss)verstanden werden werden und, im Gegenzug, zur Disqualifizierung und Ablehnung des Beraters führen.

Wie kommt man aus solch verfahrener Situation heraus?

Zurück zu Schritt 2: Problemdefinition

Man muss den Prozess bis zu dem Punkt zurückspulen, an dem der Klient „ausgestiegen“ ist. Nicht selten bis zu Schritt 2, wenn bereits die Problemdefinition zu direktiv vorgegeben wurde und der Klient nur deswegen damit einverstanden war, weil er der Logik und Autorität der Beratersicht nichts entgegenzusetzen wusste. Ein frühes Missbehagen hat er verdrängt. Es äußert sich nun einige Prozessschritte weiter als Widerstand gegen die praktische Umsetzung der Lösungsstrategie. Der Berater rettet die Situation, indem er wieder auf die nicht-direktive Gesprächsführung umschaltet mit aktivem, empathischem Zuhören und vorbehaltloser Bereitschaft, den Klienten so zu akzeptieren, wie er ist. So kann er den missachteten Gefühlen, die sich im späten Widerstand oder Rückzug artikulieren, jetzt Raum geben. Die Frage in dieser Situation lautet nicht: *„Was haben Sie dagegen?“* oder *„Warum können/wollen Sie jetzt nicht, dass wir (ich/Sie) wie besprochen vorgehe(n)?“*, sondern:

> *„Ich merke, dass das, was wir eben als Lösungsweg erarbeitet haben / was ich Ihnen vorgeschlagen habe, für Sie doch nicht so richtig passend ist. Was ging Ihnen eben (an Gedanken und Gefühlen) durch den Kopf, als wir über diesen Aktionsschritt gesprochen haben? Ich frage Sie das, weil wir rausfinden müssen, was wir auf unserem gemeinsamen Weg von der Schilderung des Problems zur Lösung übersehen haben. Vielleicht kommen wir danach auf eine andere Lösung, die Sie besser mittragen können.“*

Strukturierte Gesprächsführung hilft, Schwachstellen zu finden.

Es ist also durchaus damit zu rechnen, dass der Beratungsprozess nicht „glatt durchläuft“ durch den Trichter, sondern dass auf frühere Schritte zurückgegangen werden muss – umso eher, wenn das Problem komplex ist oder die Problemlösung dem Klienten einige Belastungen zumutet. Je ernster jedoch die Schritte 1 und 2 (Aufnahme und Problemdefinition) genommen, d. h. Empathie, Zeit und Geduld darein investiert werden, desto geringer ist die Gefahr, dass in späteren Schritten der Berater den Klienten „verliert“. Und je strukturierter der Beratungsprozess gemäß dem 6-Schritte-Modell (s. oben S. 110) geführt wurde, desto leichter ist auch das schwache Glied in der Kette zu finden, das unter Belastung zum Zerreißen geführt hat.

Schritt 6: Umsetzung planen

Funktion: Aktionsplan, Aufgabenverteilung, Zeitplan.

Haltung des Beraters: Distanzierung.

Gesprächsführung: eher direktiv.

Schritt 6 ist eng mit Schritt 5 verbunden. Zwischen den Gesprächspartnern ist nun klar, was geht und was nicht geht, denn jeder hat die Möglichkeiten und die Grenzen des Partners, sich persönlich in der praktischen Umsetzung des Lösungskonzepts zu investieren, kennen gelernt.

Aufgabenverteilung, Zeitplan

Was in diesem Arbeitsschritt zu tun bleibt, ist, eine detaillierte Liste all der Einzelaktionen mit Zeitplan zu erstellen und die Aufgaben zuzuteilen: Wer was bis wann alleine erledigt, welche Gespräche zu zweit zu führen sind, wer noch zu welchem Gespräch hinzuzuziehen ist, wann man sich gegenseitig über die Ergebnisse der Einzelschritte informiert usw.

Schritt 7: Abschluss der Beratung – Feedback und Ausblick

Berater holt sich Feedback des Klienten.

Der Abschluss des Gesprächs bzw. des Beratungsprozesses kann persönliche Feedbacks enthalten, wie man den Verlauf des Gesprächsprozesses erlebt hat. Die Initiative dazu wird vom Berater ausgehen, der sich damit eine Rückmeldung von seinem Gesprächspartner holt. Eine Rückmeldung an den Klienten sollte der Berater dagegen nur geben, wenn dieser ihn im Gegenzug darum bittet. Als Abschluss eignet sich auch die Frage:

> *„Wie gehen Sie nun aus der Beratung heraus, wenn Sie daran denken, was jetzt auf Sie zukommt?"*

Eine solche Frage darf aber nicht eine neue Gesprächsrunde einläuten. Der Berater spiegelt allenfalls noch die geäußerten Gefühle, ohne sie zu kommentieren oder sich mit ihnen auseinanderzusetzen.

Erstreckt sich die Beratung auf mehrere Gespräche, so können selbstverständlich auch am Ende eines jeden Treffens kurze Feedbacks ausgetauscht werden.

Nachbereitung

Gesprächsprotokoll und persönliche Auswertung

Wer in seinem Beruf tagtäglich Gespräche führt, hat es sich längst angewöhnt, Gesprächsnotizen oder Aktenvermerke zu machen, um jederzeit über den Stand der Dinge im Bilde zu sein. Nach Beratungsgesprächen sollte man ebenso verfahren und

- ein kurzes Gesprächsprotokoll anfertigen, Gesprächsnotizen beifügen,[32]
- die Informationen auswerten,
- das weitere Vorgehen überlegen.

Wem darüber hinaus am eigenen Lernprozess als Berater gelegen ist, kann in die Nachbereitung noch eine kritische Reflexion seiner Gesprächsführung hineinnehmen. Diese Reflexion wird sich etwa mit folgenden Fragen auseinandersetzen:

- Wie ging nach meinem Eindruck der Klient aus diesem Gespräch?
- Welche Punkte/Schritte sind mir gut gelungen, womit habe ich mich schwergetan?
- Habe ich mehr Verantwortung übernommen als nötig? (Hilfe zur Selbsthilfe)
- Wo befindet sich das Problem (der „Rucksack", s. S. 27) jetzt? Beim Klienten oder bei mir?
- Wo war ich unnötig direktiv?
- Worauf will ich beim nächsten Gespräch besonders achten?

Diese **Notizen zum Beratungsprozess** sind dann bereits erste Materialien für die methodische Vorbereitung auf das nächste Gespräch.

---

[32] Dabei ist streng auf den Datenschutz zu achten. Alle Gesprächsprotokolle und -notizen, ob auf Papier oder digital, sind verschlossen zu verwahren und nur dem Berater zugänglich.

7. Die Not des Klienten und das Bedürfnis des Beraters, sich zu schützen

Wie schütze ich mich vor der Not und den Emotionen des Klienten?

„Was mir der Klient erzählt hat und wie er es erzählt hat, geht mir noch bis heute nach.“; „Ich nehme die Probleme anderer Leute mit nach Hause.“; „Ich kann nicht für andere krank sein!“; „Was mache ich, wenn mein Gegenüber zu weinen beginnt?“; „Ich will/darf mich nicht in seinen Jammer hineinziehen lassen.“; „Ich kann nicht helfen, wenn ich mich von den Gefühlen des Klienten anstecken lasse.“; „Ich muss mir die Gefühle des Klienten vom Leib halten.“

Umgang mit den Gefühlen des Klienten

Umgang mit mir in der Konfrontation mit seinen Problemen

Solche und ähnliche Sätze sind in jeder Schulung und Supervision von Laienberatern zu hören. In der Tat, viele Berater treibt die Frage um: Wie gehe ich mit den Emotionen des Klienten in der richtigen Weise um? Und weiter: Wie gehe ich mit mir um, wenn der Klient mich mit seiner Problemsituation und seinen damit verbundenen Gefühlen konfrontiert? Alle diese Fragen und Selbsterfahrungen lassen sich auf die zentrale Frage zuspitzen: Wie soll es gelingen, mich auf den Klienten vorbehaltlos und empathisch einzulassen und mich gleichzeitig vor dem belastenden Einfluss auf meine Psyche zu schützen?

Beratung unter erhöhter Ansteckungsgefahr

Tu was für dich!

Psychohygiene: Entspannung, Bewegung, Meditation, kollegiale Beratung

Diesen fundamentalen Widerspruch in der Rolle des Beraters will ich nicht angehen, ohne zunächst auf die Instrumente der Psychohygiene zu verweisen, die der Berater außerhalb des Beratungsgeschehens in Anspruch nehmen kann. Sie reichen von Entspannungsübungen, Sport und überhaupt Bewegung, Meditation, Qi Gong, Tai Chi, Yoga, Autogenem Training, um nur einige zu nennen, bis hin zu Methoden professioneller Erfahrungs- und Selbstreflexion, wie man sie in kollegialer Beratung (auch Intervision und Peer Group Coaching genannt) und in Supervision erhält. Die „Beratung für Berater und Begleiter" in regelmäßiger kollegialer Beratung und Supervision wird immer mehr zum Professionalitätsstandard für Berufe, die mit hilfsbedürftigen Menschen zu tun haben: Sozialarbeiter, Erzieher, Ärzte (Balint-Gruppen), Seelsorger, Telefonseelsorger, Therapeuten, Sozialdienste, Hospizbegleiter usw. Auch in Betrieben, in Verwaltung und Wirtschaft, erkennt man mehr und mehr den Nutzen dieser Instrumente.

Balance durch Wechsel von Nähe und Distanz im Beratungsprozess

Der Wechsel von Nähe und Distanz ist in der Struktur des Beratungsprozesses angelegt.

Nicht als Alternative zu diesen klassischen und be-währten Methoden der Psychohygiene und der professionellen Verarbeitung von belastenden Erfahrungen, sondern als Ergänzung möchte ich auf einen weiteren Ansatz hinweisen. Er ist geeignet, diese Spannung von Nähe und Distanz nicht durch externe Methoden der Entspannung und Psychohygiene aufzulösen, sondern durch den Wechsel von Nähe- und Distanzschritten. Solche Wechsel sind ein wesentliches Merkmal der Struktur des Beratungsprozesses. Er lebt gewissermaßen von diesen Wechseln. Und bietet folglich beiden, Klient wie Berater, die Chance der Balance zwischen Nähe und Distanz (siehe Kap. 3, S. 35 f). Der Klient benötigt diese Wechsel, um seine Befangenheit zu überwinden. Erst so gewinnt er den Überblick über sein Problem und ein realistisches und differenziertes Verhältnis zu ihm. Und schließlich soll er sich entschlossen auf den Weg machen können in Richtung Veränderung seiner Situation.

Der Beratungsprozess verlangt dem Berater ab, dass er dem Klienten den schwierigen Schritt aus der emotionalen Verstrickung in sein Problem erleichtert, indem er die Problemschilderung dem Klienten, nach Problemaspekten sortiert, wiedergibt und ihn zur Überprüfung, Korrektur und ggf. Ergänzung auffordert. Damit nimmt er ihn mit auf jenen „Feldherrnhügel", von dem aus sich ein erster Überblick auf die Sachlage gewinnen lässt – von der „Niederung" der subjektiven Problemerfahrung auf die „Höhe" der Klärung des Problems. Diesem ersten Wechsel aus der Nähe- in die Distanz-Haltung werden im Zuge des Beratungsprozesses weitere folgen. Aufgrund der Prozessverantwortung liegt die Initiative für diese Wechsel beim Berater.

Den Klienten auf den „Feldherrnhügel" mitnehmen, um Überblick über seine Lage zu bekommen.

Sein Problem des Selbstschutzes löst sich im Zuge dieser methodischen Wechsel zwischen Nähe- und Distanzphasen. So kann die Diskrepanz zwischen dem emotional befangenen Klienten und dem rational distanzierten Berater nicht auftreten. Beide agieren *gemeinsam* in der Haltung der emotionalen Nähe, wenn Nähe angesagt ist, und *beide* wechseln in die Distanz-Haltung, wenn Klärung und Entscheidungen angesagt sind.

Befindet sich der Klient im „Tal der Tränen", muss der Berater ihn dort aufsuchen, ihn durch dieses Tal begleiten, am besten „Arm in Arm" und im „Schulterschluss", um ihn herausführen zu können und hinauf auf besagten „Feldherrnhügel" mit Weitsicht. Soll der Klient befähigt werden, diesen Aufstieg zu meistern, braucht er einen geduldigen und umsichtigen Bergführer, der jederzeit spürt, was er dem Geführten zumuten kann und was nicht.

Prinzip der „begleitenden Führung"

Für den Berater ist dieser „Aufstieg" genauso befreiend wie für den Klienten. Er verliert die Angst vor der emotionalen Befangenheit des Klienten, weil ihm die doppelte Funktion des Beraters klar ist: begleiten *und* führen – Nähe *und* Distanz – begleitend führen.

Die Wechsel des Beziehungsmodus im Beratungsprozess

Die nachfolgende schematische Darstellung des Beratungsprozesses, wie wir ihn bereits vom Bild des „Beratungstrichters" her kennen, ist nun um die Kategorie des Beziehungsmodus erweitert. In diese Spalte sind die jeweils vorherrschenden Haltungen des Beraters zum Klienten eingetragen. Nähe- und Distanz-Haltungen wechseln von Schritt zu Schritt im Prozessschema, können aber auch innerhalb eines Prozessschrittes wechseln (s. in der nachfolgenden Tabelle die Schritte 2 und 5). Das Schema ist nicht als starres Schema zu verstehen, vielmehr als Ermutigung des Beraters, sich diesen Wechseln der Haltung zum Klienten ganz flexibel und spontan hinzugeben, wie sie sich aus den Wechseln seiner Funktion und Gesprächsführung ergeben.

Der Beratungsprozess unter dem Aspekt des Wechsels von Nähe und Distanz, Person- und Sachorientierung

Struktur	Funktion	Gesprächsführung	*Beziehungs-modus*
1. Schritt	**Gespräch eröffnen, Problem aufnehmen** Der Problemschilderung des Klienten breiten Raum schenken	Aktives Zuhören Spiegeln	***Nähe***
2. Schritt	**Problem definieren** sortieren – sichten – klären Problemdefinition gemeinsam erarbeiten	Zusammenfassen Problem definieren Klient beteiligen	***Distanz*** ***Nähe***
3. Schritt	**Lösungsideen sammeln** **Wünsche mit Realität konfrontieren** Ziele und Handlungsmöglichkeiten klären Chancen/Risiken abschätzen	Gemeinsames „Brainstorming" Informationstransfer Lösungen ausarbeiten, bewerten	***Nähe*** ***Distanz***
4. Schritt	**Lösungsweg wählen lassen** Entscheidungshilfe	Geduld; nachfragen Bedenken ernst nehmen Fragen klären	***Nähe*** ***Distanz***
5. Schritt	**Erwartungen klären** Was erwartet der Klient vom Berater? Was kann der Klient selber tun? (Hilfe zur Selbsthilfe)	Beteiligung des Klienten einfordern Widerstände, Ängste ernst nehmen	***Distanz*** ***Nähe***
6. Schritt	**Umsetzung planen** Aufgabenverteilung festlegen, Zeitplanung	Aufgaben definieren, verteilen planen, vereinbaren	***Distanz***

Damit „erlöst“ sich der Berater von der Sorge, selber von Gefühlen „überschwemmt“ zu werden und aus dem Affekt heraus zu handeln. Er kann emotional authentisch bleiben, weil er weiß, dass das Instrumentarium der Gesprächsführung, insbesondere das Aktive Zuhören, Spiegeln, Zusammenfassen, Nach- und Weiterfragen, ihm nicht nur hilft, zur eigenen Betroffenheit zu stehen, sondern auch für die nötige Distanz sorgt, um die Beratung in ein kluges, zielorientiertes Handeln zu überführen.

Mit Methode aus empathischer Betroffenheit zu zielorientierter Aktivität

8. Wenn sich Kollegen und Mitarbeiter beschweren

Beschwerden im betrieblichen Alltag

Ein Mitarbeiter beschwert sich beim Betriebsrat wegen einer Abmahnung, die er für ungerechtfertigt halte. Ein anderer, weil sein Abteilungsleiter ihm kurzfristig den Urlaub gestrichen habe. Ein dritter über seinen Vorgesetzten. Er fühle sich von ihm als Ausländer diskriminiert und wolle sich das nicht mehr gefallen lassen. Ein vierter beschwert sich bei seinem Vorgesetzten über einen Kollegen, von dem er sich „gemobbt“ fühle.

Spitze vom Eisberg darunter liegender Konflikte

Solche Fälle und alle ihre unzähligen Varianten repräsentieren das Gros der Beschwerden im betrieblichen Alltag. So leicht sich die Themen, um die es in den Beschwerden geht, begrifflich fassen und rechtlich bewerten lassen, meist sind sie nur aktueller Ausdruck eines darunter liegenden Konfliktgeschehens, das ganz andere Ursachen haben kann, die Spitze eines Eisbergs. Fragt sich nur: Woran erkenne ich, dass es sich bei einer Beschwerde um eine solche Eisbergspitze handelt? Und wie kann es gelingen, dass ich nicht nur die Spitze des Eisbergs zu fassen kriege, sondern auch Zugang finde zu den darunter liegenden Problemen und Konflikten?

Das Trio Täter – Opfer – Retter und die Ereigniskette

Täter-Opfer-Schema

Beschwerden dieser Art sind nach dem Muster der Täter-Opfer-Konstellation gestrickt. Klar, dass, wer sich beschwert, sich in der Opferrolle sieht. Und den Beschuldigten in der Täterrolle. Der beklagte Tatbestand sei ja der Nachweis dafür. Er setzt den Täter ins Unrecht und legitimiert gleichzeitig den Anspruch des Opfers auf Rehabilitation und, wenn möglich, auf Sanktion des Täters. Dazu bedarf es einer zuständigen „rettenden Instanz“, die genügend Macht hat, diesen Anspruch zu erfüllen und gleichzeitig den Konflikt zugunsten des Opfers zu lösen. Dieses Szenario benötigt also mindestens vier Faktoren: einen ***Täter***, ein ***Opfer***, ein oder mehrere Fakten des ***Ereignisses***, das den Täter-Opfer-Konflikt belegt,

4 Faktoren: Täterrolle, Opferrolle, Ereignis, Retterrolle

und einen ***Retter***, den „Unparteiischen Dritten“, der die Beschwerde annimmt, den Konflikt löst und den Täter bestraft. Diese Struktur kann erweitert werden, wenn die beschwerdeannehmende Instanz den Fall nicht selbst lösen kann und eine weitere Instanz, z. B. einen Anwalt, das Gericht, eine innerbetriebliche Schiedsstelle, die höhere Leitungsebene im Betrieb usw., einschalten muss.[33] Der Fall „wird eskaliert“.

Fallbearbeitung durch „Eskalation“

Die Rollenzuschreibungen in solchen Konfliktszenarien sind offensichtlich höchst subjektiv und wohl kaum konsensfähig. Das heißt, wer sich von seinem Konfliktgegner in die Rolle des Täters versetzt sieht, wird dieser Zuschreibung nicht nur aufs Entschiedenste widersprechen, sondern, wenn irgend möglich, die Rollen genau andersherum zuweisen: Für ihn erscheint der Beschwerdeführer in der Täterrolle und er selbst sieht sich als Opfer. Wir werden anhand eines Fallbeispiels diesen Widerspruch in den individuellen Wahrnehmungen des Konflikts nachvollziehen können.

Subjektive Rollenzuschreibungen

Uns interessieren hier nicht die Fragen, wie eine Beschwerde formell aufzunehmen ist und wann welche weiteren Instanzen zur Lösung des Konflikts einzuschalten sind. Wir blicken vom Thema Beratung aus auf die Behandlung von Beschwerden. Wenn wir von den beiden Rollen des Betriebsrats, der des Interessenvertreters und jener des Beraters, gesprochen haben (s. Kap. 1), stellt sich uns aus diesem Blickwinkel zunächst die Frage grundsätzlicher:

Hat in einem Beschwerdefall der „Berater“, wenn wir uns an das Bild von ihm halten, das wir in den vorigen Kapiteln entworfen haben, überhaupt eine Funktion? Reicht nicht der Interessenvertreter, dessen Beratung sich auf die Information über das Prozedere der Beschwerdeannahme und -bearbeitung beschränkt?

Wozu Beratung bei Beschwerden?

Der Gesetzgeber hat ins Betriebsverfassungsgesetz § 85 ausdrücklich die Pflicht des Betriebsrats hineingeschrieben, *„Beschwerden von Arbeitnehmern entgegenzunehmen und, falls er sie für berechtigt*

§ 84 und 85 BetrVG

[33] Da in individualrechtlichen Konflikten der Betriebsrat nicht selbst den Rechtsweg beschreiten kann, wird er es nicht versäumen, den Beschwerdeführer auf diesen zu verweisen.

erachtet, beim Arbeitgeber auf Abhilfe hinzuwirken", ebenso, in § 84 BetrVG, eine entsprechende Verpflichtung des Arbeitgebers.

Beschwerden auf ihre Berechtigung überprüfen

In beiden Paragrafen ist die einschränkende Bedingung eingefügt: *„falls er" [Betriebsrat] bzw. „soweit er [Arbeitgeber] die Beschwerde für berechtigt erachtet"*. Die Berechtigung einer Beschwerde ist also von der annehmenden Instanz zu prüfen. Was heißt das für die Praxis von Betriebsräten und Führungskräften? Haben sie Beschwerden so zu prüfen, wie man etwa in Behörden Anträge auf Gültigkeit überprüft?

Wir werden, um dieser Frage nachzugehen, das juristische Terrain wieder verlassen. Uns interessiert hier, wie sich die gesetzliche Muss-Vorschrift der §§ 84 und 85 BetrVG in unser Konzept von Beratung übersetzen lässt.

Beschwerden sind Ausdruck von Konflikten. Diese Binsenweisheit wird wohl niemand bestreiten. Ich gehe daher einen Schritt weiter und behaupte:

Beschwerden sind Ausdruck fortgeschrittener oder eskalierter Konflikte.

Beschwerden von „Querulanten"

Sie als Praktiker werden hier möglicherweise Einspruch erheben: Sie werden entgegenhalten, dass es Menschen gibt, die sich wegen jeder Kleinigkeit beschweren. Vielleicht bezeichnen auch Sie solche Zeitgenossen als Querulanten. Und Sie sind dem Gesetzgeber dankbar, dass er eine Prüfung der Beschwerde auf ihre Berechtigung vorsieht. Doch mit diesem Einwand ist die These noch nicht widerlegt. Dazu das angekündigte Beispiel, die Geschichte eines Teamkonflikts:

Fallbeispiel: Teamkonflikt und Beschwerden

In einem separaten Büroraum arbeiten zwei Kolleginnen zusammen. Die beiden Damen, nennen wir sie Helga S. und Simone T., hatten es nie ganz leicht miteinander. In vielerlei Hinsicht gehen ihre Vorstellungen weit auseinander. Es gab deswegen immer wieder Reibereien. Nachdem vor drei Monaten die Jüngere der beiden, Simone, eine Prämie für besondere

Leistungen bekommen hatte, hat sich das Klima in ihrem Büro spürbar verschlechtert. Als die Ältere, Helga, von der Prämie erfuhr, fühlte sie sich benachteiligt und seitdem ist sie stocksauer auf Simone und auf Abteilungsleiter Herbert K., den sie, um Simone zu ärgern, „dein Herbie" nennt. Sie unterstellt ihm, dass er ihre Kollegin bevorzuge, weil sie jünger sei und schneller arbeite. Und dass er beide Augen zudrücke, wenn sie Fehler mache, die sie, Helga, oft genug bei Kundenreklamationen ausgebügelt habe. Damit sei nun Schluss. Helga passt jetzt genau auf, damit ihr ja kein Fehler der Kollegin entgeht. Und immer, wenn ein Kunde bei ihr moniert, beschwert sie sich beim Abteilungsleiter über deren „schludrige" Arbeitsweise. Mittlerweile ist die Beziehung zwischen Helga und Simone so unter Spannung, dass sie schon über Bagatellen streiten wie, ob das Fenster geöffnet bleiben dürfe oder ob die Heizung rauf- oder runtergedreht werden solle. Und auch deswegen beklagt sich neuerdings Helga beim Abteilungsleiter. Sie vertrage keinen Zug; der Raum sei unerträglich überheizt, was sie krank mache, usw.

Nehmen wir an,

Herbert K. ahne, dass die sich auffällig häufenden Beschwerden von Helga S. mit Simone T.s Prämie zusammenhingen. Doch da Frau T. diesen Punkt nicht anspricht, sieht auch er keine Veranlassung, ihn zu thematisieren. Er sagt sich, dass es nicht klug sei, schlafende Hunde zu wecken, und außerdem könnte es ja als schlechtes Gewissen oder als Rechtfertigung missverstanden werden. Natürlich nervt ihn ihre Petzerei und er hält sie für eine typische Querulantin und das Ganze für den üblichen „Zickenalarm".

Wie ist dieser Konflikt aus Helgas Sicht einzuschätzen? Analysieren wir ihn mittels unseres ***Vier-Faktoren-Modells!***

Analyse mittels Vier-Faktoren-Modell

Das „Opfer“: Helga fühlt sich gegenüber ihrer jüngeren Kollegin zurückgesetzt, ihre Leistung werde zu wenig wahrgenommen und folglich auch nicht anerkannt. Anerkennung erfuhr sie auch nicht für ihre Kollegialität, mit der sie Simones Fehler in der Vergangenheit ausgebügelt habe. Sie erlebt Simone als egoistische Rivalin, die sie rücksichtslos übervorteilen wolle. Sie ist menschlich von ihr enttäuscht und fühlt sich vom Abteilungsleiter ungerecht behandelt.

Die „Täter“: Für Helga gibt es zwei Täter: Vordergründig ist der Abteilungsleiter schuld an dem Konflikt. Er war ungerecht und hat als Vorgesetzter versagt. Die „moralische“ Schuld wiegt für sie jedoch schwerer und die trifft ihre Kollegin. Helga sieht in ihr die berechnende Rivalin, die sich beim Vorgesetzten ins bessere Licht zu setzen verstehe, um sich Vorteile zu verschaffen.

Das Ereignis: Helga wird bei der Prämienvergabe übergangen. Für sie ist das der klare Beweis, dass ihre Kollegin sie gezielt übervorteilt und den Abteilungsleiter getäuscht habe. Ihre, Helgas, Leistung, ihre penible Sorgfalt, werde nicht ebenso wertgeschätzt wie Simones Schnelligkeit. Deren hohe Fehlerquote sei nicht wahrgenommen worden, da sie, Helga, viele Fehler ohne Aufhebens bereinigt habe. Die Beziehung zwischen den beiden Kolleginnen verschlechtert sich und Helga sieht seit der Prämienvergabe keinen Grund mehr, sich zum eigenen Nachteil kollegial und solidarisch zu verhalten.

Der „Retter“, der „Unparteiische Dritte“: Abteilungsleiter Herbert K. Er ist die für die Konfliktlösung verantwortliche Instanz, aber gleichzeitig einer der beiden „Täter“, wenngleich Helga ihm – anders als ihrer Kollegin – „mildernde Umstände“ zuerkennt.

Die „Täterin“ sieht sich selbst als Opfer.

Wenn wir Simone fragen würden, wie sie diesen Konflikt erlebt, würden wir vermutlich eine völlig andere Sicht der Dinge geboten bekommen. Darin würde eher sie sich als Opfer einer missgünstigen und neidischen Kollegin sehen, die mit allen Mitteln versuche (Täterrolle), ihr zu schaden.

Beide Sichtweisen beruhen auf objektiven Wahrnehmungen, die aber in unterschiedlicher Weise gedeutet werden. Für Helga beginnt die „Täterschaft" Simones mit der Übervorteilung bei der Prämienvergabe, für Simone beginnt Helgas „Täterschaft" mit den Beschwerden über ihre Fehler. Die unterschiedliche Definition, was Ursache und was Wirkung ist – Helga lässt *ihren* Kausalitäts-Zug zwei Stationen früher abfahren als Simone (s. Tabelle unten) –, führt zu der gegensätzlichen Zuweisung der Täter- und Opferrolle.[34]

So sind beide subjektiv im Recht, sich selbst als Opfer und die Kollegin als Täter zu sehen.

Ereigniskette (Eskalationsstufen)	**Helgas Kausalitätskette**	**Simones Kausalitätskette**
Simone sorgt dafür, dass sie eine Prämie bekommt. Helga bekommt keine.	Simone = **„Täter"** – *Konfliktstart* –	
Helga fühlt sich von Simone übervorteilt und ungerecht behandelt.	Helga = **„Opfer"** (passiv)	
Helga setzt sich zur Wehr, indem sie die Fehler Simones offen legt.	Helga = **„Opfer"** (aktiv)	Helga = **„Täter"** – *Konfliktstart* –
Simone wird vom Abteilungsleiter gerügt und ist sauer auf Helga.	**„Täter"** Simone wird sanktioniert.	Simone = **„Opfer"** (passiv)
Simone setzt sich zur Wehr, indem sie ...	**„Täter"** Simone eskaliert den Konflikt, indem sie...	Simone = **„Opfer"** (aktiv)

Abb. 12: Konflikteskalation und subjektive Kausalitätsketten; Täter- und Opfer-Rollen

[34] Paul Watzlawick et al. (2016) haben diese gegensätzlichen Kausalitätskonstruktionen als Folge unterschiedlicher „Interpunktionen" von Ereignisfolgen beschrieben.

Die Beschwerde als Kampfmittel

Die Beschwerde als Mittel der Konflikteskalation

Welche ***„Konfliktstrategie***“ verfolgt Helga?

a) Sie hat das Bedürfnis, sich und ihre Leistungsfähigkeit in den Augen des Abteilungsleiters zu rehabilitieren. Er soll erkennen, dass er sie in ihrer Leistung verkannt hat, und seinen Fehler einsehen. Jede Fehlleistung ihrer Kollegin, die ihr unter die Finger kommt, nimmt sie zum Anlass, um sich über sie zu beschweren. Damit will sie den Vorgesetzten zwingen, die Leistungsschwächen ihrer Kollegin endlich zur Kenntnis zu nehmen. Helgas Ziel ist, dass er seine Überbewertung von Simones Leistung zurücknimmt und damit auch ihr, Helga, wieder gerecht wird.

b) Ihr Stolz verbietet es ihr, die Kränkung durch die Bevorzugung ihrer Kollegin bei der Prämienvergabe anzusprechen. Sie will sich keine Blöße geben. Die eigentliche Konfliktursache bleibt folglich verdeckt. Der Vorgesetzte soll selber seinen Fehler erkennen.

c) Helga will ihre Kollegin bestrafen. Wofür? Dass sie mit unfairen Mitteln sich die Gunst des Abteilungsleiters auf ihre, Helgas, Kosten erschlichen hat. Sie sieht daher keine Veranlassung, weiterhin Rücksicht auf ihre Kollegin zu nehmen, die sie noch nie besonders mochte. Selbst bei kleinen Unstimmigkeiten ist sie nicht mehr bereit, nur um des lieben Friedens willen nachzugeben.

d) Auch der Abteilungsleiter soll einen Denkzettel verpasst bekommen: Soll er doch die Suppe auslöffeln, die er sich selber eingebrockt hat! Ab jetzt kommt er nicht mehr umhin, die Fehler der Kollegin und die Reklamationen der Kunden Fall für Fall zur Kenntnis zu nehmen. Und im alltäglichen Kleinkrieg um offene Fenster, Heizung u. Ä. verteidigt Helga nun unnachgiebig ihre Bedürfnisse. Dabei lässt sie alle, auch die kleinsten, Konflikte mit der Kollegin, falls sie nicht sofort nachgibt, von ihm regeln – in *ihrem* Sinne, versteht sich.

Erwartungen an den „Unparteiischen Dritten“

Dieser Fall zeigt plastisch, wie Konflikte eskalieren und welche Funktion Beschwerden in dieser Eskalationsstrategie zufallen kann. Die vordergründig damit verbundene Erwartung an an den „Unparteiischen Dritten“, den Konflikt zu lösen, wird oft genug konterkariert durch den Wunsch, diese „Konfliktlösung“ verschaffe einem den „Sieg“ über den Konfliktpartner – ***Konfliktlösung nach dem Sieg-Niederlage-Schema.***

Sieg-Niederlage-Konflikt-Lösung statt „win-win“-Prinzip

Die Konfliktforschung hat diverse Modelle entwickelt, um die Dynamik der Konflikteskalation zu beschreiben.[35] Der Konflikt in unserem Fallbeispiel rangiert nach diesen Modellen bereits auf einer ziemlich hohen Eskalationsstufe. Dies ist daran zu erkennen, dass eine Konfliktlösung nach dem ***„Win-win“-Prinzip*** nicht mehr ehrlich angestrebt wird. Es geht um Sieg und Niederlage. Rache, Vergeltung, Kampf stehen auf dem Programm, nicht Verständigung, Kompromiss, beidseitige Wahrung des Gesichts. Konfliktlösungsbemühungen werden in diese Kampfstrategie eingebunden, der Beschwerde

Die Führungskraft nimmt die Beschwerde „betroffen“ entgegen.

35 Das bekannteste Modell ist das 9-stufige Eskalationsschema von Friedrich Glasl (2020).

fällt die Funktion einer Waffe zu. Hinter den meisten Beschwerden steht die Erwartung, dass von der Instanz des Unparteiischen Dritten mit einem eindeutigen Spruch die Frage entschieden wird: *„Wer hat Recht, er oder ich?“* Da der Beschwerdeführer sich selbst im Recht sieht, weiß er sich bereits auf der Gewinnerseite. Und wehe dem „Unparteiischen“, wenn er dieser Logik nicht folgt!

Trotz meiner – aus konflikttheoretischer Sicht – kritischen Einschätzung der Beschwerde als „Waffe“ in eskalierten Konflikten will ich ihr weder die rechtliche noch soziale Berechtigung absprechen. Eskalierte Konflikte sind der Bearbeitung mit dem Ziel einer friedlichen und einvernehmlichen Lösung durchaus zugänglich.

Der Konfliktforscher Friedrich Glasl raubt einem freilich jede Illusion, dass Konflikte im fortgeschrittenen Stadium noch von den Konfliktpartnern selbst erfolgreich zu bearbeiten seien. Nach seiner 9-stufigen Eskalationsskala sieht er dazu allenfalls bis zur Stufe 3 eine realistische Chance. Spätestens ab der Stufe 4 gelingt eine Konfliktlösung nur noch durch Intervention von außen: durch die *„Instanz“ eines unparteiischen Dritten.*

Beschwerde als Chance für eine Konfliktmoderation

Die Beschwerde kann diese Chance eröffnen. Es hängt dabei ganz davon ab, wie der „Unparteiische Dritte“ mit der Beschwerde umgeht. Wenn er sich beispielsweise damit begnügt, den Rechtsstandpunkt des Beschwerdeführers, falls sachlich gerechtfertigt, zu bestätigen, hat er zwar zur Klärung des Sachkonflikts beigetragen (und dem Beschwerdeführer den erwarteten Dienst erwiesen), aber damit ist der „eigentliche“ („primäre“) Konflikt selten beigelegt. Das heißt, in eskalierten Konflikten kann gerade die Beschwerde Ausgangspunkt für eine ***Konfliktmoderation*** werden, die dann die *gesamte* Konfliktkonstellation und ihre Entwicklungsgeschichte in den Blick nimmt, um zu einer Konfliktlösung zu kommen, die beiden Konfliktparteien gerecht wird und Aussicht auf dauerhafte Befriedung bietet.

Gewiss, nicht alle Konflikte sind von dieser Sorte. In der Rolle des „Unparteiischen Dritten“, ob als Führungskraft oder Arbeitnehmervertreter, muss man aber immer damit rechnen, dass eine Beschwerde ein weiterer strategischer Schritt in einem bereits alten und/oder eskalierten Konflikt ist. Dabei können Anlass und Gegenstand der Beschwerde aus der Sicht eines unbeteiligten Dritten sogar relativ unbedeutend erscheinen. In unserem Beispiel sind Helgas Beschwerden in den Augen des Vorgesetzten mehr lästig als wichtig („Zickenalarm“). Er könnte, ohne ignorant zu erscheinen, Helgas Beschwerden mit der Begründung kontern, er erwarte von einem Team so viel soziale Kompetenz, dass es solche „Problemchen“ intern zu regeln verstehe. Wir wissen aber aus Kenntnis von Helgas Fall, dass der tiefer liegende und schwerer wiegende Primärkonflikt gerade oft *nicht* Gegenstand von Beschwerden ist. Stolz und das Bedürfnis, sich zu schützen, verbieten ihr, über ihre Verletzung zu sprechen, zumal der „Unparteiische Dritte“, der Abteilungsleiter, weder am Konflikt unbeteiligt ist noch von ihr für unparteiisch gehalten wird. Umso deutlicher wird für uns, was es mit Helgas „Querulantentum“ auf sich hat. Es hat nämlich Ziel und Methode.

Geringfügige Beschwerdegründe können Teil einer Eskalationsstrategie sein.

Was wollen „Querulanten“?

Wahrscheinlich kann bei sogenannten „Querulanten“ nicht generell von einer zielgerichteten Strategie ausgegangen werden, wie wir sie Helga unterstellen. Ziele können bewusst gesetzt und verfolgt werden. Ziele können aber ebenso im Unterbewussten bleiben und das Handeln steuern.

Querulanten sehen sich selbst nicht als Querulanten.

Was will Helga erreichen? Zweierlei: Herbert K., ihren Vorgesetzten, „erziehen“ und ihre Kollegin bestrafen (oder sich an ihr rächen). Sie handelt bewusst und strategisch. Obwohl sie weiß, was sie tut und warum sie es tut, kommt es ihr nicht in den Sinn, dass ihr Verhalten sie in den Augen des Vorgesetzten als Querulantin disqualifiziert. Wohl registriert sie, dass er von Beschwerde zu Beschwerde weniger

Negative Reaktionen des Umfeldes werden als Bestätigung für die Konfliktwahrnehmung gewertet.

offen und unfreundlicher reagiert. Diese Wahrnehmung bestätigt sie in ihrer Unterstellung, dass er ihre Kollegin bevorzuge und daher die kränkende Ungerechtigkeit in voller Absicht geschehen sei. Da Helga kein Mensch ist, der schnell resigniert, würde uns nicht wundern, wenn sie im nächsten Schritt eine Etage höher ginge, um sich Gerechtigkeit zu verschaffen. Die Konfliktspirale hätte sich dann eine Runde weitergedreht: Die Rolle des „Unparteiischen Dritten" würde neu zugeteilt, z. B. dem Personalleiter. Dem Abteilungsleiter fiele nur noch die Rolle des „zweiten Täters" zu, das „Ereignis" hätte sich um neues Beweismaterial, die parteiische Ignoranz des Vorgesetzten, erweitert. Vielleicht ahnt Helga schon, dass sie ihr Ziel nicht erreichen wird, vielleicht hat sie auch wohlmeinende Freunde, die sie vor den negativen Folgen warnen. Die Wahrscheinlichkeit, dass dieser Prozess auf diesem Wege noch ein gutes Ende findet, ist eher gering.

Beschwerden eignen sich hervorragend, die Konflikte weiter zu eskalieren.

Die Beschwerde ist Indiz für einen größeren Konflikt, der über den Gegenstand der Beschwerde hinausreicht.

Eine Beschwerde, auch wenn es sich in der Sache um eine Lappalie handelt, kann also Ausdruck, Symptom eines Konflikts sein,

- der nicht mit der Beschwerde identisch ist, sondern sich dahinter verbirgt,
- der wesentlich umfassender und ernster ist, als der Beschwerdegrund vermuten lässt,
- der bereits eskaliert ist, d. h. sich emotional aufgeladen und das Umfeld „kontaminiert" hat,
- in dem der Beschwerde eine strategische Funktion der aggressiven Konfliktaustragung zufällt,
- in dem die Beschwerde benutzt wird, um den Konflikt weiter zu eskalieren mit dem Ziel der „Konfliktlösung" nach dem Sieg-Niederlage-Schema.

Nun zurück zu den Teamkolleginnen Helga und Simone sowie Abteilungsleiter Herbert K.

Wie kann der Vorgesetzte den Konflikt „managen“?

Versetzen wir uns zuerst in Herbert K.s Lage:

> *Einige Zeit, nachdem Simone T. die Prämie erhalten hat, registriert Herbert eine atmosphärische Verschlechterung im Büro von Helga S. und Simone T. Da er weiß, dass die beiden nicht gerade enge Freundinnen sind, aber immer irgendwie miteinander klarkamen, macht er sich keine weiteren Gedanken darüber. Die ersten Beschwerden über Simone T. wegen fehlerhaft bearbeiteter Vorgänge, die zu Reklamationen betroffener Kunden führten, klärt Herbert noch selbst mit ihr. Es verwundert ihn allerdings, dass Helga inzwischen mehrmals ihre Kollegin bei ihm anschwärzt, was sie früher nie getan hat. Ihm schwant, dass diese Verhaltensänderung mit der Prämie, die Simone bekam, zu tun haben und Helga deswegen gekränkt sein könnte. Er glaubt jedoch, gute Gründe gehabt zu haben, Simone die Prämie zu geben und nicht Helga. Die Prämienregelung war außerdem vom Betriebsrat abgesegnet worden. Und er sieht keine Veranlassung, sich Helga gegenüber zu rechtfertigen, zumal sie selbst ihn nie darauf angesprochen hat. Da es sich bisher um keine gravierenden Fehler handelt, die eine Abmahnung rechtfertigen würden, und er die flexible und prompte Auftragsbearbeitung von Simone schätzt, nervt ihn die lästige Petzerei von Helga mehr und mehr. Er, sagt er sich, habe doch wahrlich Wichtigeres zu tun, als sich um solche Lappalien zu kümmern!*

Eines Tages wird er von Helga in ihr Büro gerufen, um einen Streit zu schlichten wegen eines offenen Fensters. Simone besteht angesichts sommerlicher Temperaturen darauf, Helga dagegen meint, dass ihr die ungesunde Zugluft nicht zuzumuten sei. „Jetzt reicht's mir aber!“ Herbert K. ist mit seiner Geduld am Ende…

Der Vorgesetzte ignoriert zunächst den Konflikt. Obwohl er spürt, dass hinter den Beschwerden eine ernste Kränkung seiner Mitarbeiterin steckt, vermeidet er die Auseinandersetzung. Er nimmt nur die Eisbergspitze wahr, die ***Konfliktsignale***. Die Beschwerden empfindet er als lästige Störungen und bearbeitet sie nur oberflächlich. Auf diese Weise fördert er ungewollt die Eskalation des Konflikts und wir ahnen, dass seine emotionale Reaktion, als er schließlich die Geduld verliert, ihn nun stärker als bisher in den Konflikt verwickelt.

Konfliktsignale ignorieren fördert die Eskalation.

Konflikte, deren Signale nicht ernst genommen werden, neigen dazu, zu eskalieren.

Wir ändern nun ein wenig unser „Drehbuch" und animieren Herbert K. dazu, sich auf den Konflikt einzulassen.

> *... Ihm schwant, dass Helgas verändertes Verhalten mit der Prämie, die Simone bekam, zu tun haben und sie deswegen gekränkt sein könnte. Als Führungskraft sieht er es als seine Aufgabe an, negative „Nebenwirkungen" von Sonderzuwendungen unschädlich zu machen. Er nimmt sich vor, mit Helga S. darüber zu sprechen. Was er allerdings auf jeden Fall vermeiden möchte, ist, dass bei ihr der Eindruck entsteht, er habe ein schlechtes Gewissen oder wolle sich rechtfertigen. Er fragt sich, ob er von sich aus auf Frau S. zugehen oder lieber warten solle, bis sie mit der nächsten Beschwerde zu ihm komme.*

Verdeckte Konflikte anzusprechen, braucht besonderes Fingerspitzengefühl.

Herbert K. nimmt seine Führungsverantwortung wahr und stellt sich dem Konflikt, den er hinter den Beschwerden vermutet. Vieles spricht für diese Vermutung, aber es ist kein einfacher „Job", den er sich vornimmt. Er wird viel Fingerspitzengefühl brauchen, damit Helga S. sich in ihren verdeckten Neid- und Rivalitätsgefühlen nicht von ihm bloßgestellt fühlt. Er entscheidet sich aus dieser Vorsicht heraus dafür, die nächste Beschwerde abzuwarten. Sie würde ihm erstens die Gelegenheit bieten, sich eingehender als bisher mit dem Grund der Beschwerde zu beschäftigen und Helga S.' Engagement in der Fehlerkorrektur mehr zu würdigen. Um dann zweitens mit der Frage, seit wann ihr denn diese Fehler auffielen, das Gespräch auf sie und ihre Kränkung zu lenken.[36]

Einige Tage später ist es soweit. Frau S. kommt ins Büro des Abteilungsleiters.

Helga S.: *Da! (sie zeigt auf ein Kundenschreiben, das sie auf den Tisch legt), schon wieder! Die vierte Reklamation in drei Wochen! Sehen Sie selbst! Ich bin nur gespannt, wie lange das noch so weitergeht. Ich möchte gar nicht wissen, was ich zu hören bekäme, wenn ich so schludrig arbeiten würde. Aber Sorgfalt ist ja heutzutage nicht mehr gefragt. Hauptsache: schnell-schnell. Und Ihnen scheint ja auch Quantität vor Qualität zu gehen. Nur, ich mach da nicht mit. Hab ich auch zur Frau T. gesagt. Ich sag, deine Schlamperei trag ich nicht mehr mit. Aber der ist das egal. Gut, dann ist mir das auch egal. In Zukunft kriegen Sie jede Reklamation, die ich in die Hände bekomme, samt Akte, auf Ihren Tisch und den Kunden sag ich, dass sie sich bei Ihnen beschweren sollen. Ich hätte damit nichts zu tun. Damit Sie Bescheid wissen!*

Herbert K. sagt zunächst nichts darauf, sondern schaut sich das fehlerhafte Schriftstück eingehend an.

---

[36] Diese Entscheidung ist nicht zwingend die bessere. Es lässt sich genauso gut begründen, den Konflikt, der ja auch die Zusammenarbeit der beiden Kolleginnen belastet, nicht unnötig hinauszuziehen. Außerdem könnte die Führungskraft deutlich machen, dass sie in Konflikten die Initiative zur Bearbeitung und Lösung ergreift und die Wahrnehmung dieser Führungsaufgabe nicht von der Aktivität der Mitarbeiterin abhängig macht. Ich habe bewusst für unseren Zweck die andere Variante gewählt. An dem uns nun schon vertrauten Fallbeispiel lässt sich zeigen, wie man von der Oberfläche des Konflikts, auf der die Konfliktsignale kommuniziert werden, zum darunterliegenden Kern vordringen kann. Denn nur dort lassen sich Konflikte nachhaltig befrieden.

Herbert K.: *Ja, Sie haben Recht. Da ist wieder ein Fehler, der nicht passieren darf. Gut, dass Sie ihn bemerkt haben, bevor das Schreiben an den Kunden rausging. Da haben Sie uns wirklich 'ne Menge Ärger erspart, gerade mit diesem Kunden. Darüber bin ich echt froh und ich danke Ihnen für Ihre Aufmerksamkeit und Gewissenhaftigkeit. Was das „Schnell-schnell" betrifft, kann ich Sie gut verstehen. Wir alle arbeiten unter hohem Zeitdruck. Darunter leidet manchmal die Qualität. Aber auf die kommt's an. Wenn der Kunde sich über Fehler ärgert, ob's die Lieferung betrifft oder das Angebot oder die Rechnung, haben schließlich wir das Problem. Ich schlage vor, dass wir uns mal zu dritt zusammensetzen, um zu sehen, wie sich solche Fehler vermeiden lassen. Was halten Sie davon?*

Helga S.: *Wenig bis gar nichts. Ich hab's doch schon oft meiner Kollegin gesagt. Pass doch ein bisschen besser auf, sag ich. Aber da kommt nicht viel von ihr. Das bringt nichts. Ich sag Ihnen, der ist das egal. Aber ich mach da nicht mehr mit. Das ist jetzt Ihr Problem!*

Herbert K.: *Sie sind ziemlich frustriert von Ihrer Kollegin und glauben auch nicht, dass sich was ändert. Doch ich verspreche Ihnen, dass ich mich darum kümmern werde. Ich sehe ja selbst, dass das Fehlerrisiko zu hoch ist. Man muss etwas tun … Aber ich hab da noch eine Frage: Seit wann beobachten Sie denn die Zunahme der Fehler bei Frau T.?*

Helga S.: *Hach, das ist doch nichts Neues. Die war eigentlich immer so: schnell und schludrig.*

Herbert K.: *Und wieso beschweren Sie sich erst jetzt darüber?*

Helga S.: *Warum wohl? Weil ich für den Mist, der hier gemacht wird, nicht mehr den Kopf hinhalte. Wenn man in diesem Laden für schnelle Schlamperei belohnt wird und wer korrekt arbeitet, der Dumme ist, dann sollen die, die die*

Fehler machen, auch dafür ihren eigenen Kopf hinhalten. Oder sehe ich das falsch?

Herbert K.: *Sie haben also in der Vergangenheit immer die Fehler Ihrer Kollegin ausgebügelt, sodass ich sie gar nicht mitbekam. Habe ich Sie da richtig verstanden?*

Helga S.: *Ja, so dumm war ich! Aber das ist nun vorbei.*

Herbert K.: *Sie sagten vorher, dass die Schlamperei belohnt werde und der Korrekte der Dumme sei.*

Helga S.: *Ich sagte, dass schnelle Schlamperei belohnt wird …*

Herbert K.: *… mit einer Prämie zum Beispiel?*

Helga S.: *Zum Beispiel!*

Herbert K.: *Jetzt verstehe ich: Sie fühlen sich ungerecht behandelt und haben Ihre Konsequenzen gezogen.*

Helga S.: *Genau. Ich bin jetzt schon 15 Jahre in dieser Firma, aber eine solche Ungerechtigkeit habe ich noch nicht erlebt …*

Wir schlagen an dieser Stelle das „Drehbuch" unseres Fallbeispiels zu und fragen uns, was sich in diesem Dialog ereignet hat.

Legitimes ernstes Anliegen hinter einer Beschwerde verborgen

Der Kern des Konflikts liegt nun offen und kann bearbeitet werden. Die Querulantin entpuppt sich als eine Mitarbeiterin, die nicht nur ein legitimes persönliches Anliegen hat, sondern die außerdem auf einen Missstand in der Mitarbeiterführung aufmerksam macht. Dass dieser Managementfehler nicht von ihr auf dem Silbertablett serviert wurde, sondern zunächst sich mit einer Beschwerde gegen die Kollegin „tarnte", die als „Zickenalarm" ankam, ist nicht untypisch für unprofessionelles Führungsverhalten im Umgang mit Teamkonflikten. Es gibt viele Gründe und Hintergründe sog. Querulantentums. Wer aber lästiges Herummaulen oder Rumzicken in Teams nicht als frühe Konflikt*symp-tome* ernst nimmt, braucht sich nicht zu wundern, wenn ihm später daraus ein hand-

Querulantentum als Symptom eines echten Konflikts ernst nehmen

festes Problem erwächst, das zu ignorieren er sich nicht mehr erlauben kann.

Wie die Geschichte weitergeht? Mittlerweile hat sich Abteilungsleiter Herbert K. einer Schulungseinheit in seinem Managementkurs vor Jahren erinnert. Das Thema war: „Wie gehe ich erfolgreich mit Konflikten in Teams um? Die Führungskraft als Berater und Schlichter".

Ihm wird klar, dass die Kolleginnen das Problem am besten selber lösen. Dazu benötigen sie allerdings eine sorgfältige Konfliktmoderation und einen moderierten Problemlösungsprozess. Beides traut sich Herbert K. zu.

Beratung und Konfliktmoderation

Was folgt, verläuft nun gemäß Konzept des „klassischen" Beratungsprozesses ab Phase II (s. S. 126 ff): Problemdefinition durch den Berater – hier den Abteilungsleiter –, gemeinsame Lösungssuche, Entscheidung, Detailplanung für deren Umsetzung.

Drei Settings der Konfliktbearbeitung

Dieser Prozess könnte in drei Settings ablaufen:

Setting 1: Abteilungsleiter Herbert K. mit Beschwerdeführerin Helga S.;

Setting 2: Herbert K. mit Helga S.' Kollegin Simone T.;

Setting 3: Herbert K., Helga S. und ihre Kollegin, Simone T.

1) Gespräch mit der Beschwerdeführerin

Setting 1: Im bereits laufenden Zweiergespräch des Abteilungsleiters mit der Beschwerdeführerin dämmert es dem Vorgesetzten, dass es sich bei der Beschwerde hintergründig um eine „Gerechtigkeitslücke" handelt. Dennoch lenkt er das Gespräch auf den offiziellen Beschwerdegrund, die Fehlerhäufigkeit von Simone T., mit dem Ziel, etwas dagegen zu unternehmen. Er bezieht bei der Suche nach der Problemlösung Frau Helga S. ein. In diesem Zusammenhang wird mit Sicherheit Helgas Gefühl der Zurücksetzung gegenüber der schnelleren, allerdings fehleranfälligen Kollegin Simone T. wieder zur Sprache kommen. Ihm ist klar, dass Helga S., bevor er ihre korrekte Arbeitsweise nicht durch eine Anerkennung – Prämie? – ihrer tadellosen Sorgfalt offiziell „würdigt", kaum für eine konstruktive Mitarbeit zu gewinnen sein wird. Es reicht zunächst, dass Herbert K. diese Aufwertung ihrer Leistung glaubhaft ankündigt:

> *„Ich bin Ihnen sehr dankbar, dass Sie ...* (usw.) *Ich werde mich daher bei der GL dafür einsetzen, dass Sorgfalt und Fehlerlosigkeit (keine Reklamationen) in der Bewertung vor Schnelligkeit rangieren sollen – Qualität vor Quantität – und künftig mit der Prämie keine Fehlanreize mehr geboten werden. Dann würden Sie für Ihre Arbeit auch die verdiente Anerkennung bekommen."*

Erst wenn Helga S. sieht, dass ihr Gerechtigkeitsanspruch als legitim anerkannt wird, kann sie sich auf den Appell des Abteilungsleiters einlassen, am Thema „Fehlerursachen und Fehlervermeidung" – zu dritt! – mitzuarbeiten. Sie akzeptiert den Vorschlag des Vorgesetzten, nachdem sie ihm das Versprechen abgenommen hat, in dem Dreiergespräch nicht auf ihre Beschwerde zurückzukommen.

2) Gespräch mit der Kollegin, auf die die Beschwerde abzielt

Im **zweiten Setting**, Herbert K. mit Simone T., wird es zunächst um die aktuelle Reklamation des besagten Kunden gehen und dann um die Beschwerde ihrer Kollegin. Sie muss Gelegenheit bekommen, ihre Sicht der Dinge darzulegen und Stellung zu dem Vorwurf zu nehmen. Es geht nicht darum, die Rechtfertigungen und Selbstverteidigungsvorwürfe gegen ihre Kollegin zu bearbeiten, gar zu beurteilen. Der Vorgesetzte hört Simone T. aktiv zu, fasst auch ihre Darstellung zusammen und bleibt dabei auf der subjektiven Ebene der Gesprächspartnerin, ohne „Recht zu sprechen". Er wertet nicht, sondern nimmt das Statement an (das auch Kritik an ihm enthält), um sie ebenfalls zu bitten, sich zu dritt an der Analyse der Fehlerursachen und ihrer Beseitigung zu beteiligen.

3) Gespräch aller drei Konfliktbeteiligten

Im **dritten Setting**, das Gespräch zu dritt, gelingt es Herbert K. durch die Haltung der „Allparteilichkeit“[37], den Teamkonflikt zu entschärfen und gemeinsam eine Regelung zu erarbeiten, die helfen soll, künftig bei der Bearbeitung von Kundenaufträgen Fehler zu vermeiden.

Präventives Konfliktmanagement nimmt frühe Konfliktsignale ernst.

Wir machen es uns zu leicht, Konflikte nur nach ihrem äußeren Erscheinungsbild zu beurteilen. Querulantentum und Beschwerden wegen Lappalien sind häufig Symptome für schwelende, auch chronische Konflikte, die unversehens eskalieren können. Es lohnt sich, genauer hinzusehen und auch „Genörgel“ ernst zu nehmen. Leider lassen viele Führungskräfte jene präventive Aufmerksamkeit auf „typische“ Streitereien im betrieblichen Alltag allzu oft vermissen.

Primärer und sekundärer Konflikt

Der aktuelle (sekundäre) Konflikt wird zum Austragungsort des tieferen (primären) Konflikts: Stellvertreterkonflikt.

Wir sehen: Solange der primäre, ursächliche Konflikt nicht freigelegt und einer Bearbeitung zugänglich ist, wird der sekundäre, vordergründige Konflikt zum Austragungsort für den primären. Helgas Beschwerdegrund: „Fehlleistungen der Kollegin“, erweist sich als denkbar ungeeignet, um ihren „eigentlichen“ Konflikt: „Ungerechtigkeit und Fehleinschätzung ihrer Leistung“, befriedigend zu lösen. Die Gefahr der Eskalation nimmt zu, je weniger die Strategie des ***„Stellvertreterkonflikts“*** Erfolg verspricht. Es fällt nicht schwer, sich vorzustellen, um wie viel leichter eine praktische Lösung für das (nicht zu leugnende) Problem der Fehlerhäufigkeit in Simones Arbeit gefunden werden kann, wenn diesem Problem die Last abgenommen wird, Ungerechtigkeit vergelten zu müssen.

---

[37] Der Begriff ***Allparteilichkeit***, in Unterscheidung von Unparteilichkeit und Neutralität, zielt darauf ab zu „versuchen, die Anliegen und Erwartungen aller Parteien zu verstehen und das gegenseitige Verstehen zu vermitteln“ und dadurch „den Parteien [zu] helfen, ihre Anliegen zu artikulieren und zu begründen“ (S. van de Loo: Versöhnungsarbeit, 2009, S. 200 f). Der Begriff stammt von Iván Böszörményi-Nagy, 1920–2007, ungarisch-amerikanischer Psychotherapeut und Begründer der *Kontextuellen Therapie*). Allparteilichkeit ist längst zu einem Basiskonzept für die Arbeit von Moderatoren, Mediatoren, Schlichtern und (Familien-) Therapeuten geworden.

Man wäre wahrscheinlich überrascht, wüsste man, wie oft Beschwerden in ähnlicher Weise Ausdruck von Kränkungserfahrungen sind. Solche Erfahrungen können sogar lange zurückliegen. Sie warten nur auf die passende Gelegenheit, sich zu Wort zu melden. Sie geben das „Signal“: *„Hallo, hier ist etwas nicht in Ordnung! Bitte nachsehen!“* Konkrete Anlässe, sich über jemanden oder etwas zu beschweren, eignen sich hervorragend als ***Konfliktsignale***. Äußerlich sind sie hinreichend legitimiert, indem sie einen tatsächlichen aktuellen Missstand oder ein Fehlverhalten anprangern.

Beschwerden haben oft die Funktion von Konfliktsignalen.

Auch das Allgemeine Gleichbehandlungsgesetz (AGG) eignet sich bestens zu dieser Funktion des Konfliktsignals. Ohne den pädagogischen Wert dieses Gesetzes in Frage stellen zu wollen, ist es doch ratsam, die *Möglichkeit* von Stellvertreterkonflikten in konkreten Beschwerdefällen in Betracht zu ziehen. Diese Überlegung darf jedoch nicht den Berater dazu verleiten, die *faktische* Berechtigung des Beschwerdegrundes in Zweifel zu ziehen, etwa indem der Berater dem Beschwerdeführer unterstellt, dass sich hinter seiner Beschwerde nichts als Revanche, Aufmüpfigkeit, jedenfalls eine Aggression verberge, die sich in Wirklichkeit gegen etwas ganz anderes richte. ***Der Beschwerdegrund ist in jedem Fall ernsthaft zu prüfen*** und für Abhilfe ist zu sorgen. Dies hindert den Berater aber nicht, nach tiefer liegenden Motiven zu suchen. Nicht zuletzt liegt es auch in seinem Interesse, dass seine Bemühungen, dem Beschwerdeführer wirksam zu helfen, nicht den gegenteiligen Effekt erzielen: die weitere Drehung der Eskalationsschraube.

Bei Beschwerden an die Möglichkeit eines Stellvertreterkonflikts denken

Erkennen, Wahr- und Ernstnehmen der Konflikte, seien sie primärer oder sekundärer Art, haben in der betrieblichen Beratung nichts mit „Hobbypsychologie“ zu tun. Wer am Arbeitsplatz, mit seinen Kollegen, seinem Vorgesetzten oder, umgekehrt, als Vorgesetzter mit seinen Mitarbeitern in Konflikt gerät, möchte weder analysiert noch therapiert werden. ***Diese Grenze zwischen empathischem Verstehen und psychologischer Deutung muss also in der be-***

Konflikte erkennen ist keine „Hobbypsychologie“.

triebsinternen Beratung strikt eingehalten werden. Das heißt jedoch nicht, dass nicht Zusammenhänge zwischen Informationen, die der Klient über sich und seine Situation gibt, hergestellt und gespiegelt werden dürfen. Wir haben ja gesehen, wie wichtig in der Beratung die Funktion der Klärungshilfe[38] ist. Sie soll den Knäuel entwirren, um einen Weg zu finden, wie man dem Klienten nachhaltig helfen kann.

Die Sicht des Beraters erfährt ihre Überprüfung durch die Sicht des Klienten.

Ahnt der Berater einen Zusammenhang zwischen diversen Faktoren des Konflikts und der subjektiven Darstellung des Klienten, so kann es zunächst nicht mehr sein als eine Vermutung, eine Hypothese, die erst der Überprüfung *durch den Klienten* standhalten muss. Selbst wenn der Zusammenhang aus der Sicht des Beraters „mit Händen zu greifen" ist, ist es nicht unwahrscheinlich, dass der Klient sich dieser Sicht verweigert. Vielleicht „will" er den Zusammenhang nicht sehen, vielleicht will er ihn auch nur hier nicht oder mit diesem Berater nicht bearbeiten. Diskretion und der Respekt des Beraters vor der Person des Klienten gebieten bei offensichtlichen Signalen des Widerstands eine Zurücknahme der Hypothese.

Widerstand des Klienten respektieren

Konstruktionen über Zusammenhänge sind, falls man sie offen zu legen für sinnvoll hält, dem Klienten als *Möglichkeit*, nicht als Tatsache oder Urteil, vorzutragen. Mit der Frage *„Könnte es sein, dass …?"* lade ich den Klienten ein, meinen Gedanken zu überprüfen und aus seiner Sicht zu kommentieren. Und ich mache gleichzeitig deutlich, dass ich mir nicht anmaße, über ihn besser Bescheid zu wissen als er selbst. Die Beziehung zwischen Berater und Klient bleibt in der Balance.

> ***Fazit:*** **Auch Beschwerden bedürfen eingehender Beratung.**

[38] Siehe Kap. 2 (S. 28 ff) sowie Kap. 6 (S. 114 ff).

Denn es lohnt sich,

1. die Beschwerde nicht nur auf ihre faktische Berechtigung hin zu prüfen, wie das Gesetz es verlangt, sondern auch, ob ihr die soziale Funktion eines (bewusst oder unbewusst gesendeten) Signals zukommt, das auf einen vorausgehenden oder tieferen Konflikt (Primärkonflikt) hinweist;
2. gegebenenfalls diesen Primärkonflikt freizulegen und den Beschwerdegrund (Sekundärkonflikt) mit ihm in Zusammenhang zu stellen;
3. die Beschwerde im Lichte des Primärkonflikts ernst zu nehmen und eine angemessene Antwort auf *beide* Konflikte zu geben. Die Eskalationsspirale kann nur gestoppt werden, wenn auch der primäre Konflikt befriedet, wenigstens wahrgenommen und angesprochen wird;
4. dabei den Beschwerdeführer ebenso an der Frage zu beteiligen, ob und wie sein Kernkonflikt gelöst werden kann, wie an der Frage, wie er sich die Beseitigung seines Beschwerdegrundes vorstelle;
5. das formelle Beschwerdeverfahren als letztes Mittel *(„ultima ratio“)* anzusehen. Es eignet sich meist weniger, Konflikte zu lösen und die gestörten Beziehungen zu befrieden, als dass es ein Warnsignal ist, das auf die Gefahr weiterer Eskalation nach Sieg und Niederlage der Konfliktpartner hinweist.

Beratung in Beschwerdefällen kann zu einer nachhaltigen Befriedung der gestörten Beziehung führen.

9. Verschwiegenheit – eine realistische Bedingung für betriebliche Beratung?

Externe und interne Beratungsdienstleister

Anwälte, Supervisoren, Coachs, Unternehmensberater – externe Beratungsdienstleister –, sie wirken in den Betrieb hinein, sind aber selten[39] selber Teil des Systems. Andere Beratungsfunktionen werden üblicherweise von Angehörigen des Unternehmens oder Betriebs wahrgenommen. Dazu zählen, ohne Anspruch auf Vollzähligkeit: Sucht- und Gesundheitsberater, Beauftragte für Frauengleichstellung, Arbeitssicherheitsfachkräfte, Datenschutzbeauftragte, Inklusionsbeauftragte des Arbeitgebers in Angelegenheiten schwerbehinderter Menschen, Teammitglieder des betrieblichen Eingliederungsmanagements (BEM), „Disability-Manager", betriebliche Schlichter.

BR, SBV, JAV

Nicht zu vergessen die klassischen Helferrollen, wie sie der Gesetzgeber den Betrieben, Behörden und Instituten ins Stammbuch geschrieben hat: die Rolle des Betriebs- bzw. Personalrats und des Mitarbeitervertreters (MAV), der Schwerbehindertenvertrauensperson, des Jugend- und Auszubildendenvertreters.

Alle diese Helfer sind ständig im Kontakt mit Kollegen, Mitarbeitern, Führungskräften. Durch ihre spezielle Funktion sind sie auch beratend tätig. Gleichzeitig sind die meisten von ihnen an einem regulären Arbeitsplatz als Führungskraft, Sachbearbeiter, Maschinenführer, im Außendienst oder im Schichtdienst, in der Produktion, in der Verwaltung, im Vertrieb, in der IT oder wo sonst auch immer tätig.

Vorgesetzte als Berater

Beratungsgespräche führen auch Vorgesetzte, die ihre Fürsorgepflicht gegenüber ihren Mitarbeitern ernst nehmen. Ihre Beratung beschränkt sich nicht

[39] Ausnahmen sind Großunternehmen, die eigene Rechts-, Weiterbildungs-/Trainings- und diverse Kompetenzabteilungen unterhalten. Darin können auch professionelle Beratungsfunktionen abgedeckt sein durch die Beschäftigung von Betriebspsychologen, Organisationssozio- und -psychologen, Sozialpädagogen, Suchtberatern, medizinischen Fachkräften, Supervisoren, Mediatoren, Führungskräfte-Coachs, Teamentwicklern und ähnlichen Fachleuten mit sozial- und kommunikationswissenschaftlichem Profil.

auf die üblichen Personalführungsinstrumente, wie das (jährliche) Mitarbeiter-, Zielvereinbarungs-, Krankenrückkehrgespräch. Sie kümmern sich auch um Konflikte im Team, um die Gründe, wenn Mitarbeiter plötzlich in ihrer Leistung oder Disziplin nachlassen, wenn sie Anzeichen einer Suchtgefährdung wahrnehmen …

Sie alle kennen sich in „ihrem" Betrieb aus. Und man kennt auch sie. Bei einigen beschränkt sich ihr Bekanntheitsgrad auf ihre Abteilung, andere sind im ganzen Betrieb bekannt wie der sprichwörtliche „bunte Hund". Für die Arbeit als Helfer und Berater schafft dieses „Dazugehören" allerdings eine zwiespältige Situation:

Der Vorteil: Wer dazugehört, kennt sich im „Laden" aus

Als Angehöriger kleiner oder mittlerer Betriebe kenne ich nicht nur den Ratsuchenden persönlich – er ist vielleicht sogar einer meiner Arbeitsplatzkollegen oder ein Mitarbeiter in meiner Abteilung –, sondern auch die Menschen in seinem Umfeld am Arbeitsplatz und die dortigen Verhältnisse. Ich habe mein eigenes Bild von all dem, wenn der Klient in der Beratung davon spricht. Unwillkürlich gleiche ich die Informationen des Klienten mit meinen eigenen Kenntnissen ab.

Eigene Kenntnisse der Verhältnisse und Beziehungen erleichtern die Intervention.

Vielleicht habe ich auch meinerseits Beziehungen zu dem einen oder anderen in seinem Umfeld und zu Leuten, die wichtig sind, wenn das Problem, mit dem er zu mir kommt, gelöst werden soll. Diese Beziehungen können mir dabei nützlich sein.

Es ist aufgrund meiner Vernetzung im Betrieb ein Leichtes, mir auf informellem Wege Informationen zu verschaffen, um die Schilderung des Klienten auf ihren Wahrheitsgehalt zu überprüfen. Und wenn ich ihm helfen soll, muss ich doch wissen, was da „wirklich" abgelaufen ist. Sein Problem lässt sich ohnehin nicht lösen, ohne sein Umfeld einzubeziehen.

Der Nachteil: Die enge Vernetzung erschwert die Diskretion

Vertrauen setzt Diskretion voraus.

Doch da gibt es die Schweigepflicht. Woher sonst soll ein Klient das Vertrauen auch nehmen, mir ehrlich alles zu sagen, was für das Verstehen seiner Situation wichtig ist? Meist gibt es auch Dinge, die ihm unangenehm sind und die er mir nur anvertrauen wird, wenn er sich sicher ist, dass ich schweigen kann wie ein Grab.

Transparenz ist die Voraussetzung für Selbstverantwortung des Klienten.

Ich finde es auch wichtig, dass er über jeden Schritt, der ihn betrifft, *vorher* unterrichtet wird, damit er nicht nur weiß, was ich vorhabe, sondern auch darüber entscheiden kann, ob er mir grünes Licht dafür gibt oder nicht. Schließlich kann und will ich ihm die Verantwortung für sich und sein Problem nicht abnehmen. Die Entscheidungshoheit bleibt in jeder Phase der Beratung bei ihm. Alles andere wäre eine Form von Entmündigung.

Das Problem: Die Einbeziehung Dritter

Gehen wir davon aus, dass der Ratsuchende nicht von vornherein sich nur mal bei mir „auskotzen" will, um dann erleichtert wieder an seine Arbeit zu gehen, sondern dass er von mir konkrete Hilfe in einem konkreten Problem erwartet.

Gespräche im BR-Gremium und mit dem AG

- Also werde ***ich – in meiner Funktion als Betriebsrat –*** das Thema in mein Gremium bringen müssen, damit darüber beraten und ggf. ein Beschluss gefasst werden kann. Und danach geht's damit ab zum Arbeitgeber.

Gespräche mit BR, Abteilungsleiter, Inklusionsteam

- ***Ich – als Schwerbehindertenvertrauensperson –*** möchte die Geschichte separat mit dem Betriebsrat und mit dem Abteilungsleiter des schwerbehinderten Kollegen besprechen, oder es könnte sich sogar um einen Fall für das Inklusionsteam handeln, in dem außer mir noch ein Betriebsratsmitglied und der Inklusionsbeauftragte des Arbeitgebers sitzt.

- ***Ich – als Führungskraft –*** habe bei Problemen von oder mit Mitarbeitern keine guten Erfahrungen gemacht, wenn für jedes Problem ein umständlicher „Problemlösungsprozess“ aufgezogen wurde. Deshalb halte ich auch wenig von dem aufwändigen Betrieblichen Eingliederungsmanagement (BEM), wenn ein Mitarbeiter nach langer Krankheit wieder an seinen Arbeitsplatz zurückkehrt. Ich ziehe es vor, die Probleme diskret „auf dem kleinen Dienstweg“ über meine Beziehungen und Informationskanäle zu lösen, geräuschlos und effektiv.

Diskrete Kontakte, „kleiner Dienstweg“ effektiver als aufwändige Verfahren

Wir sehen, immer sind an der Problemlösung andere beteiligt, meist auch solche, die nicht darüber zu befinden haben, aber in irgendeiner Form davon betroffen sind: die Arbeitskollegen im Team des Ratsuchenden, sein unmittelbarer Vorgesetzter. Früher oder später bekommen ja eh alle alles mit, wozu also die ganze Geheimniskrämerei?

Die Schweigepflicht, schwer zu realisieren in einem kompakten Netzwerk von Beziehungen, Abhängigkeiten, Zuständigkeiten und formalen Verfahrensweisen, bringt, wie es scheint, kaum Vorteile, aber den gravierenden Nachteil, dass sie den Beratungsprozess und unter Umständen den „Schritt in die einzig richtige Richtung“ bremst, wenn nicht gar blockieren kann. Außerdem betreffen Probleme eines Betriebsangehörigen nicht nur ihn allein, sondern auch andere Mitarbeiter sowie die Interessen des Unternehmens. Sie lassen sich nicht mit dem uneingeschränkten Schutzanspruch der Einzelperson vereinbaren.

Schweigepflicht mehr Nach- als Vorteile?

Diskretion garantieren und Konditionen vereinbaren für die Einbeziehung Dritter

Wieder müssen wir im Gesamtprozess einer Problembearbeitung klar ***unterscheiden: die Beratungs- und die Interventionsphase.*** In der Realität können die beiden Phasen verschränkt sein. Damit ist gemeint, dass bestimmte praktische Schritte, die auf dem Weg zur eigentlichen Umsetzung nötig

Unterscheidung von Beratungs- und Interventionsphase

sind, in die Beratung eingegliedert werden können. Ein Beispiel:

Fallbeispiel: Verdacht auf heimliche Überwachung

Ernst sucht das Gespräch mit Betriebsrat Karlheinz. Ernst äußert den Verdacht, dass die Mitarbeiter im Lager heimlich überwacht würden. Um den Verdacht zu belegen, berichtet er ihm von einem Gespräch mit seinem Abteilungsleiter, Herrn Runge, in dem dieser ihm vorgehalten habe, dass er wohl nicht mit seiner Urlaubsplanung zufrieden sei. Diese Äußerung habe ihn überrascht, weil er, Ernst, tatsächlich einige Tage davor sich seinem Kollegen gegenüber kritisch über Runges Urlaubsplanung ausgelassen habe. Runge könne dieses Gespräch mit Sicherheit nicht gehört haben, da weder er an diesem Tag in der Firma noch irgendein anderer außer ihnen beiden um diese Zeit im Lager gewesen sei. Dies habe ihn stutzig gemacht, zumal immer wieder mal das Gerücht die Runde mache, die Mitarbeiter würden heimlich überwacht. Dass sein Kollege diese Kritik an Runge weitergesagt habe, halte er für absolut ausgeschlossen: „So was macht der Ali nicht."

Das Beratungsgespräch klärt noch weitere Details der Gespräche Ernsts mit seinem Kollegen Ali sowie mit Abteilungsleiter Runge. BR Karlheinz schlägt vor, diesen Verdacht durch eine Intervention des Betriebsrats beim Arbeitgeber aufklären zu lassen. Dagegen wehrt sich Ernst aufs Heftigste. Er fürchte, danach, wie er sich ausdrückte, „die Hölle auf Erden zu haben". Karlheinz kommt nun auf die alternative Idee, den Datenschutzbeauftragten in der Firma, den er persönlich gut kenne, ins Vertrauen zu ziehen, um einschlägige Informationen zu bekommen, zumal er, Karlheinz, sich persönlich in dem Bereich nicht so gut auskenne. Er werde auch nicht Ernsts Namen preisgeben („Ehrenwort!"), sodass er nichts zu befürchten habe. Mit den Informationen von einem erfahrenen Insider könnten sie dann im nächsten Gespräch überlegen, wie man in der Angelegenheit weiter ver-

fahren wolle. Karlheinz lässt sich ausdrücklich das Einverständnis von Ernst für das Gespräch mit dem Datenschutzbeauftragten geben, bevor sie auseinandergehen.

Der Klient kann jederzeit den Prozess abbrechen.

Der Alternativvorschlag, mit dem Datenschützer zu reden, bringt nicht nur das Beratungsgespräch an jenem „toten Punkt", wo vonseiten des Klienten bereits alles gesagt ist, wieder in Gang, sondern es ist gleichzeitig ein erster Schritt in der Phase der betriebsrätlichen Intervention. Trotz dieses Schrittes ist dem Klienten das Heft des Handelns nicht aus der Hand genommen. Er kann jederzeit den Prozess abbrechen, wenn er sein persönliches Risiko zu hoch einschätzt.

Verschränkung von Beratung und Intervention

Die Verschränkung der Beratungs- und der Interventionsphase ist in der Praxis eher der Normalfall. Wir erkennen, wie wichtig es ist, dass damit keine unumkehrbaren Fakten geschaffen werden dürfen, es sei denn, der Klient sieht darin kein Problem. Es ist auch an den langfristigen Vertrauensschaden zu denken. Wer wird sich noch offen auf einen Prozess einlassen, dessen Folgen nicht klar absehbar sind bzw. dessen Konditionen, die der Klient dem Berater-Helfer auferlegt, nicht eingehalten werden?

Die Verschwiegenheit zu Beginn der Beratung thematisieren

Gerade in dem vielschichtigen Netzwerk eines Betriebs ist die Verschwiegenheitspflicht oberstes Gebot. Sie muss in der Eröffnungsphase eines jeden Beratungs*prozesses*, (also nicht eines jeden einzelnen Gespräches)[40] vom Berater thematisiert werden, um dem Klienten Vertrauenssicherheit zu vermitteln. Auch wenn ein Klient behauptet, damit „kein Problem" zu haben, ist dennoch für jeden Wechsel in die Interventionsphase, d. h. insbesondere für jede Einbeziehung Dritter,

a) das ausdrückliche Einverständnis des Klienten einzuholen und

b) ggf. die Konditionen für die Intervention zu vereinbaren. (In unserem Beispiel: Der Informant, Kollege Ernst, bleibt in dem Gespräch des BR Karlheinz mit dem Datenschutzbeauftragten anonym.)

[40] Zur Gesprächseröffnung siehe S. 53 ff.

Diskretion unabdingbare Voraussetzung für Vertrauen

Je kleiner der Betrieb und je „überschaubarer" die Beziehungen und Interaktionen der Menschen darin sind, desto schwieriger ist es für Betriebsangehörige mit Beraterfunktion, das Verschwiegenheitsgebot einzuhalten. Die Vertrauensfrage stellt sich allerdings gerade in Organisationen, in denen „jeder jeden kennt", umso dringlicher. Und die Schutzgarantie ist für die meisten Ratsuchenden die Grundbedingung für das Wagnis, ihr Recht auf Beratung in Anspruch zu nehmen. Allein dieses Argument ist zwingend genug, um den Vertrauensschutz in Beratungsprozessen ganz ernst zu nehmen.

Diese Erkenntnis trifft in besonderem Maße auf das „Betriebliche Eingliederungsmanagement" zu. Ohne eine hohe Sensibilität für die Bedürfnisse nach Verschwiegenheit und Datenschutz wird dieser besondere Beratungsauftrag, den der Gesetzgeber den Unternehmen und Betrieben seit 2004 auferlegt, nicht erfolgreich sein. Ich beschränke mich dabei ganz auf den Beratungsaspekt, der in der praxisorientierten Literatur zum BEM meiner Meinung nach etwas zu kurz kommt.[41]

[41] Ich verweise auf meine Publikation „Beratung im Rahmen des BEM" (Rieder Verlag, 2022), in der ich das Thema Beratung ausführlicher und im Kontext des Gesamtkonzepts des Betrieblichen Eingliederungsmanagements behandle.

10. Menschen mit gesundheitlichen Belastungen beraten

Beratung im Rahmen des Betrieblichen Eingliederungsmanagements

Was das Gesetz vorgibt

Wie sich der Gesetzgeber das BEM vorstellt

Der Gesetzestext in § 167 Abs. 2 Neuntes Sozialgesetzbuch (SGB IX) Satz 1–4 ist eindeutig:

„Sind Beschäftigte innerhalb eines Jahres länger als 6 Wochen ununterbrochen oder wiederholt arbeitsunfähig, *klärt der Arbeitgeber mit der zuständigen Interessenvertretung* im Sinne des § 176, bei schwerbehinderten Menschen außerdem mit der Schwerbehindertenvertretung, *mit Zustimmung und Beteiligung der betroffenen Person die Möglichkeiten,* wie die Arbeitsunfähigkeit möglichst überwunden werden und mit welchen Leistungen oder Hilfen erneuter Arbeitsunfähigkeit vorgebeugt und der Arbeitsplatz erhalten werden kann (betriebliches Eingliederungsmanagement). *Beschäftigte können zusätzlich eine Vertrauensperson eigener Wahl hinzuziehen.* Soweit erforderlich, wird der *Werks- oder Betriebsarzt hinzugezogen. Die betroffene Person (...) ist zuvor auf die Ziele* des betrieblichen Eingliederungsmanagements sowie auf *Art und Umfang der hierfür erhobenen und verwendeten Daten hinzuweisen*. Kommen Leistungen zur Teilhabe oder begleitende Hilfen im Arbeitsleben in Betracht, werden vom Arbeitgeber *die örtlichen gemeinsamen Servicestellen oder bei schwerbehinderten Beschäftigten das Integrationsamt hinzugezogen*.“ [Hervorhebungen P.W.]

Merkmale einer problemorientierten Beratung

Wesentliche Merkmale eines problemlösungsorientierten Beratungsprozesses sind benannt:

- Klärung von Möglichkeiten,
- offener Prozess unter Einbeziehung unterschiedlicher Sichtweisen und Interessenlagen,
- Zustimmung (Prinzip Freiwilligkeit) des Klienten zu seiner aktiven Beteiligung an dem Prozess (Subjekt, nicht Objekt der Beratung),

- Vorabinformation über die Ziele und Regeln des Verfahrens als Entscheidungsgrundlage für seine Zustimmung (Transparenz und Selbstbestimmung),
- Erweiterung der Kompetenzbasis für ein optimales Angebot an Optionen zur bestmöglichen Problemlösung.

Beratung – der blinde Fleck in Betriebsvereinbarungen zum BEM

In BEM-Betriebsvereinbarungen wird die Beratung selten professionell geregelt

In vielen Bemühungen auf betrieblicher Ebene, die grobe vom Gesetzgeber vorgelegte Skizze eines BEM in einen detaillierten Verfahrensplan auszuzeichnen, sind leider oft die psychologischen Aspekte zu wenig berücksichtigt worden. Nachzulesen in vielen Betriebsvereinbarungen, die zwar juristisch wasserdicht sein mögen, aber leider wenig Einfühlungsvermögen in die Situation Betroffener erkennen lassen, folglich auch kaum Antwort auf die Frage geben, wie Beratung im Rahmen des BEM-Verfahrens klienten- (und nicht nur ergebnis-)orientiert zu organisieren wäre.

Wenig Sensibilität für die Situation von BEM-berechtigten Mitarbeitern

Man stelle sich vor, ein Mitarbeiter, nach langer Krankheit oder nach einer Serie häufiger krankheitsbedingter Fehlzeiten erhält vom Arbeitgeber (nicht von seinem Vorgesetzten!) ein Schreiben, in dem ihm in formalistisch korrekter, aber distanzierter Diktion das BEM angeboten wird, um „einer erneuten Arbeitsunfähigkeit vorzubeugen und den Arbeitsplatz zu erhalten". Kann man von diesem Mitarbeiter erwarten, dass er sich vertrauensvoll, frei und ungezwungen in jenes Team von Systemrepräsentanten: Personaler, BR, evtl. SBV, bedarfsweise zuzüglich interner und externer Experten einreiht, um selbstbewusst und aktiv an der Lösung seines eigenen Problems (hohe Fehlzeiten, Arbeitsunfähigkeit) mitzuwirken? Wie hoch muss man Hürden bauen, damit auch den Mutigsten angesichts der Übermacht der Mut verlässt und er sich am liebsten gleich wieder krankmelden möchte?

Doch werfen wir einen Blick auf das BEM-Verfahren, wie es sich im Schema darstellen lässt.

Das BEM-Verfahren im Überblick

Phase I: ***Start und Entscheidung***	❶	Feststellung der BEM-Berechtigung; schriftl. BEM-Angebot des AG an den MA
	❷	Kontakt und Vorgespräch mit dem MA: Information übers BEM → Entscheidung des MA
Phase II: ***Fallbearbeitung und Maßnahmenplanung***	❸	Fallgespräch: Fallbegleiter mit dem MA
	❹	Fallbesprechung im BEM-Team (mit MA): Problemanalyse
	❺	Im Team (mit MA) Maßnahmen beraten, beschließen, Umsetzung planen
Phase III: ***Umsetzung und Monitoring***	❻	Maßnahmen umsetzen
	❼	Wirkung der Maßnahmen überprüfen und bei Bedarf anpassen (Monitoring)
Abschluss	❽	BEM-Prozess abschließen, evaluieren, dokumentieren

Abb. 13: Das BEM-Verfahren in 8 Schritten

Das BEM-Verfahren lässt sich in 8 Schritte gliedern, die sich wiederum in 3 Phasen plus Abschluss gruppieren:

Phase I: Start und Entscheidung

1. Feststellung der BEM-Berechtigung; Anschreiben des AG

1. Nach ***Feststellung der BEM-Berechtigung***[42] eines Mitarbeiters durch die Personalabteilung informiert der Arbeitgeber diesen in einem ***Anschreiben*** über seine BEM-Berechtigung, den Zweck und die rechtliche Grundlage des BEM-Verfahrens mit der Bitte um Rückmeldung. Zeitgleich ergeht ***Mitteilung*** darüber an den Betriebsrat und ggfs. auch an die SBV. Der so angesprochene Mitarbeiter entscheidet sich formulargerecht entweder vorneweg gegen das BEM oder für ein klärendes Erstgespräch vor seiner Entscheidung für oder gegen ein BEM. Ist der Klient an diesem Kontakt interessiert, kommt es

[42] Die BEM-Berechtigung tritt ein nach 6 Wochen (= 42 Kalendertage) krankheitsbedingter Dauerarbeitsunfähigkeit bzw. in der Summe kurzzeitiger Erkrankungen mindestens 30 Tagen AU (bei einer 5-Tage-Woche) in einem Zeitraum von 12 Monaten.

2. Erstgespräch: Information zum BEM, kompetente Entscheidung des Klienten

2. zu dem angebotenen ***Erst- oder Vorgespräch***, in dem es ausschließlich und ausführlich um die Klärung von Fragen des BEM-Berechtigten zum Verfahren, seiner Rechte und den Datenschutz im BEM geht. Je nach Regelung in einer BEM-Betriebsvereinbarung, führt das Gespräch der BEM-Beauftragte des Arbeitgebers oder der „persönliche BEM-Berater/-Begleiter", ein Mitglied des BEM-Teams, das der Klient im Anschreiben des AG auf der Liste der BEM-Berater und -Beraterinnen ausgewählt hat. Ziel des Erstgesprächs ist, dass der Klient eine kompetente und selbstbestimmte ***Entscheidung für oder gegen ein BEM*** treffen kann.

Phase II: Fallbearbeitung und Maßnahmenplanung

3. Fallgespräch: Problem erkennen

3. Angenommen, der Klient entscheidet sich nach diesem Erstgespräch *für* das BEM, tritt das Verfahren in die Phase II ein. Jetzt geht es um die gesundheitliche Situation des Klienten und ihre Auswirkungen auf seine Arbeitsfähigkeit. Dieses erste sehr persönliche ***Fallgespräch*** findet in der Regel unter vier Augen mit dem BEM-Berater/-Begleiter seines Vertrauens statt. Natürlich kann der Klient eine dritte Person seines Vertrauens, auch aus dem privaten Kreis, mit hinzuziehen. Seit der letzten Gesetzesänderung kann diese Person seines Vertrauens auch ein Rechtsanwalt sein.

4. Fallbearbeitung im BEM-Team

4. Vom Fallgespräch geht es in die ***Fallbearbeitung im BEM-Team***. In die Problemanalyse können nun weitere Sachkundige hinzugezogen werden: Betriebsarzt, die Sicherheitsfachkraft, der Abteilungsleiter, um nur die wichtigsten zu nennen. Selbstverständlich ist der Klient immer aktiv und im Bewusstsein seines Selbstbestimmungsrechts dabei und

5. Maßnahmenplanung

5. geht es schließlich im BEM-Team um die Frage nach sinnvollen ***Maßnahmen***, wie ggfs. der Tätigkeitsbereich (Arbeitsplatz) an die gesundheitliche Situation angepasst, wie die Änderungen in den Arbeitsprozess integriert werden können. Außer-

dem, wenn sich Finanzierungsfragen stellen, z. B. bei erforderlichen Investitionen, Überbrückungszahlungen oder bei Unterstützungsbedarf (Assistenz) macht es Sinn, Krankenkasse, Renten-/Unfallversicherung, externe Kompetenz mit ins Boot zu holen, bevor die erfolgversprechenden Ansätze in eine konkrete Planung überführt werden und diese in

Phase III: Umsetzung und Monitoring

6. so umgesetzt wird, dass sie sich in die Organisation und die Arbeitsprozesse der Abteilung mit möglichst wenig Reibungsverlusten ***implementieren*** lassen. Diese Anpassung betrifft nicht nur den Arbeitsplatz und die Funktionsbeschreibung des Klienten, sondern kann auch die Organisation (Team, Abteilung) betreffen.

   6. Umsetzung der Maßnahmen

7. Die Umsetzung der beschlossenen Maßnahmen muss in ihrer Wirkung erstens auf die gesundheitliche Situation des Klienten hin ***überwacht***, zweitens mit Blick auf die Integration in die Arbeitsprozesse und in das Kollegenteam samt Führungskräften ***begleitet*** werden. Ein gutes Monitoring der zeitlich definierten Erprobungsphase erkennt frühzeitig Schwachstellen im Integrationskonzept, beugt Spannungen und Konflikten vor und ermöglicht flexibles Nachjustieren, um den Erfolg der Maßnahme nicht zu gefährden.

   7. Erprobungsphase Monitoring

8. ***Abschluss***: Das BEM schließt mit der ***Evaluation*** und der ***Dokumentation*** des Prozesses. Die BEM-Akte wird geschlossen und bis zu ihrer Aushändigung an den Klienten oder ihrer Vernichtung sicher verwahrt. Sollten die Maßnahmen nicht den erwarteten Erfolg gebracht haben, kann erwogen werden, das BEM in einer weiteren Runde neu anzulegen.

   8. Abschluss: Evaluation Dokumentation

Struktur des Beratungsprozesses im BEM

In den Schritten 3–5 des BEM-Verfahrens finden wir alle drei Phasen unseres Modells eines Beratungsprozesses wieder: Problem erkennen; Lösungsmöglichkeiten suchen, sammeln, bewerten und sich entscheiden; Umsetzung planen. Was unterscheidet das BEM von dem in Kap. 6 beschriebenen Modell des Beratungsprozesses? Im BEM geht die Initiative höchst selten vom Klienten aus,[43] sondern vom Arbeitgeber, der zum Angebot eines BEM gemäß gesetzlichen Vorgaben und den eigenen Regelungen einer Betriebsvereinbarung verpflichtet ist.

Das BEM als Projekt, das BEM-Team als Projektteam

Die konzeptionelle Beteiligung verschiedener betriebsinterner und -externer Akteure (AG, BR, SBV, Abteilungsleiter, Betriebsarzt, Reha-Träger, Integrationsamt, um nur die wichtigsten zu nennen), erinnert an Projektarbeit. Sie alle bringen ihre speziellen Kompetenzen in den Beratungs- und Problemlösungsprozess ein. Dazu wird ein „Projektteam" gebildet, in dem sich unterschiedliche Kompetenzen und Zuständigkeiten versammeln und organisieren. Dem Projekt sind Ziele gesetzt, aber ob und wie diese Ziele zu erreichen sind, ist offen. Der BEM-berechtigte Mitarbeiter ist Beteiligter und Mitbestimmer dieses Such- und Entscheidungsprozesses. Diese aktive Rolle gibt ihm auch das Recht, das BEM-„Projekt" jederzeit abzubrechen.

Das BEM-Verfahren beruht auf den methodischen Prinzipien der Beratung, wie wir sie hier bereits kennen gelernt haben: Vertrauen, Selbstbestimmung und Selbstverantwortung, aktive Beteiligung.

Im Folgenden werfen wir einen Blick auf drei Aspekte des BEM-Verfahrens, die einen nicht unwesentlichen Einfluss auf das Beratungsgeschehen haben: Nur kurz sei, erstens, die betriebliche Öffentlichkeitsarbeit von Arbeitgeber und Betriebsrat zum BEM gestreift. Etwas ausführlicher betrachten wir, zweitens, das BEM-Team und, drittens, das offizielle Anschreiben des Arbeitgebers, in dem er dem BEM-Berechtigten das Angebot zum BEM macht.

---

[43] Es ist nicht ausgeschlossen, dass der Betroffene von sich aus die Durchführung eines BEM anregt. Genauso wenig ist es zwingend, mit der Einleitung des BEM die Frist von 6 Wochen abzuwarten, wenn ein früherer Beginn sinnvoll erscheint und der Betroffene damit einverstanden ist.

Drei Aspekte des BEM-Konzepts aus beraterischer Sicht

1. Öffentlichkeitsarbeit zum BEM

In der Öffentlichkeitsarbeit des BEM-Teams kritische Fragen ansprechen

Die wichtigste präventive Maßnahme gegen Missdeutungen und Misstrauen ist eine überzeugende Öffentlichkeitsarbeit, die sich nicht scheut, kritische und skeptische Fragen aus der Belegschaft aufzugreifen. Es leuchtet ein, dass eine einmalige Information nicht genügt. Das BEM-Team – in dem bekanntlich Arbeitgeber und Vertreter der Mitbestimmungsorgane zusammen agieren – sollte sich *persönlich und geschlossen* wenigstens einmal jährlich in Betriebs- und Abteilungsversammlungen präsentieren. Wenn dies im größeren Rahmen eines betrieblichen Gesundheitsmanagements geschieht, umso besser. Es darf augenscheinliche Einigkeit demonstriert werden im gemeinsamen Bestreben, das BEM ganz im Dienst des gesundheitlichen Wohls der Mitarbeiter zu betreiben. Flankiert werden diese Auftritte durch ansprechende schriftliche Informationen. Das Internet ist eine reiche Quelle für Anregungen dazu. Nur so kann das BEM ein positiver und anerkannter Teil der Unternehmenskultur werden, der niemanden mehr in Angst versetzt.

2. Das BEM-Team

Der Begriff „BEM-Team" findet sich nicht im Gesetz. Er entstand aus dem Bemühen, die Vorstellung des Gesetzgebers in die betriebliche Praxis umzusetzen. Danach ist der Arbeitgeber verpflichtet, das Eingliederungsverfahren durchzuführen und in Betrieben mit Arbeitnehmervertretungen diese daran zu beteiligen, sofern der betroffene BEM-Kandidat ihrer Mitwirkung nicht widerspricht. Bei Bedarf werden interne und externe Experten hinzugezogen, auch um Mittel zur Finanzierung empfohlener Maßnahmen zu akquirieren. Der betroffene Mitarbeiter ist an dem gesamten Prozess aktiv und selbstbestimmt zu beteiligen. Er kann seinerseits eine Person seines Vertrauens aus dem privaten Bereich, neuerdings sogar einen Anwalt, hinzuziehen. Ebenso ist er berechtigt, das Verfahren jederzeit abzubrechen.

Mitbestimmungsrecht des BR betrifft das Verfahren des BEM ...

Da die Einführung des BEM das Mitbestimmungsrecht des Betriebsrats nach § 87 BetrVG berührt und dieser sein Recht über den Abschluss einer Betriebsvereinbarung ausübt, muss das BEM-Verfahren im Einzelnen ausformuliert werden. Die Vorgaben des Gesetzes haben also unter anderem in verschiedenen Versionen des BEM-Teams als der zentralen Institution des betrieblichen Eingliederungsmanagements in Betrieben ihre eigene organisatorische Form gefunden.

... also auch das BEM-Team

Varianten des BEM-Teams

Je nach Betriebsgröße und Verhandlungsgeschick der Betriebspartner fallen diese Konstruktionen des BEM-Teams unterschiedlich groß aus. Bekannt sind mir Teams von sechs Mitgliedern, organisiert und geleitet von einem BEM-„Koordinator“, bis herunter zur Schwundform des Ein-Mann-„Teams“, worunter man sich eine reine Delegation des BEM an einen „BEM-Beauftragten“, in arbeitgebernaher Funktion, vorzustellen habe. Er führt das komplette Verfahren alleine durch, bedarfsweise unter Hinzuziehung von internen und externen Experten, und legt schließlich das Ergebnis, die geplanten Maßnahmen, dem Entscheider aus der Chefetage vor.

Die Schwerbehindertenvertretung im BEM-Team

Die Teams sind in der Regel paritätisch mit Personalreferenten und Betriebsräten besetzt. In manchen Teams ist die Schwerbehindertenvertretung mit einem ständigen Mitglied vertreten, mehrheitlich (gemäß Gesetz) nur in Verfahren schwerbehinderter und gleichgestellter Mitarbeiter.

In vielen BVs ist die Organisation des BEM-Teams unklar geregelt ...

Interessanterweise werden in vielen Betriebsvereinbarungen Fragen nicht oder nur selten geregelt, die für das Funktionieren des Teams nicht unerheblich sind. Diese betreffen vor allem die Leitung des Teams, die Entscheidung bei Stimmengleichheit und die Sitzungsorganisation. Dort, wo solche Fragen thematisiert wurden, werden sie meist einem „BEM-Koordinator“[44] in die Hand gelegt.

---

[44] Unter „Koodinator“ ist eine vom Arbeitgeber geschaffene Steuerfunktion zu verstehen, die die beteiligten Organisationseinheiten: Personalabteilung, Geschäftsleitung, BR, SBV, Arbeitssicherheitsfachkraft, Betriebsarzt und andere externe Institutionen mit dem BEM-Team vernetzt. Er ist auch für die interne Organisation und Leitung des Teams zuständig.

In kleineren Teams (mit bis zu vier festen Mitgliedern) fungieren die Teammitglieder auch als Berater – sofern Beratung des Klienten überhaupt anders vorgestellt wird denn als Gespräch mit ihm im Team.

Die Frage der Entscheidungskompetenz des BEM-Teams bzw. des BEM-Koordinators (in seiner Funktion als Arbeitgeberbeauftragter), wenn es um finanzielle Investitionen z. B. in erforderliche Infrastrukturmaßnahmen (Stichwort: Barrierefreiheit) geht, wird in den Betriebsvereinbarungen, soweit ich sehe, gemieden.

... ebenso die Entscheidungskompetenz des BEM-Koordinators.

Ich könnte mir vorstellen, dass ein in der Betriebsvereinbarung definierter finanzieller Verfügungsrahmen dem BEM-Team und dem BEM als integralem Bestandteil eines umfassenderen betrieblichen Gesundheitsmanagements (BGM) einen größeren Handlungsspielraum und mehr Akzeptanz in der Belegschaft verschaffen würde. Voraussetzung wäre, dass zuerst alle externen Geldquellen (Reha-Träger, Versicherungen, Integrationsamt und -fachdienst (IFD), Arbeitsagentur u. a.) ausgeschöpft werden, bevor man an die eigenen Ressourcen geht.

3. Das Anschreiben des Arbeitgebers

Das Anschreiben muss für den Empfänger ansprechend sein

Für den Klienten beginnt der Prozess mit dem zweiten Schritt, dem Ergebnis des rein administrativen ersten. Er bekommt das Schreiben des Arbeitgebers, einen formalisierten Text, der ja möglichst auf alle BEM-Fälle passen soll. Sollte! Denn das gelingt nicht so leicht. Zu verschieden sind die Krankheitsgeschichten und die Fehlzeitenserien. Wer sich in dem Anschreiben nicht angesprochen fühlt, wird wenig Lust verspüren, sich auf das „Angebot“ einzulassen. Werbung muss eben den persönlichen Punkt treffen, sonst verfehlt sie ihr Ziel. Viele Anschreiben sind so verfasst, dass ihre bürokratische Steifheit auf Menschen mit ernsten gesundheitlichen Problemen, die sich vielleicht selbst schon um ihre Arbeitsfähigkeit Sorge machen, mehr bedrohlich als fürsorglich wirkt. Wird der rechtliche Aspekt – BEM als *gesetzliche Pflicht* für den Arbeitgeber – betont, will *dieser* Arbeitgeber womöglich dem Verdacht begegnen, er fahre nun noch ein schärferes Geschütz auf als das des unbeliebten Krankenrückkehrgesprächs. Beim Mitarbeiter kommt jedoch an, dem Arbeitgeber gehe es gar nicht um ihn, den Kranken, sondern er tue es nur, weil das Gesetz ihn dazu zwinge. Schreibt man in unüblicher Weise freundlich, wirkt es wiederum auf viele Leser nicht mehr authentisch und erzeugt ebenfalls Misstrauen. Dies umso mehr, wenn der Stil des Schreibens im Widerspruch zu den gewohnten Umgangsformen steht.

Missverständnissen sind demnach Tür und Tor geöffnet. Was kann dagegen getan werden?

BEM-Anschreiben telefonisch ankündigen

Erstens kann das Schreiben telefonisch angekündigt werden. Das nimmt ihm seine Unpersönlichkeit, die jedem noch so freundlich getexteten Serienbrief anhaftet.

Anschreiben in zwei Versionen

– für Langzeitkranke

Zweitens empfiehlt es sich, das Angebotsschreiben in zwei Versionen zu verfassen: Die eine richtet sich an Langzeitkranke, die nach Erreichen des AU-„Solls" von 6-Wochen das Schreiben nach Hause bekommen. Das ist durchaus im Sinne des gesetzlichen Präventionsziels. Und von „Wiedereingliederung" zu sprechen, wie es in vielen Anschreiben geschieht, trifft auf ihre Situation zu. Das BEM-Verfahren kann nämlich schon während der Phase der Arbeitsunfähigkeit beginnen, z. B. während einer Reha-Kur nach schwerer Operation. Der Gedanke dabei ist, dass der Arbeitsplatz und die Arbeitsbedingungen dann bereits zur Rückkehr des Mitarbeiters an die schonende Wiedereingliederung angepasst sind.

– für Menschen mit einer Häufung von Kurzzeiterkrankungen

Die andere Version richtet sich an Mitarbeiter mit häufigen Kurzzeiterkrankungen (gezählt werden auch die AU-Tage ohne ärztliche Krankmeldung). Überwiegend handelt es sich bei diesen Patienten um chronisch kranke Menschen. Da passen keine noch so guten Genesungswünsche und von Wiedereingliederung zu sprechen, was im Anschreiben an die Langzeitkranken völlig passend war, ist bei den häufig Kurzzeiterkrankten deplatziert. In diesen Fällen kann man warten, bis der Mitarbeiter wieder am Arbeitsplatz ist, und ihn persönlich auf das Schreiben vorbereiten oder es ihm gleich mit mündlichem Kommentar in die Hand drücken.

Beratung im BEM-Team

Unklar bleibt, wie klientengerechte Beratung aussehen soll.

Ich habe die Erfahrung gemacht, dass die betrieblichen Akteure sich vor der Implementierung des BEM zwar ausgiebige Gedanken über den Datenschutz machen, aber kaum darüber, wie Beratung von Menschen mit ernsthaften gesundheitlichen Problemen und Sorgen in BEM-Verfahren klientengerecht zu gestalten wäre.

Hohe psychologische Anforderung an Beratung kranker Menschen

Das *kommunikative* Geschäft der Beratung und seine *psychologischen* Anforderungen treten erst ins Problembewusstsein, wenn erste Erfahrungen in BEM-Prozessen gemacht wurden. Vor der enormen psychischen Belastung, sich einem Team stellen zu müssen, das sich mit gezielten Fragen ein Bild von der gesundheitlichen Situation (genauer: von der Arbeitsfähigkeit) des BEM-Klienten machen will, schützt auch die beste Datenschutzregelung nicht.

**Datenschutz schützt Daten,
aber nicht die Seele.**

Die Mitglieder des BEM-Teams sollen sich mit gezielten Fragen ein Bild von der gesundheitlichen Belastungssituation des BEM-Klienten an seinem Arbeitsplatz und von seiner zukünftigen Arbeitsfähigkeit machen. Im Vordergrund stehen der kranke Mitarbeiter, nicht die Interessen des Betriebs, und das positive Gefühl der BEM-Aktiven, kranken Mitarbeitern ab jetzt wirksamer helfen zu können.

Verborgen blieb zunächst die enorme psychische Belastung für den Klienten, sich den Fragen eines Teams stellen zu müssen. Die kommunikative Seite der BEM-Beratung und ihre psychologischen Anforderungen traten erst durch Erfahrungen in der BEM-Praxis mehr und mehr ins Bewusstsein. Zwar hat man die Interessenschieflage der früheren Krankenrückkehrgespräche endlich überwunden, allerdings zum Preis einer neuen Stresssituation.

Beratung im Zweiergespräch

Die ganzheitliche Sicht

Stress durch Befragung des Klienten im BEM-Team

Manchen dämmert, dass auf den Schock, den das BEM-Angebotsschreiben des Arbeitgebers auslösen kann, der Stress der Befragung im BEM-Team folgt. Dieses neue Setting erinnert mehr an ein Tribunal, vor dem man seine Krankheitsgeschichte zu „rechtfertigen" habe, als an ein vertrauliches Beratungsgespräch. Nur im Zweier- oder Dreiergespräch kann jene Nähe entstehen, die Vertrauen schafft. Und nur Vertrauen lässt Menschen offen und ehrlich über ihre Belastungen, Ängste, Hoffnungen, Beziehungen, eigene Schwächen und Fehler sprechen. Solche Einblicke gehen in vielen Krankheitsgeschichten weit über das eigentliche Krankheitsgeschehen im medizinischen Sinne hinaus und haben durchaus Relevanz für die Suche nach passenderen Problemlösungen.

Nähe schafft Vertrauen, Vertrauen öffnet Menschen.

Die Belastungssituation des Klienten ganzheitlich betrachten

Erst im Lichte einer umfassenden, d. h. ganzheitlichen Betrachtung der Belastungssituation findet die diagnostizierte Krankheit ihren Platz und ihren Stellenwert im Kontext der Gesamtbelastung. Im BEM geht es natürlich nicht darum, Maßnahmen zu treffen, die über den betrieblichen Rahmen hinausgehen. Aber es macht einen Unterschied in der Beratung, ob der Berater sich nur für Belastungsfaktoren am Arbeitsplatz interessiert oder ob er auch Signale des Klienten wahrnimmt, die auf private Belastungen hinweisen. Und ob er, wenn der Klient es zulässt, auch einen Blick über den betrieblichen Zaun wagt.

Ein Beispiel:

> *Frau Gerda Hansen lebt nach Scheidung mit ihrem Kind, das in die Grundschule geht, bei ihren Eltern. Das bot sich zum einen aus finanziellen Gründen an, zum anderen ist ihre Mutter pflegebedürftig und ihr Vater mit Pflege und Haushalt völlig überfordert. Unterm Strich hat sie einen Vier-Personen-Haushalt samt Pflege und Schulkind neben ihrem Job zu bewältigen. Sie selbst leidet seit Jahren unter schlimmer Migräne, diverse Therapien haben keinen nachhaltigen Erfolg gebracht. Die Schmerzattacken*

dauern zwei bis drei Tage, in denen sie unfähig ist, das Haus zu verlassen, geschweige denn mit dem Auto zur Arbeit zu fahren. Ihr wachse, so ihr Fazit, längst alles über den Kopf, sie sehe aber keinen Ausweg.

Belastungsfaktoren des Privatlebens nicht ausblenden

Ihre Beraterin, die dieses Gesamtszenario in den Blick nimmt, wird anders mit der Klientin nach Möglichkeiten *des Betriebs* suchen, um ihrem Dauerstress entgegenzuwirken, als wenn nur die Belastungsfaktoren ihres Arbeitsplatzes zur Sprache kämen, z. B. die ungünstigen Licht- und Akustikverhältnisse im Großraumbüro, die *vordergründig* Auslöser von Migräneattacken sind. Es liegt nahe, in einem solchen Fall auch nachzufragen, ob sie einen ambulanten Pflegedienst für ihre Mutter in Anspruch nehme ... Wer im Hamsterrad rödelt, sieht oft die einfachsten Lösungen nicht. Das Hauptproblem für Frau Hansen sind nicht die Lichtverhältnisse und die störenden Geräusche am Arbeitsplatz, sondern die Mehrfachbelastung durch Job, Haushalt, Pflege und Kind. Die Suche nach geeigneten Maßnahmen wird nach dieser Problemanalyse breiter verlaufen, als wenn man nur nach den (mehr zusätzlich als ursächlich) belastenden Faktoren am Arbeitsplatz gefragt hätte.

Dieses kleine Beispiel veranschaulicht das Problem der Beratung im BEM. Die Problemanalyse im BEM-Team, die aller Wahrscheinlichkeit nach im Frage-Antwort-Modus abläuft, würde kaum die Belastungsfaktoren ihres Privatlebens „abfragen" können, ohne die Klientin in eine unzumutbare Verhörsituation zu bringen.[45]

Was bedeutet das erstens für die Konzeption von Beratung im BEM? Und, zweitens: Wie kann man sich eine dem Zweck dienliche Konzeption des BEM-Teams vorstellen?

[45] Ich halte gezielte (= „direktive", s. dazu S. 83 ff) Fragen zum Privatleben von BEM-Klienten nicht nur für unzumutbar, sondern schlicht für unzulässig im Gegensatz zum „nicht-direktiven Nach-Fragen" (s. S. 79 f) zu einer Äußerung des Klienten, durch die er das Gespräch für außerbetriebliche Aspekte geöffnet hat.

Beratung in schützendem Rahmen und störungsfreiem Raum

Vom Zweier-/Dreiergespräch zur Sitzung im BEM-Team

Beratung im BEM-Verfahren individuell gestalten

Beratung im BEM braucht, wie jede persönliche Beratung, einen geschützten Rahmen, nicht nur nach außen hin – Stichwort: störungsfreie Räumlichkeit –, sondern auch ein schützendes Setting: eine vertrauliche Gesprächssituation. In der Regel das Zweiergespräch mit einem Berater, einer Beraterin nach eigener Wahl.

Je nach Gesprächsziel kann dieses Setting erweitert werden, z. B. durch Hinzuziehung des Betriebsarztes oder des Vorgesetzten. Was in den Vier- oder Sechs-Augen-Gesprächen erarbeitet wird, dient schließlich als Vorlage für die Maßnahmenplanung und -entscheidung im Team. Dort werden ggf. auch die Möglichkeiten geprüft, externe Mittel in Anspruch nehmen zu können. Der Beratungsprozess ist bis zu diesem Stadium bereits weit fortgeschritten und die Beteiligung des Klienten an der Teamsitzung ist für ihn nicht mehr bedrohlich.

Fazit zur ersten Frage: Persönliche Beratung hat intimen Charakter. Sie braucht die Vertrautheit zwischen den Gesprächspartnern. Diese Qualität muss auch im BEM-Verfahren gewährleistet sein.

Nun zu unserer zweiten Frage: Welche Konsequenzen hat diese Forderung für die Konzeption des BEM-Teams?

Zwei Varianten des BEM-Teams im Modell

Das BEM-Team hat im Wesentlichen drei Funktionen:

1. Organisation der individuellen BEM-Verfahren und der teaminternen Arbeitsorganisation
2. Individuelle Beratung des Klienten: Problemanalyse und Suche nach geeigneten Lösungsmöglichkeiten
3. Maßnahmenplanung, -entscheidung und -umsetzung.

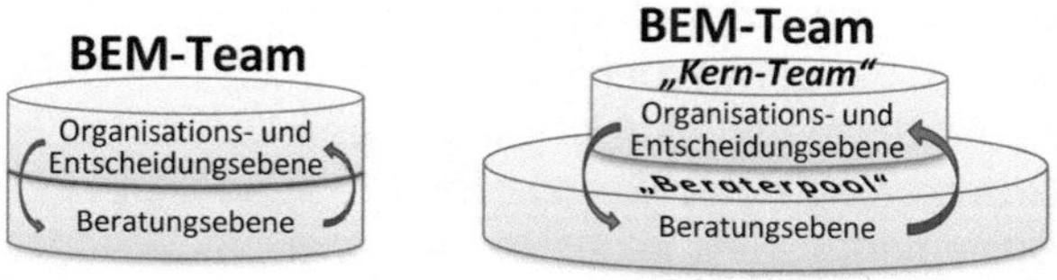

Abb. 14: Das BEM-Team in kleineren und größeren Betrieben

Zwei Modelle des BEM-Teams: für kleinere und größere Betriebe

In BEM-Teams kleinerer Betriebe werden die Teammitglieder sowohl als persönliche Berater von Klienten als auch in Organisation, Planung und als Mitentscheider im Team fungieren. In größeren Betrieben werden sich die Funktionen personell stärker differenzieren. In erweiterten Teams und bei entsprechend höheren Fallaufkommen wird die Beratungsebene von der Organisations- und Entscheidungsebene (AG- + BR-Vertreter) weitgehend[46] getrennt sein. Der *„Beraterpool“* wird größer sein als das *„Kern-Team“*, in dem die BEM-Maßnahmen entschieden werden.

Kernteam und Beraterpool

Der Zeitaufwand der persönlichen Beratung dürfte jenen für die Verfahrens- und Sitzungsorganisation sowie die Maßnahmenplanung (Organisations- und Entscheidungsebene) im *„Kernteam“* übersteigen. Um alle anstehenden BEM-Fälle zeitnah bearbeiten zu können, sollte der *„Beraterpool“* (Beratungsebene) nicht zu knapp bemessen sein, zumal darin beide Geschlechter ausreichend vertreten sein sollten. Unter der Berücksichtigung der Wahlmöglichkeiten stehen im Beraterpool folglich *mindestens* je zwei Mitglieder

[46] Dass die beiden Ebenen nicht durchgängig zu trennen sind, zeigt sich an der Rolle der Schwerbehindertenvertrauensperson, die gesetzesgemäß zu all jenen Teamsitzungen zu laden ist, in denen Fälle schwerbehinderter und ihnen gleichgestellter Mitarbeiter beraten wird. Die Mitwirkung der Schwerbehindertenvertrauensperson in einer BEM-Teamsitzung, die sich mit dem BEM-Verfahren eines schwerbehinderten Klienten befasst, setzt auch nicht voraus, dass sie vom Klienten zum persönlichen BEM-Berater/-Begleiter gewählt wurde. Ihr Ausschluss von der Beteiligung am Verfahren kann nur vom Klienten bestimmt werden. Analog gilt dies auch für den individuellen Wunsch von Klienten, den BR vom eigenen BEM-Verfahren auszuschließen.

des Personal- und/oder Führungskräftebereichs, des BR und der Schwerbehindertenvertretung den BEM-Klienten zur Wahl. Warum jeweils zwei? Damit in jeder Gruppierung beide Geschlechter repräsentiert sind. Diese mindestens sechs Beraterinnen und Berater nehmen nur an den Fallsitzungen des Teams teil, in denen die Fälle ihrer Klienten bearbeitet werden. Hier fungieren sie als Begleiter (oder „Paten") an der Seite ihrer Klienten in den Teamsitzungen. Da das Kernteam praktischerweise mehrere Fälle in einer Sitzungssequenz abarbeitet, wechselt auf der Beraterseite die Teamzusammensetzung von Fall zu Fall.

Berater beiderlei Geschlechts zur Wahl

Verlagerung eines großen Teils des Verfahrens in die Beratungssitzungen

In den Beratungsgesprächen Vorarbeit und mentale Vorbereitung auf die Sitzungen im BEM-Team

In den separaten Beratungssitzungen wird die Vorarbeit zur Maßnahmenplanung und -entscheidung im Kernteam geleistet. Nach der Fallanalyse stellt sich die Frage, was hilfreich wäre, um die Arbeitsbedingungen der gesundheitlichen Situation so anzupassen, dass sich diese verbessern kann, infolgedessen die Fehlzeiten zurückgehen und der Arbeitsplatz bzw. das Beschäftigungsverhältnis erhalten werden können. Auch in dieser Phase der Beratung ist das Fenster zur Privatsphäre noch nicht geschlossen. Veränderungen hier wie dort können, ja sollten Hand in Hand gehen.

In komplexen Belastungssituationen greift eine rein betriebliche Problemlösung zu kurz.

Wenn Frau Hansen, um unser Fallbeispiel (s. S. 186 f) wieder aufzugreifen, ihre häusliche Belastungssituation durch externe Hilfen verbessern könnte und der Betrieb beispielsweise ihr mit einer stärkeren Flexibilisierung ihrer Arbeitszeit und/oder ersatzweise mit dem Angebot von Home-Office-Tagen nach ihren Bedürfnissen entgegenkommen würde, dann ließe sich der Stresspegel und die chronische Dauerüberlastung nachhaltig senken. Eine medizinische Migränetherapie hätte wieder eine Chance. Diese Überlegungen, die Frau Hansen gemeinsam mit ihrer persönlichen BEM-Beraterin angestellt hat und die schließlich ihrer Hoffnung auf Entlastung Auftrieb gegeben haben, sind das Ergebnis einer intensiven Beratung. Anfänglich war Frau Hansen kaum zu aktivieren, da sie schon längst resigniert hatte. Erst nach und nach, nicht zuletzt dank Einbeziehung ihres Arztes, keimte Hoffnung und die Bereitschaft, sich doch auf die Frage nach möglichen Veränderungen einzulassen. Sie ging dann, die Beraterin an ihrer Seite, zuversichtlich in die Sitzung des Kernteams, dem sie mit Unterstützung ihrer Beraterin die Vorschläge präsentierte. Außerdem ließ sich der Betrieb von einem Arbeitsschutz-Experten beraten, wie der Arbeitsplatz von Frau Hausen technisch auf ihre Licht- und Lärmempfindlichkeit umgerüstet werden kann.

Klienten mit Geduld ermutigen

Dieses Beispiel zeigt, wie wichtig Beratung ist, geduldige Beratung, in der sich der Berater ganz auf den Klienten einlässt, seine psychische Befindlichkeit wahrnimmt, um mit ihm gemeinsam einen Weg zu finden, der eine reelle Chance zur Verbesserung seiner gesundheitlichen Situation führt. Der Erfolg des BEM steht und fällt mit der Qualität der individuellen Beratung.

Schlussbetrachtung: Grenzen und Chancen betrieblicher Beratung

Perspektiven betrieblicher Beratung

Primäre Erwartung an den betrieblichen Berater als Problemlöser

Ähnlich wie in Supervision und Coaching sind die Erwartungen an Beratung im betrieblichen Kontext meist an akute, handfeste Problem- oder Konfliktsituationen gekoppelt. Der betriebliche „Laienberater“ wird zunächst angesprochen als Problemlöser. Seine primäre Funktion, sei er Arbeitnehmervertreter oder Vorgesetzter, ermächtigt ihn zu handeln, das heißt, persönlich als Akteur in Konflikte einzugreifen. Vorrangig wahrgenommen wird seine Handlungskompetenz. Er ist als „Macher“ gefragt. Wie ein Notarzt soll er am besten auf der Stelle helfen und retten. Beratung hat demgegenüber nachrangige Bedeutung. Ihre Funktion wird allenfalls darin gesehen, den Ratsuchenden im Vorfeld der Konfliktintervention hinreichend zu informieren.

Beratung im Betrieb ist mehr als Notfallrettung.

Beratung im Betrieb kann und sollte mehr sein als Notfallrettung. In vielen Problemlagen und Konflikten sind die Dinge komplizierter, als sie auf den ersten Blick scheinen. So kann hinter einem einfachen Rechtskonflikt nach und nach ein komplexes soziales oder psychisches Problem zum Vorschein kommen, das zwar mit der Rechtsfrage eng verknüpft ist, mit deren Lösung aber die ursächliche Problematik nicht beseitigt wird. Die Isolierung der Rechtsfrage von der tieferen Schicht des sozialen und psychischen Konflikts und die Verkürzung des Konflikts auf die rechtliche Dimension greift als pure Symptombehandlung zu kurz.

Widerstände gegen den selbstkritischen „Blick unter den Teppich“ – 3 Motive –

Gegen den forschenden Blick unter den Teppich gibt es verschiedene Widerstände:

erstens den Wunsch des Arbeitnehmervertreters oder Vorgesetzten, durch rasches Handeln seine Tatkraft und Kompetenz bzw. seine Führungsstärke unter Beweis zu stellen (Motiv 1);

zweitens die Illusion, mit der Beseitigung des am leichtesten zu fassenden Aspekts könne das Problem insgesamt gelöst werden (Motiv 2);

drittens – und dieser Gedanke hängt mit dem zweiten Motiv eng zusammen – die Scheu, die tieferen Schichten des Konflikts offen zu legen (Motiv 3).

Transparente Rollentrennung: Vor dem „Macher" kommt der Berater!

Motiv 1

Motiv 1 verweist auf die besondere ***Rollenkonstellation des „Machers"***, (Interessenvertreter, Führungskraft) ***und des Beraters in einer Person***. Damit dem Erwartungsdruck nicht die Beratung geopfert wird, muss er sich beider Funktionen bewusst sein und sie als eigenständige Schritte auf dem Weg zur Problemlösung begreifen. Es empfiehlt sich, diese Rollentrennung in Berater und „Macher" dem Klienten transparent zu machen, so wie ein Arzt den Patienten auch erst nach Anamnese und Diagnose behandelt. Wir haben uns in **Kapitel 1** ausführlich damit beschäftigt.

Rollentrennung von Interessenvertreter („Macher") und Berater

Reduktion komplexer Probleme – nicht schon in Phase I der Beratung!

Motiv 2

Motiv 2 erklärt sich aus der (befriedigenden) ***Reduktion komplexer Probleme*** auf den Aspekt, der unserer Erfahrungs- und Handlungskompetenz am leichtesten zugänglich ist. Dieser – aus der betriebsrätlichen Perspektive vornehmlich rechtliche – Zugang führt allzu oft nur ***auf die Symptomebene***. Hier lässt sich was machen; die Intervention ist erfolgreich. Und wir wundern (und ärgern) uns dann, wenn jemand, dem wir eben aus der Patsche geholfen haben, sich erneut in einer (meist ähnlichen) Konfliktsituation wiederfindet. Die vorwurfsvolle Frage des Helfers, ob er denn aus dem letzten Konflikt nichts gelernt habe, lässt nicht lange auf sich warten. Selten legt sich der Helfer Rechenschaft darüber ab, worin *sein* Anteil am neuerlichen Scheitern liegt. Welcher Berater-„Macher" wird sich schon selbstkritisch die Frage stellen, ob die Fokussierung seiner Hilfe auf das Symptom und dessen rasche Beseitigung nicht

Probleme nicht auf die Symptomebene reduzieren.

Gefahr von Scheinlösungen

gerade den Blick auf die tiefer liegende Problematik verstellt und einer Scheinlösung Vorschub geleistet habe? Und die weitere Frage, ob er nicht auf diese Weise unversehens die Illusion des Betroffenen (und seine eigene) genährt habe, mit dem Verschwinden des Symptoms oder sekundären Konflikts sei auch seine tiefere Ursache, der Primärkonflikt, überwunden?

Die verschiedenen Ebenen einer Problemlage erkennen und den ganzheitlichen Blick bewahren

Von einem betrieblichen Helfer kann nicht erwartet werden, dass er die Komplexität des Problems seines Klienten auch über die Schwelle zum konkreten Handeln durchhält. Er wird beispielsweise einen Ehekonflikt, der die Klientin bzw. den Klienten so sehr belastet, dass ihre/seine Leistungsfähigkeit am Arbeitsplatz in Mitleidenschaft gezogen ist, ebenso wenig bearbeiten können, wie ein Psychotherapeut seinem Patienten einen Arbeitsplatz verschaffen oder ihn aus seiner finanziellen Notlage befreien kann. Dennoch wird der Therapeut diesen materiellen Aspekt nicht ausblenden dürfen, will er ihn erfolgreich aus seiner psychischen Krise herausführen. Gedanklich vermag jeder von uns die verschiedenen Ebenen und Aspekte eines Problems zu unterscheiden, seelisch wird der Problemdruck ganzheitlich erfahren. Der Berater hilft dem Klienten, zunächst sein Problem zu sortieren und zu klären, um danach den Fokus der weiteren Beratung auf den betriebsbezogenen Aspekt zu richten. Die Kenntnis des gesamten Problemkomplexes verhindert Fehleinschätzungen der Belastbarkeit des Klienten und Fehlwege bei der Suche nach geeigneten Lösungen für die betrieblichen Problemaspekte. Beim Verzicht auf (vor)schnelle Reduktion des Problems geht es also darum, den ganzheitlichen Blick auf die Person des Klienten auch in der Phase der Lösungsfindung für den betrieblichen Bereich zu bewahren.

Da ist zunächst die Frage, was der Klient von mir erwartet. Was und wen sucht er, wenn er mit seinem Problem bei mir anklopft? Den versierten Profi, der sofort die einzig richtige Lösung wie ein Magier das Kaninchen aus dem Hut zieht? Wie ehrlich kann ich als Anfänger sein, ohne sein Vertrauen zu verspielen?

Und wer hilft mir, wenn ich überfordert bin und selber Rat brauche?

Der Blick unter den Teppich: Das fremde Chaos und die vertraute Unsicherheit

Motiv 3

Mit diesen Fragen hängt die Scheu vieler Berater zusammen, mit dem Klienten zusammen die ***Vielschichtigkeit seines Problems*** zu ergründen – ***Motiv 3***. Dies wird umso verständlicher, wenn man damit den Blick unter den Teppich riskiert. Er erfordert nicht nur Fingerspitzengefühl Verständnis und Geduld, sondern auch Mut, sich auf die Unübersichtlichkeit und Widersprüchlichkeit von Gefühlen, Einstellungen und Handlungen einzulassen. Je komplexer eine Problematik, desto schwieriger wird es, zielsicher zu beraten.

Mut, sich auf die Komplexität von zwischenmenschlichen Konflikten einzulassen

Die Kompetenz des Beraters erweist sich in solchen Fällen weniger in Lösungsangeboten als vielmehr in der Fähigkeit, zusammen mit dem Klienten beharrlich danach zu ***suchen, was jener wirklich will***, welche persönlichen Ressourcen er dazu mitbringt und welche Hindernisse dem entgegenstehen. Der Berater ist dabei mit sich selbst in weit höherem Maße konfrontiert, als wenn er die Beratung auf das sichere Gelände purer Sachkompetenz beschränkt.

Umso mehr er sich auf die Person des Klienten und nicht nur auf dessen Problem einlässt, kommt auch seine ***eigene Person*** – über alle Sach- und Gesprächsführungskompetenz hinaus – ins Spiel. Empathie, vorbehaltloses Akzeptieren, Distanzierung und Authentizität haben wir in **Kapitel 3** als die vier Grundhaltungen des Beraters kennen gelernt, die uns bewusst machen, dass in so verstandener Beratung im geschützten Raum des Vertrauens mehr ausgetauscht wird als nur Sachinformationen.

Wer sich auf den anderen einlässt, wird auch mit sich selbst konfrontiert.

Führt uns, so werden Sie zu Recht kritisch fragen, dieser Anspruch an Beratung nicht bereits auf das Feld der Therapie? Hat therapienahe Beratung, von Laien praktiziert, überhaupt im Betrieb etwas zu suchen?

Laienberatung (ohne therapeutischen Anspruch) fragt nach dem Was und Wie, aber nicht nach dem analysierenden Warum.

Ganz sicher nicht! Mit diesen Überlegungen spreche ich nicht einer „Therapisierung" der betrieblichen Laienberatung das Wort.[47] Im Gegenteil: Laienberater dürfen weder mit dem Anspruch antreten, noch der Versuchung erliegen „(hobby-)psychologische Analysen" zu betreiben und mutig entsprechende „Diagnosen" zu stellen, noch therapeutische „Rezepte" zu verordnen. Die Laienberatung muss sich mit der ***Beschreibung*** und dem ***Verstehen*** einer Problemsituation begnügen; die psychologische Ursachenforschung überfordert die Laienberatung. Ein solcher Schritt ist von der Kompetenz des Laienberaters nicht mehr gedeckt. Mit anderen Worten: Das Wie – in allen Details und auch die tieferen Motive des Handelns berührend – ist ihm erlaubt, das Warum, die Analyse, nur im Bereich der äußeren Problem- oder Konfliktfaktoren.[48]

Klärungs- und Entscheidungshilfe nach dem Prinzip „Hilfe zur Selbsthilfe"

Beratung spiegelt dem Klienten seine Situation ohne fremde Wertung.

Allerdings ist das Veränderungspotenzial auch eines „nur" beschreibenden Umgangs mit Problem- und Konfliktkonstellationen nicht zu unterschätzen. ***Klärungs- und Entscheidungshilfen***, die beiden Schritte zur Umsetzung des Beratungsprinzips ***„Hilfe zur Selbsthilfe"*** (s. **Kap. 2**), führen den Klienten an die äußere und auch an die eine oder andere innere „Zwiebel"-Schicht seines Problems heran. Es bleibt aber allein ihm anheimgestellt, welche Schlüsse und Konsequenzen er daraus zieht. Die Beratung ist zu verstehen als Spiegel. Er führt dem Betroffenen nicht

[47] Sie findet ohnehin häufiger statt als allgemein angenommen. „Diagnosen" inklusive Ratschläge nach dem Strickmuster: Ich erkenne deine Persönlichkeitsschwäche und sage dir, was du zu tun hast (z. B.: *„Du musst mehr Selbstbewusstsein entwickeln!"; „Ich an deiner Stelle würde den Konflikt mit dem Vorgesetzten riskieren."; „Du musst endlich zu deiner Behinderung stehen!"*), zielen ja auch auf veränderte Einstellungen und ein verändertes Verhalten hin.

[48] Dies gilt ganz besonders im Umgang mit Menschen, die Suchtprobleme zeigen.

nur die komplexe Situation vor Augen, sondern lässt ihn auch sich selbst als Subjekt des Konfliktgeschehens erkennen. Spiegel reflektieren nur, sie werten nicht. Genauer gesagt, sie reflektieren nur jene Wertungen, die der Ratsuchende selbst äußert, und enthüllen gleichzeitig ihren subjektiven Charakter.[49] Damit werden sie einer rationalen Selbstüberprüfung durch den Klienten zugänglich.

Ziel: rationale Lösungen ermöglichen

Nicht „Therapie" ist also das Ziel der betrieblichen Laienberatung, sondern ***rationalen Lösungen eine Chance zu geben***. Das heißt:

- Not- oder Scheinlösungen und die Fixierung auf eine Alles-oder-nichts-Alternative zu überwinden,
- den Klienten mit den inneren und äußeren Realitäten zu konfrontieren und ihn mit ihren Möglichkeiten, Grenzen und Risiken vertraut zu machen,
- seinen Blick zu weiten auf ein Spektrum von Optionen, die möglicherweise miteinander kombinierbar sind,
- ihm zu helfen, realistische Zielvorstellungen zu entwickeln, mit denen er sich identifiziert,
- selbstbestimmt zu Entscheidungen zu finden und sich ihrer Konsequenzen bewusst zu sein,
- Schritte zur praktischen Umsetzung der Ziele und den eigenen Beitrag dazu festzulegen.

Halt im Chaos der Gefühle durch strukturierte Gesprächsführung

Beraten heißt partnerschaftlich begleiten.

In den **Kapiteln 4 und 5** haben wir die ***methodischen Grundlagen*** erarbeitet. Sie ermöglichen es uns in der Beratung, die Gespräche strukturiert zu führen, ohne die partnerschaftliche Nähe auf dem gemeinsamen Weg zum Ziel preiszugeben. Beraten heißt begleiten. Das Tempo gibt der Klient vor. Ihm hat sich der Be-

[49] Die im Gewand einer falschen Objektivität auftretende Wertung des Klienten: *„Diese Abmahnung ist völlig überzogen und ungerecht."* wird in der Spiegelung des Beraters auf ihren subjektiven Charakter zurückgeführt: *„Du fühlst dich durch diese Abmahnung ungerecht behandelt."*

rater anzupassen, will er ihn nicht alsbald verlieren. Die Richtung kann er mit sanftem Druck beeinflussen – ich sage bewusst vorsichtig: beeinflussen, nicht: bestimmen! Ob Hindernisse überwindbar sind oder nicht, entscheidet der Klient. Der Berater kann wohl den Klienten an (s)ein Hindernis heranführen, um es sich genauer anzusehen. Aber er kann ihm den Sprung darüber weder verordnen, noch abnehmen, noch sollte er ihn überreden zu springen. Manchmal braucht es einfach Zeit und Geduld, bis der Mut zum Sprung wächst. Und dazu wird es vielleicht auch nötig sein, das Hindernis nicht nur einmal genau von allen Seiten und in seiner Zusammensetzung zu studieren. Durch genaues Hinschauen schrumpft manches Hindernis schon von alleine.

Instrumente der direktiven Gesprächsführung sparsam einsetzen.

Gewiss, betriebliche Beratung ist vorrangig problemlösungsorientiert. Der „Macher" muss sich nicht hinter dem Berater verstecken. Aus methodischer Sicht heißt das, dass der Berater auf ***direktive*** Steuerung des Beratungsprozesses nicht verzichten muss. Dennoch empfehle ich, sie behutsam einzusetzen. Die Gefahr, unversehens die Verantwortung für das Gelingen nicht nur der Beratung, sondern anschließend auch für deren Umsetzung zu übernehmen, ist nicht zu unterschätzen. Das Prinzip der Hilfe zur Selbsthilfe wird allzu leicht dem – beiderseitigen! – Wunsch nach rascher Problemlösung und entschlossener Intervention geopfert. Soweit wie möglich ist das Gespräch ***nicht-direktiv*** zu führen, um der Beratung nicht ihren Charakter des Begleitens zu nehmen. Die Instrumente des Aktiven Zuhörens, Spiegelns, Zusammenfassens und Nachfragens erlauben, wie wir gesehen haben, eine weitreichende Gesprächs*steuerung*, die den Schulterschluss mit dem Klienten nie verliert.

Vorrang hat die nicht-direktive Gesprächsführung

Den direktiven Anteil im Verhalten des Beraters sehe ich mehr in der ***Verantwortung für den strukturierten Verlauf*** des Beratungsprozesses, wie wir ihn im Trichtermodell (Kap. 6) kennen gelernt haben. Der Berater trägt aber nicht nur die Verantwortung dafür, sondern er macht die Struktur dem Klienten auch transparent. Vorgriffe auf Lösungswege, bevor überhaupt die

Verantwortung für strukturierte Beratung

Problematik detailliert erfasst und benannt ist, sind behutsam und mit einer Begründung zurückzuweisen, die dem Klienten den Vorteil, Schritt für Schritt vorzugehen, plausibel macht. Das Direktive liegt also mehr auf der Verfahrens- als auf der Inhaltsebene. Der Klient erlebt so die Gesprächsführung, die ihm Sicherheit vermittelt, ohne sich bevormundet zu fühlen.

Die Schrittfolge des Beratungsprozesses beachten und dem Klienten verständlich machen.

Dem Anfänger ist es eine Strukturierungshilfe, sich die Schritt- oder Phasenabfolge der Beratung aufzuschreiben und während des Gesprächs vor sich liegen zu haben. Sobald klar ist, dass es um mehr geht als um eine bloße Information, macht es Sinn, den Ratsuchenden in das Verfahren „einzuweihen" und ihm den Sinn des strukturierten Vorgehens verständlich zu machen. Dann fällt es dem Berater in „Chaosphasen", wenn das Gespräch hin und her zu springen oder sich im Kreis zu drehen droht, leichter, die Gedanken und Gefühle wieder „einzufangen" und auf die zielführende Bahn zurückzuführen.

Für ein solches Einfangen oder Einsammeln eignet sich hervorragend das Paraphrasieren. Der Berater ruft also den Klienten nicht zur Ordnung (denn der Berater trägt die Strukturverantwortung, nicht der Klient), sondern fasst seine Äußerungen zusammen und greift diejenigen heraus, die für die anstehende Gesprächsphase relevant sind. Gleich zu Beginn, in ***Schritt 1 (Problemschilderung)*** geäußerte Lösungswünsche und -ideen des Klienten werden in ***Schritt 2 (Problemdefinition)*** vom Berater zwar gespiegelt, aber noch nicht bearbeitet. Der Fokus liegt auf dem Ziel „Klärung" des Problems. Erst in ***Schritt 3***, der den Blick auf die ***Wünsche und Zielvorstellungen des Klienten sowie deren Chancen und Risiken*** lenkt, können die diesbezüglichen Äußerungen aus Schritt 1 wieder aufgegriffen werden.

Direktive Instrumente zur Verfahrenssteuerung

Abgesehen vom direktiven „Weiterfragen", das der Inhaltsebene zuzuordnen ist, beziehen sich alle anderen direktiven Instrumente: Weichenfrage, Struktur- und Regelvorgaben, Aufforderungen zur Stellungnahme, auf die Ebene der Verfahrenssteuerung.

Beratung bewegt sich auf drei Ebenen

Die Kunst der Gesprächsführung in der Beratung liegt also darin, sich gleichzeitig auf drei Ebenen zu bewegen: auf der ***Sach-,*** der ***Person-*** und der ***Verfahrensebene***. Letztere ist auch bekannt unter dem Begriff *„Metaebene"*.

Diese Wechsel erfordern eine Balance zwischen Nähe und Distanz.

Der Person ganz nah und in der Sache engagiert sein und trotzdem darüber stehen; nie den Überblick verlieren und trotzdem nicht den Klienten bevormunden – diese ***Balance zwischen Nähe und Distanz*** ist in jedem Beratungsgespräch neu zu suchen, beginnend bereits im ***Kontaktgespräch*** **(Kap. 5)** wie in der ***Gestaltung und Strukturierung des Beratungsprozesses*** selbst **(Kap. 6)**.

Die ***Balance von Nähe und Distanz***, angelegt in der Methodik der Gesprächsführung **(Kap. 7)**, hilft nicht nur dem Klienten, sondern sie schützt auch den Berater vor emotionaler Vereinnahmung. Außerdem vermindert sie die Gefahr der ***„Delegation" des Problems*** an den Berater und die ***Abgabe der Verantwortung*** des Klienten für die Lösung seines Problems.

Die Beschwerde als Mittel, Konflikte zu eskalieren

Beschwerdefälle sind meist komplexer, als auf den ersten Blick zu erkennen ist.

Kapitel 8 hat gezeigt, wie wichtig die Beratung ist im Falle von Beschwerden. Ein Konflikt, der zu einer Beschwerde führt, wird vom Beschwerdeführer häufig nach dem einfachen ***Täter-Opfer-Schema*** dargestellt. Erst bei genauerem Hinsehen entdeckt man seine verzwickte Komplexität. Daher sei vor ungeduldigem Lösungsaktivismus gewarnt. Ob man zurückblickt auf die Vorgeschichte der (meist beidseitig betriebenen) ***Eskalation eines Konflikts*** oder in die Zukunft, nachdem der Beschwerdeführer sein Recht und damit seinen Sieg über den Kontrahenten bekommen hat, so oder so gelangt man zu der Einsicht, dass sich der Konflikt nicht nachhaltig beilegen lässt, wenn man sich auf die ***Prüfung der Beschwerde*** und die Beseitigung des konkreten Beschwerdegrundes beschränkt. Ja, es muss damit gerechnet werden, dass die Beschwerde nichts anderes ist als eine neuerliche Drehung der Eskalationsschraube auf bereits hohem Konfliktniveau. Gerade in der Rolle des ***„Unparteiischen Dritten"*** wird man leicht in den Konflikt hineingezogen und fühlt sich verantwortlich, zu einer Konfliktlösung beizutragen und nicht nur dem Rechtsanspruch des Beschwerdeführers Genüge zu tun. In der Beschwerdebearbeitung ist es umso wichtiger, den (oder die) Betroffenen zu einer rationalen Konfliktlösung zu führen und zu begleiten. Dass dieses Ziel nicht leicht zu erreichen ist, hat die ***„Beratungstreppe"*** (s. **Kap. 2**) anschaulich vor Augen geführt.

Vertrauen durch Verschwiegenheit

In **Kapitel 9** stellten wir uns die Frage, wie Bedürfnis des Klienten nach Diskretion und ***Verschwiegenheitspflicht*** des Beraters einerseits und die Eingebundenheit aller Beteiligten in das betriebsinterne Netz der Interaktionen andererseits miteinander in Einklang gebracht werden können. Der Vertrauensschutz ist ein hohes Gut und steht über dem Beratungsziel, das Problem des Klienten durch Intervention zu lösen. Der Klient bleibt auch hier Herr seiner Entscheidungen, selbst wenn dadurch die Beratung bedauerlicherweise einmal nicht zum gewünschten Erfolg führen sollte. Auch diese Erfahrung gehört zur Rolle des Beraters.

Vertrauensschutz in der Beratung steht über dem Beratungsziel.

Das Bedürfnis nach Diskretion in einer Umgebung, deren Kommunikation geradezu vom „Flurfunk" und von manch anderen Formen von Indiskretion lebt, ist wahrscheinlich noch virulenter als die Sorge um den Datenschutz. Für diesen gibt es ein Gesetz. Aber wer findet schon leicht die undichte Stelle, durch die sensible Informationen durchsickern und sich allmählich verbreiten?

Krankheit ist ein solcher sensibler Bereich, über den die einen sehr freizügig von sich reden machen, die anderen ihn wie ein finsteres Geheimnis verbergen wollen. Unabhängig davon, wie diskret oder offen ein Klient mit seinen persönlichen Eigenschaften und Befindlichkeiten umgeht, für den Berater gilt die strenge Norm des Datenschutzes und des Schutzes der persönlichen Sphäre.

Prüfstein „BEM“

Geheimhaltung und Problemlösung im BEM

Das Betriebliche Eingliederungsmanagement **(Kap. 10)** agiert auf diesem höchst dünnen Eis. Die Gefühle, die es auslöst sind zwiespältig: Ja, es ist gut, dass der Arbeitgeber die gesundheitlichen Probleme seiner Mitarbeiter ernst nimmt. Gleichzeitig soll unter striktem Recht auf Geheimhaltung von Gesundheitsdaten über Maßnahmen gesprochen werden, die genau auf diese Befindlichkeit zugeschnitten werden sollen. Wie soll das funktionieren? Die Quadratur des Kreises im BEM?

Persönliche Beratung im Zweiergespräch

Gewiss, alle BEM-Akteure werden per Unterschrift auf Verschwiegenheit verpflichtet. Und dies wird auch bekannt gemacht. Trotz aller Versicherungen bleibt ein Rest Skepsis, Reserviertheit gegenüber einem Verfahren, das verschiedene Instanzen des Betriebs zu Mitwissern sehr sensibler, persönlicher Informationen macht. Die stärkste Brücke über diese Unsicherheit ist Vertrauen. Es kann jedoch nie vorausgesetzt werden, sondern entsteht immer nur aus der unmittelbaren persönlichen Erfahrung zwischen einzelnen Menschen im geschützten Umgang miteinander.

Den Berater / die Beraterin wählen können

Das persönliche Beratungsgespräch bietet dieses Setting. Deshalb ist es auch so wichtig, dass den Klientinnen und Klienten eine echte Wahlmöglichkeit unter mehreren Beraterinnen und Beratern geboten wird. Wenn das Vertrauen trägt, kann auch ganz offen und unverkrampft über intime Aspekte von Krankheit und Belastungen gesprochen werden. So kann sich der Berater eine fundierte Vorstellung von der gesundheitlichen Problematik des Klienten und ihren Auswirkungen auf seine Arbeitssituation und sein Umfeld machen. Er kann dann mit ihm zusammen klären, was davon dem Team mitgeteilt werden kann und was nicht. Im Team wird der Berater unter Umständen zum Mentor, zum „Schutzpatron“, der verhindert, dass sein Klient durch Fragen unter Druck kommt. Nicht jeder Klient wird in so ungewohnter Situation das Standing haben, die Antwort offen zu verweigern. Eher wird er versuchen, seine Verweigerung mit einer Notlüge zu kaschieren.

Der Berater als „Schutzpatron“ des Klienten in Teamsitzungen

Das BEM stellt an betriebliche Beraterinnen und Berater besonders hohe Anforderungen. Sie haben ein Recht auf eine Lehrzeit, in der sie Fehler machen werden und machen dürfen. Und vielleicht werden sie sich manchmal die Frage nach dem eigenen Gewinn stellen.

Worin liegt mein persönlicher Gewinn?

Hohes Entwicklungspotenzial der Beratungstätigkeit für die eigene Person

Diese Frage riecht nach Profit und Egoismus. Dennoch ist sie völlig berechtigt. Gestatten wir sie uns zum Schluss!

Beratung geht nicht spurlos am Berater vorüber. Wenn ich mich auf andere Menschen einlasse, ob in leitender oder helfender Funktion, kommt es zu einer Rückkopplung, die bestimmte Merkmale meiner Persönlichkeit bestätigt und verstärkt, andere in Frage stellt und auf Veränderung drängt. Wir haben gesehen, wie breit das Entwicklungspotenzial ist, das in der Tätigkeit des Beraters steckt. Der unreflektierte Helferimpuls reicht nicht aus, um dem Anspruch „Hilfe zur Selbsthilfe" gerecht zu werden. Wir entwickeln nach und nach eine Sensibilität für die Bedürfnisse von Menschen. Ein Mensch in Not oder in einer Krise will an- und ernst genommen werden. Er will beteiligt werden, wenn es um ihn und seine Interessen geht. Er hofft auf Verständnis und Entlastung. Und er braucht Geduld und Vertrauen in seine eigenen Kräfte. In der Krise wünscht er sich eine Hand, die ihn, ohne ihn zu bevormunden, aus dem inneren Chaos der Gedanken und Gefühle herausführt, sie ordnet und Perspektiven eröffnet.

Eigene Schwächen erkennen

Begleiten und führen, zuhören und klären, verstehen und konfrontieren, mit Gefühlen umgehen und Prozesse beobachten, ja und nein sagen können, wer möchte von sich schon behaupten, über all diese Fähigkeiten gleichermaßen zu verfügen? Welcher Betriebsrat, welcher Vorgesetzte, der sich selbst als zupackenden „Macher" versteht, wünscht sich nicht, auch ein geduldiger Zuhörer sein zu können? Und wer sich schwertut, jemandem einen Wunsch abzuschlagen, möchte nicht auch den Mut zum klaren Nein aufbringen?

Stärkung der der eigenen sozialen und kommunikativen Kompetenz

Mit dem Prinzip der Balance von Nähe und Distanz und dank der ständigen Notwendigkeit, unser Gesprächsverhalten zu reflektieren, trägt die Beratung zu einer generellen, auch auf den privaten Lebensbereich ausstrahlenden Weiterentwicklung unserer persönlichen sozialen und kommunikativen Kompetenz bei. Selten bekommen wir unsere eigenen Stärken und Schwächen so deutlich gespiegelt wie in der Beratung. Sie konfrontiert also nicht nur den Klienten mit seiner äußeren und inneren Realität, sondern auch den Berater mit sich selbst: Warum liegt mir dieser Mensch mehr als ein anderer? Warum gelang es mir in diesem Fall, das Vertrauen des Klienten so leicht zu gewinnen, warum in jenem so schwer? Wieso hat dieses oder jenes Verhalten des Klienten bei mir Ärger, Ablehnung und Unduldsamkeit ausgelöst? Was hat das mit mir zu tun?

Selbstreflexion nach Beratungsgesprächen

Was hat das mit mir zu tun? Diese Frage sollten wir uns in der ***kritischen Nachreflexion*** von Beratungsgesprächen (s. **Kap. 6,** Schritt 7) immer wieder stellen. Und mit dieser Frage riskieren wir den Blick in den eigenen Spiegel. Dieser Blick lohnt sich. Und wie wir mit Aktivem Zuhören den Klienten den Spiegel vorgehalten haben, so spiegeln sich in ihren Reaktionen die Stärken und Schwächen unseres Beraterverhaltens, somit unserer Persönlichkeit, wider. Daraus lassen sich Ansätze formulieren, worauf wir beim nächsten Gespräch besonders achten wollen. Und wenn wir uns im Umgang mit Klienten Geduld verordnen, dürfen wir auch mit uns selbst geduldig sein. Denn bekanntlich ist noch kein Meister vom Himmel gefallen.

Empowerment – Ziel emanzipativer Beratung

Was in § 1 des Sozialgesetzbuchs V im Pflichtenbuch der gesetzlichen Krankenversicherung zu lesen ist, liest sich wie eine Definition von „Empowerment“:

> *„... umfasst auch die **Förderung** der gesundheitlichen **Eigenkompetenz und Eigenverantwortung** der Versicherten. Die Versicherten sind für ihre Gesundheit **mitverantwortlich;** sie sollen durch eine gesundheitsbewusste Lebensführung, durch **frühzeitige Beteiligung** an gesundheitlichen Vorsorgemaßnahmen sowie durch **aktive Mitwirkung** an Krankenbehandlung und Rehabilitation dazu **beitragen, den Eintritt** von Krankheit und Behinderung **zu vermeiden oder ihre Folgen zu überwinden.** Die Krankenkassen haben den Versicherten dabei **durch Aufklärung, Beratung und Leistungen zu helfen und unter Berücksichtigung von geschlechts-, alters- und behinderungsspezifischen Besonderheiten** auf gesunde Lebensverhältnisse hinzuwirken.“* [Hervorhebung P.W.]

Alle wesentlichen Aspekte von Empowerment sind darin aufgeführt und eben auch, wie die Entwicklung von Empowerment von außen unterstützt werden kann. Die Gefahr der Delegation von Verantwortung – und im Gegenzug die Versuchung des Beraters, diese an sich zu ziehen – wird klar erkannt und die ***„Mitverantwortung“*** des Klienten eigens betont. Diese Mitverantwortung setzt die Pflicht des Helfers/Beraters voraus, durch ***„Aufklärung, Beratung und*** spezifische ***Leistungen“*** zur Verbesserung der Situation des Klienten beizutragen. Unter „Leistungen“, im Kontext betriebsrätlicher Zuständigkeit, wäre beispielsweise zu denken an die Prüfung des Arbeitsvertrags, der Dienstpläne der betroffenen Abteilung, ggfs. die Thematisierung des Falls in einer BR-Sitzung, die Organisation und Moderation fallbezogener Gespräche mit Vorgesetzen, betroffenen Teamkollegen usw. Voraussetzung: Der Klient hat dazu jeweils seine ausdrückliche Einwilligung gegeben!

Statt Delegation: Mitverantwortung des Klienten plus spezifische Leistungen des Beraters

Individuelle Vorausset- zungen und Potenziale des Klienten be- rücksichtigen

Bemerkenswert ist auch die Differenzierung im oben zitierten Gesetzestext: ***„unter Berücksichtigung von (...-)spezifischen Besonderheiten“***. Wenn von einer bürokratischen Großorganisation wie der gesetzlichen Krankenversicherung explizit gefordert wird, bei Beratung und Hilfe die individuellen Voraussetzungen und Potenziale der Betroffenen zu berücksichtigen, gilt dies umso mehr für betriebliche Helfer/Berater. Ihr persönlicher Bezug zum betrieblichen Umfeld kann es ihnen sogar erleichtern, die Informationen über Konflikte und Bedürfnisse des Klienten vor dem Hintergrund der eigenen Kenntnisse des Betriebs und dessen Akteure zu interpretieren.

Einstellungs- ebene: bedingungs- lose Akzeptanz der Person

Diese intimen Kenntnisse des Umfeldes können sich andererseits auch als Hindernis für eine unvoreingenommene Beratung erweisen und im Schlimmstfall zu einer ernsten Beziehungsstörung zwischen Berater und Klient führen. Diese Gefahr wurde bereits an anderer Stelle angesprochen.[50] Sie ist zu bannen auf der ***Einstellungsebene*** des Beraters durch seine bedingungslose (!) Akzeptanz der Person des Klienten.

Gesprächs- führungsebene: Spiegeln der subjektiven Sicht

Akzeptanz ist nicht gleichzusetzen mit naiver Gutgläubigkeit oder blauäugiger Identifikation mit dem Klienten/„Opfer“. Auf der ***Ebene der Gesprächsführung*** gibt der Berater diese Akzeptanz dem Klienten zu spüren, indem er ihm dessen Gefühlslage spiegelt, die sich in der subjektiven Färbung und verzerrten Darstellung des Problems offenbart. Diese Darstellung muss daher nicht inhaltlich geprüft und gewertet, gar korrigiert werden. Der Berater kann Übertreibungen, Widersprüche, Auslassungen und Ungereimtheiten, die im Widerspruch stehen zu seinen eigenen, „objektiven“ Kenntnissen (als Insider), stehen lassen. Er weiß, dass man spätestens, wenn es um die gemeinsame (!) Suche nach einer Lösung des Problems oder Konflikts geht, sich der Realität stellen muss.

Diese Realität hat eine innere Seite: Wie ernst ist es dem Klienten wirklich mit seinen Wunsch nach einer

---

[50] In Kap. 3, unter dem Stichwort „Akzeptanz“ (S. 36 ff) und Kap. 6, in Schritt 2 (S. 114 ff).

Änderung seiner Situation? Und eine äußere: Welche Optionen bieten sich an? Und welche sind für ihn offen? Auf dem Schnittpunkt dieser beiden Linien gewinnt das Mögliche Kontur. In diesem Klärungsprozess von Wunsch und Optionen erweisen sich die beiden Stränge häufig überraschend flexibel: Das Mögliche erweist sich vielseitiger und die Zielvorstellung für Kompromisse offener als zunächst gedacht.

Die innere und äußere Seite der Realität des Klienten

Klärungsprozesse sind Reifungsprozesse.

Reifung benötigt Geduld. Beratung hat die Aufgabe, Reifung zu ermöglichen. Geduld, Akzeptanz, Empathie, Methodik und Informationstransfer sind der sichere Boden für diesen Reifungsvorgangs. Unter Reifung einer Person verstehen wir ihren Weg zu ***selbstbewusster und selbstverantwortlicher Entscheidungsfähigkeit,*** verbunden mit der Einsicht in die Realität und ihre begrenzten Optionen. Entscheidungsfähigkeit ist die Voraussetzung für folgende drei Schritte: erstens sich für einen Weg - den ihren - zu entschließen, zweitens diesen Entschluss umzusetzen und ihn dadurch drittens für sich und ihr Umfeld wirksam werden zu lassen.

Aufgabe von Beratung: Reifung zu Entscheidungsfähigkeit

„Selbstwirksamkeit“ (self-efficacy) wird in der Fachliteratur durchgängig mit dem Begriff Empowerment assoziiert. Sie benennt punktgenau das Ziel von emanzipativer Beratung – auch im betrieblichen Kontext.

Literaturhinweise

Althoff, V., Frobel, S., Klaesberg, S., Tinnefeld, S., de Wall-Kaplan, D.: **BEM von A–Z – ein Praxishandbuch.** Rieder, 2020, aktualisierte Neuauflage Herbst 2022

Bachmair, S., Faber, J., Hennig, C., Kolb, R., Willig, W.: **Beraten will gelernt sein.** Ein praktisches Lehrbuch für Anfänger und Fortgeschrittene. Beltz, 2014 (11. Aufl.)

Benien, K.: **Schwierige Gespräche führen.** Modelle für Beratungs-, Kritik- und Konfliktgespräche im Berufsalltag. Rowohlt, 2003 (11. Aufl.)

Berne, E.: Spiele der Erwachsenen. Psychologie der menschlichen Beziehungen. Rowohlt, 2002 (21. Aufl.) [Literatur zur „Transaktionsanalyse (TA)"]

Bernthaler, J.: **Der Betriebsrat als Mediator bei innerbetrieblichen Konflikten.** Das Spannungsfeld parteilich versus allparteilich. VDM Verlag, 2015

Brüggemann, H., Ehret, K., Klütmann, Ch.: **Systemische Beratung in fünf Gängen.** Set. Ein Leitfaden u. 25 Praxiskarten. Vandenhoeck & Ruprecht, 2017 (6., überarb. Aufl.)

Feldes, W., Niehaus, M., Faber, U. (Hrsg.): **Werkbuch BEM – Betriebliches Eingliederungsmanagement.** Strategien für Betriebs- und Personalräte. Bund, 2021 (2. Aufl.)

Giesert M., Reuter T., Liebrich A. (Hrsg.): **Betriebliches Eingliederungsmanagement 4.0.** Ein kreativer Suchprozess. VSA-Verlag 2018

Glasl, F.: **Konfliktmanagement.** Ein Handbuch für Führung, Beratung und Mediation. Freies Geistesleben / Haupt, 2020 (12., überarb., erw. Aufl.)

Habib, E.: **BEM – Wiedereingliederung in kleinen und mittleren Betrieben.** Praxisleitfaden und Beispielfälle zum betrieblichen Eingliederungsmanagement. Bund, 2020 (3. Aufl.)

Jecht, G., Pelz, G., et al.: **Transaktionsanalyse.** Beltz, 2022

Langosch, A.: **Ressourcenorientierte Beratung und Therapie.** Reinhardt, 2015

Lippitt, G., Lippitt, R.: **Beratung als Prozess.** Was Berater und ihre Kunden wissen sollten. Rosenberger, 2015 (4. Aufl., auch als eBook und PDF)

van de Loo, S.: **Versöhnungsarbeit: Kriterien, theologischer Rahmen, Praxisperspektiven.** Kohlhammer, 2009

Prammer, K., Janes, A.: **Kontextuelle Organisationsberatung.** Theorien, Methoden, Instrumente, Fallbeispiele aus der Wiener Schule. Carl-Auer, 2021

Radatz, S.: **Beratung ohne Ratschlag.** Systemisches Coaching für Führungskräfte und BeraterInnen. Literatur-VSM, 2009 (10. Aufl.)

Richter J., Freitag, S. (Hg.): **Mediation - das Praxisbuch.** Denkmodelle, Methoden und Beispiele. Beltz, 2019 (2. Aufl.)

Riemann, F.: **Grundformen der Angst.** Reinhardt, 2022 (47. Aufl.)

Rogers, C. R.: **Die nicht-direktive Beratung.** Fischer, 1985 (17. Aufl., amerik. Originalausgabe 1942)

Rüttinger, R., Kruppa R.: **Übungen zur Transaktionsanalyse.** Praxis der Transaktionsanalyse in Beruf und Organisation. Windmühle, 2016 (5., überarb. Aufl.)

Schmidbauer, W.: **Das Helfersyndrom.** Hilfe für Helfer. Rowohlt, 2007 (4. Aufl.)

Schmidt, B.: **Gestaltung und Durchführung des BEM**. Beck, 2022 (3. Aufl.)

Schulz von Thun, F.: **Miteinander reden 1: Störungen und Klärungen.** Allgemeine Psychologie der Kommunikation. Rowohlt, 2014 (59. Aufl.)

Schulz von Thun, F.: **Miteinander reden 2: Stile, Werte und Persönlichkeitsentwicklung.** Differentielle Psychologie der Kommunikation. Rowohlt, 1989 (39. Aufl.)

Schulz von Thun, F.: **Miteinander reden 3: Das „Innere Team" und situationsgerechte Kommunikation.** Rowohlt, 1998 (30. Aufl.)

Schulz von Thun, F. Ruppel, J., Stratmann, R.: **Miteinander reden: Kommunikationspsychologie für Führungskräfte.** Rowohlt, 2003 (19. Aufl.)

Thomann, Ch.: **Klärungshilfe 2.** Konflikte im Beruf: Methoden und Modelle klärender Gespräche. Rowohlt, 2004 (8., erw. Aufl.)

Thomann, Ch., Prior, Ch.: **Klärungshilfe 3.** Das Praxisbuch. Rowohlt, 2007 (6. Aufl.)

Waltner P.: **Beratung im Rahmen des BEM.** Menschen mit gesundheitlichen Belastungen durch das BEM führen und begleiten. Rieder, Herbst 2022 (2., überarb. Aufl., in Vorbereitung)

Watzlawick, P.: **Wie wirklich ist die Wirklichkeit?** Wahn, Täuschung, Verstehen. Piper, 2021

Watzlawick, P., Beavin, J. H., Jackson, Don D.: **Menschliche Kommunikation.** Formen, Störungen, Paradoxien. Hogrefe, 2016 (13. Aufl., amerik. Orig. 1967)

Verzeichnis der Fallbeispiele

Rollen	**Fallgeschichte** ***Thema***	**Seite**
MA – Abteilungsleiter	Teamprobleme ***Problem erkennen***	119 f
MA – BR	Kündigung wegen Diebstahls ***Selbstverschuldetes Problem des Klienten***	123 f
MA – BR	3 Beispiele für ***Umgang mit Delegation***	134 f
2 Teamkoll. – Abteilungsleiter	Teamkonflikt und Beschwerden ***primärer und sekundärer Konflikt***	148–164
MA – BR	Verdacht auf heimliche Überwachung ***Verschwiegenheitspflicht des Beraters***	172 f
MA im BEM-Gespräch	Ganzheitliche Beratung im BEM ***betriebsexterne Belastungsfaktoren***	186 f u. 190 f

Stichwortverzeichnis

T

U

V

W

Z